BIBLIOTHÈQUE DU VOYAGEUR

LE GRAND GUIDE DU RHIN

Traduit de l'anglais et adapté
par Jeanne-Marie Gaillard-Paquet

GALLIMARD

Dépôt légal : Octobre 1992
N° d'édition : 55357
ISBN : 2-07-056754-0

Imprimé à Singapour

CEUX QUI ONT FAIT CE GUIDE

C'est en contemplant les cartes de l'Europe dans ses livres de classe, à l'âge de dix ans, que **Kristiane Müller**, responsable du projet du Grand Guide du Rhin, a fait la connaissance de ce fleuve. Entre-temps, elle a acquis une expérience d'auteur, de traductrice et d'éditrice d'un certain nombre de livres et d'articles sur un large éventail de sujets, qui vont de la cuisine à l'histoire de l'art. Avant de commencer à travailler, elle a suivi le Rhin tout au long de son cours, des montagnes de Suisse à l'estuaire dans la mer du Nord, aux Pays-Bas; en passant par l'Autriche, l'Alsace et l'Allemagne.

Le **Dr Richard Brunnengräber**, géographe et journaliste, décrit le cours du fleuve tel qu'il a été depuis des millions d'années, en constant changement. Il parle des obstacles qui l'ont dirigé et détourné, et des paysages que le fleuve a façonné et irrigué.

Kirsten Kehret a fait des études de littérature et de langue allemande, de science politique et d'histoire. En outre, elle connaît fort bien la région. Elle est auteur du chapitre sur l'histoire ancienne : les premiers habitants des rives du Rhin et les tribus qui leur on succédé.

Susanne Urban est aussi spécialiste d'histoire et de sciences politiques. Elle a écrit le chapitre sur l'histoire moderne du Rhin. Elle a également écrit à propos des poètes français et allemands, dont Henri Heine et Victor Hugo sont ceux qu'elle connaît le mieux.

Ilona Esche a fourni le chapitre sur les romantiques, surtout anglais, des XVIIIe et XIXe siècles, qui ont découvert les rives du Rhin et en ont fait un lieu de mémoire du romantisme. Elle a aussi apporté sa contribution au chapitre sur les écrivains, en particulier ceux de l'époque de la «guerre de poètes».

Ancien libraire devenu éditeur de calendriers, **Eberhard Urban** écrit et traduit des livres sur les locomotives, les bateaux, les automobiles, l'art, ainsi que des histoires pour enfants et des nouvelles pour adultes. C'est sur l'art qu'il a écrit dans ce livre. Il est aussi auteur du chapitre sur les contes, les mythes et les légendes.

Originaire du bassin de la Ruhr, **Max von der Grün** a passé treize ans de sa vie à travaille dans les mines. Il s'est mis à écrire vers 1975, et son œuvre a pour cadre sa région natale, vue de divers points de vue. Il passe en revue dans ce guide les divers aspects de cette région industrielle en pleine mutation.

Parmi d'autres activités, le **Dr Herbert Heckmann** est président de l'Académie allemande des lettres et de la langue. Chaque

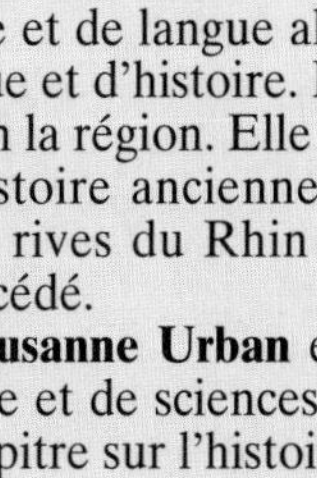

K. Müller

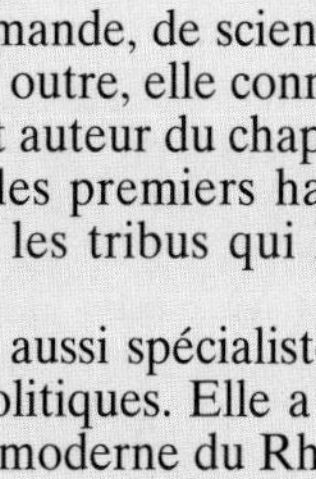

R. Brunnengräber

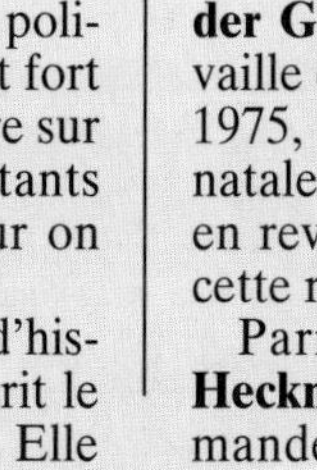

S. Urban

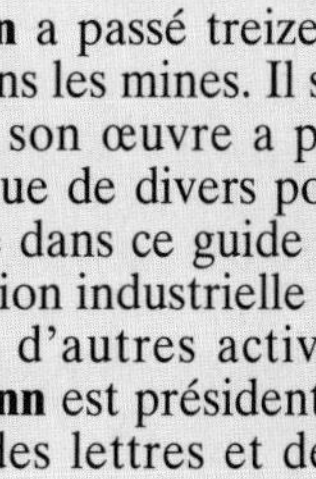

E. Urban

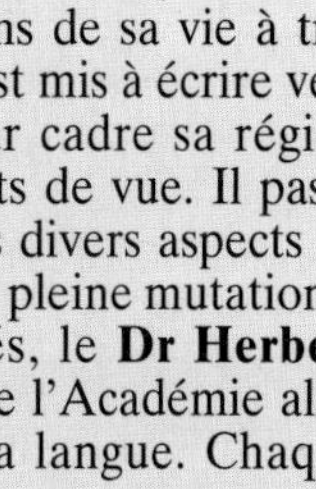

M. von der Grü

fois qu'il en a l'occasion, il se consacre à sa passion : la gastronomie. Cette passion lui donne l'occasion de voyager, de lire et, bien entendu, d'écrire. C'est lui qui est l'auteur du chapitre sur la gastronomie et le vin dans ce guide.

Le **Dr Hans Joachim Aubert** a été journaliste tout autour du monde et, depuis 1980 environ, il écrit des livres de voyage. Il se déplace beaucoup, mais quand il s'arrête il rentre toujours chez lui à Bonn, sa ville natale. Il décrit le Rhin de sa source au lac de Constance, puis de Strasbourg à Worms.

Après des études à Hambourg, **Nina Köster** a travaillé dans l'édition sept ans avant de devenir journaliste pigiste, métier qui la fait beaucoup voyager. Elle décrit le Rhin entre le lac de Constance et Strasbourg. Elle a apporté sa contribution sur deux autres sujets : les industries au bord du Rhin, et la flore et la faune.

Michael Bengel est arrivé à Cologne tout enfant. Il a appris son métier de journaliste dans le supplément culturel d'un journal local. Il est à la fois critique littéraire et commentateur des événements culturels. Il s'est beaucoup intéressé aux randonnées en Rhénanie. Dans ce guide, il évoque les principaux centres d'intérêt entre Mayence et l'estuaire du Rhin.

Johann Albrecht Cropp est journaliste et photographe. Il a signé de nombreux livres de voyage, en particulier sur les randonnées en Allemagne et les croisières fluviales en France. Pour ce guide, il a fait le voyage de Karlsruhe à Duisbourg entièrement à pied.

Anne Modersohn aime dire que le voyage est son métier. Son moyen de locomotion préféré est la bicyclette; elle a d'ailleurs amassé une collection de guides sur le sujet. Dans ce guide, elle nous fait découvrir les routes et les pistes les plus agréables, des sources (ou presque) à l'estuaire.

La plupart des photographies de ce guide sont dues au Berlinois **Erhard Pansegrau**. Il s'est fait un nom non seulement grâce aux nombreux clichés qu'il a publiés dans d'autres guides de la Bibliothèque du Voyageur, mais aussi grâce aux recueils en couleurs sur la Chine, le Japon, Hong Kong et la Corée.

Les autres photographies qui apparaissent dans ce livre sont de **Rainer Kiedrowski** et de **Wolfgang Fritz**, qui a, lui aussi, publié de nombreux clichés dans d'autres guides de la Bibliothèque du Voyageur.

Jeanne-Marie Gaillard Paquet a déjà traduit de l'allemand pour la Bibliothèque du Voyageur le *Grand Guide de l'Autriche* et le *Grand Guide de la Hongrie.*

H. Heckmann

J. Aubert

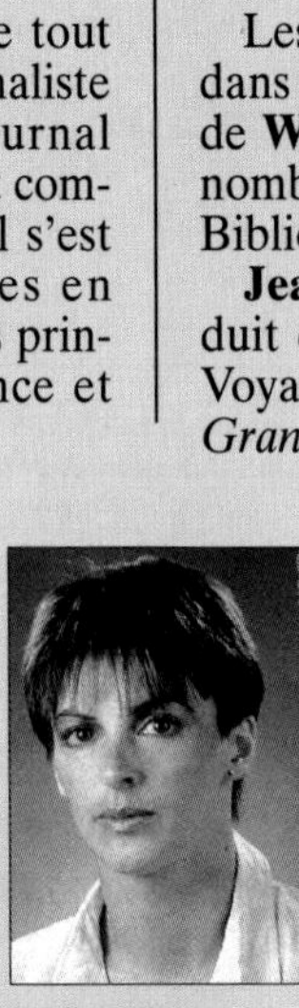
N. Köster

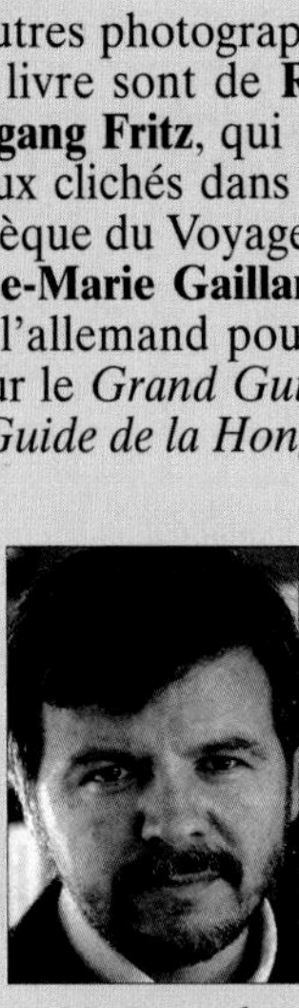
M. Bengel

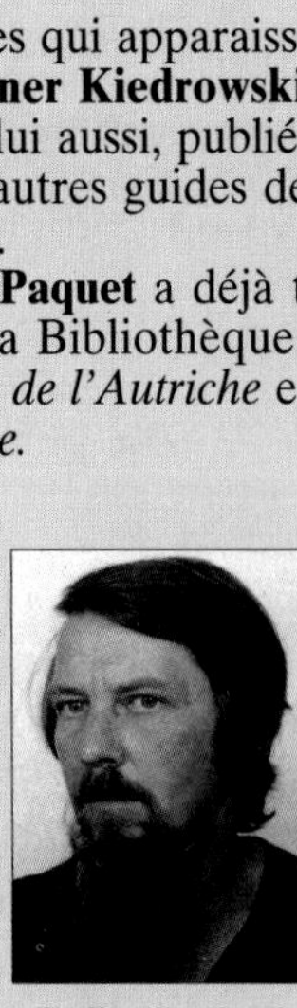
E. Pansegrau

TABLE

TABLE

TABLE

AN 1740

HISTOIRE ET SOCIÉTÉ

Aux yeux des Français, le Rhin est, bien entendu, un fleuve qui leur appartient un peu, puisqu'il baigne la frontière française et que la rive gauche a appartenu à la France jusqu'à son embouchure. Mais c'est aussi le lieu de rencontre idéal avec la culture allemande. D'autant plus que le Rhin est un haut lieu du romantisme et que c'est par le romantisme que la rencontre des littératures française et allemande s'est faite principalement, après la publication du *De l'Allemagne* de madame de Staël, en 1810.

Mais, à sa parution, ce livre fut interdit en France. Après la chute du Premier Empire, les libéraux verront en lui une insulte aux patriotes, *«Coblence faisant son entrée en littérature»*, comme Coblence avait été le refuge des émigrés révoltés contre le pouvoir révolutionnaire. Ainsi, le Rhin est le lieu des rencontres et, comme bien des lieux de rencontre, c'est un lieu de luttes — que ce soit des luttes nationales ou les tourments des passions.

Mais, sur ses rives, on découvre avant tout un art de vivre, et les beaux paysages du *«noble Rhin que les Romains nommaient Rhenus superbus»*, comme l'écrivait Victor Hugo. Là s'étendent des paysages qui portent à la douceur de vivre quand ils n'ouvrent pas la porte aux fantaisies les plus folles de l'imagination. Car les elfes, les nains, les sirènes ne sont jamais loin de se réveiller. Les ruines qui couronnent les bois noirs de sapins ont gardé présent le souvenir des preux chevaliers ou des chevaliers brigands qui les ont édifiés.

Et puis, autour des cathédrales, orgueil des cités, les villes ont grandi. Elles vivent désormais des industries qui transforment les paysages et dont le gigantisme effraie. Au cœur de l'Europe, le Rhin, réservoir de souvenirs et de mythes, est avant tout le cœur d'une région vivante.

Pages précédentes : les sources du Rhin au milieu des montagnes; le Rhin inférieur en partie pris par les glaces en hiver; le trafic de marchandises par de longues péniches; à proximité de l'estuaire, aux Pays-Bas, moulins au bord du Rhin. Ci-contre, un enfant costumé pour le carnaval.

LE RHIN

Le Rhin est de sexe masculin, il a un nom celtique. Les villes qui bordent ses rives sont d'origine romaine. Les Romains ont apporté la pierre; ils ont pavé des rues, construit des palais, des camps, des temples et des villas qui sont restés le signe de leur domination passée. Aux empereurs germaniques, ils ont légué un héritage : régner signifie construire et édicter des lois. Sur des radeaux qui descendaient le Rhin et remontaient les vallées adjacentes, les Romains transportèrent des blocs de marbre, des colonnes, des chapiteaux… et la *lex*. Le Rhin était à la fois un passage et une frontière, mais pas la frontière de la Germanie ni une frontière linguistique; il sépare autre chose que des nations et des langues. Le fleuve n'a rien de cette gentillesse rhénane devenue à tort proverbiale. Franchir le Rhin d'une rive à l'autre n'était pas une plus mince aventure en 1945 qu'à l'époque romaine.

Les Romains construisirent des ponts et édifièrent des têtes de pont; néanmoins, ils n'arrivèrent jamais à prendre vraiment pied sur la rive droite, au nord du confluent du Main. Les ponts coûtent cher et sont fragiles. Il suffit de haches et de feu, de bombes et de charges d'explosif pour séparer de nouveau les deux rives. L'armée victorieuse qui en construit d'autres perçoit un droit de passage. Six cents mètres d'une eau grise qui coule avec une force prodigieuse séparent des familles, des amoureux. Légionnaires romains, soldats mérovingiens, officier de l'armée de l'électeur de Cologne, sergent français, soldat de la Wehrmacht, lieutenant américain. Là était la frontière. Bacs et pontons, à peine plus perfectionnés que ceux qu'avaient dû utiliser les Romains, devinrent des sources de richesse. On lançait un regard nostalgique d'une rive à l'autre. L'eau était beaucoup trop profonde.

Un fleuve frontière

Bâle mise à part, aucune ville n'a réussi à s'établir sur les deux rives du Rhin, comme c'est le cas pour la Seine, le Tibre, la Tamise. L'administration la plus moderne n'a même pas réussi à supprimer complètement la frontière entre Cologne et Deutz (l'ancienne tête de pont romaine Divitia). En 1945, traverser le pont qui reliait Deutz à Cologne à l'endroit exact où les Romains avaient construit le leur — le premier — était une aventure hasardeuse. Le Rhin coulait, boueux, tel un fleuve préhistorique, le long de Cologne en ruine, vers le nord, tandis que, nantis de papiers en règle et aspergés d'insecticide, on essayait de rejoindre la rive gauche tant désirée sur un pont glissant, dépourvu de parapet, entre les blindés et les jeeps. Les planches craquaient avec un bruit sourd, comme elles avaient craqué jadis sous les pas des tribus germaniques, Chattes, Chérusques, Bructères et Sicambres.

Le Rhin ne coule pas à travers les villes, il les longe; il longe Strasbourg et Mayence, Coblence et Bonn, Cologne et Düsseldorf; les fondations des anciennes villes d'origine romaine se trouvent sur la rive gauche, d'où les Romains offraient aux Germains étonnés et effrayés le spectacle de bâtiments en pierre, de rues pavées, de camps fortifiés entourés de remparts — et la *lex* qui condamnait à un châtiment sévère ceux qui portaient atteinte à des notions qui avaient si peu de signification pour les Germains : l'État et la propriété. Sur la rive droite, le pire des délits était la couardise, punie de mort.

En 1945, la retraite et le passage du Rhin en sens inverse mirent fin définitivement à la barbarie : sur la rive droite régnait Wotan; les marécages étaient asséchés depuis longtemps, le progrès les avait vaincus, et pourtant Wotan régnait : les déserteurs pendaient aux arbres et aux poteaux télégraphiques. *« Germani ignavos in paludem praecipitabant — Les Germains précipitent les couards dans les marais »* : voilà ce qui est écrit dans le livre de latin des élèves de sixième. Le flot des soldats allemands qui refluèrent de France à l'automne 1944 ne fut arrêté qu'au bord du Rhin; il était plus facile de contrôler les quelques ponts restants que des milliers de villages, de routes secondaires et de boqueteaux. Et malgré les bombardiers, la brusque attaque des Alliés sur le Rhin a gardé le nom d'un pont : Remagen.

Les Cosaques et les Espagnols, les Suédois, les Romains et les Huns se sont dressés sur l'une ou l'autre rive, ont contemplé le fleuve à la démarche majestueuse qui servait tout d'abord de barrière; Napoléon Ier essaya une fois encore de faire du Rhin la frontière entre deux nations : d'un trait strict, il traça une ligne de démarcation le long de la rive gauche, de Bâle à Clèves. Cette tentative française ne pouvait qu'échouer. Le concept de nation est beaucoup trop faible pour définir une distinction entre les éléments que le Rhin sépare. On parle allemand aussi bien à Cologne qu'à Deutz, à Bonn qu'à Beuel, et pourtant, si l'on a vu le jour sur la rive gauche, le passage d'est en ouest sur l'un des ponts déclenche des sentiments ancrés depuis des temps immémoriaux. C'est précisément cet aspect indéfinissable de la fonction frontalière du Rhin qui fit de la tentative de Napoléon Ier une entreprise insensée; c'est également la raison pour laquelle le séparatisme est resté aussi impopulaire en Rhénanie.

Trèves, là Cologne; le catholicisme ici rural, dévot, presque baroque, là plus citadin, plus lâche.

Dès que le Rhin est déclaré frontière entre les nations, des sentiments vieux comme le monde se rallument, qui ne proviennent pas de l'axe nord-sud, mais de l'axe transversal. Si l'on voulait résoudre l'énigme posée par la frontière verticale et la frontière transversale, toute une littérature n'y suffirait pas. Prenons par exemple le baroque : au nord de Bonn, on n'en trouve plus que de rares exemples.

Le Rhin inférieur (Niederrhein), entre Bonn et Rotterdam, qui est le moins connu,

Un fleuve rassembleur

Étant donné la direction sud-nord de son cours, le Rhin sépare beaucoup d'éléments, et pourtant, nombreuses sont les lignes qui relient mystérieusement l'ouest et l'est. On trouve des différences partout, dans le langage et dans la forme du pain, qui sont en soi des frontières, dans les confessions religieuses, qui souvent sont des frontières au sein de la même religion, dans les anciennes principautés et les anciens évêchés : ici

Les peintres, comme ici près du lac de Constance, font partie du paysage des rives du Rhin.

n'est pourtant pas le moins significatif, si l'on en juge par sa longueur. La langue, l'art de vivre, l'humour adoptent imperceptiblement des traits néerlandais; la bière et le schnaps — boissons des peuples habitués à la pluie et au brouillard — deviennent les rois des bistrots. Tout cela a une résonance aussi peu «rhénane» que les villages silencieux du bassin inférieur du Rhin qui, avec leurs clochers à la Breughel, auraient bien peu de chances d'être reconnus, selon les critères les plus répandus, comme d'authentiques villages rhénans.

Le mardi gras bâlois ne se déroule-t-il pas sur le Rhin, tout comme le carnaval de Cologne? L'un est une cérémonie bizarre, truffée de masques d'animaux et de démons, bercée au rythme de danses rigides; l'autre est vulgaire, ses danses sont modernes, ses blagues touchent la politique et l'actualité, et pourtant, elle date de temps immémoriaux. La foule se moque des grands; cependant, avec un instinct infaillible, elle tient à l'écart de toute moquerie l'une des autorités, l'Église. Le carnaval de Cologne et le mardi gras de Bâle n'ont rien de commun, ce qui ne le empêche pas d'être tous deux rhénans.

De nos jours, la même juridiction est en vigueur sur l'une et l'autre rive; elles sont apparemment reliées pour l'éternité par des ponts robustes; sans discontinuer, les péniches remontent et descendent le Rhin, de Bâle à Rotterdam et retour. Finis les coups de canon que les douaniers tiraient à la proue des bateaux, disparus les édiles cupides, les princes électeurs qui exercent le droit d'étape; les forteresses des chevaliers brigands ne sont plus que ruines, les Nibelungen ne sont plus qu'un songe grandiose; n'importe quelle armée est ressentie comme troupe d'occupation, même si elle parle la même langue — et malgré le départ des troupes françaises. Combien de fois y a-t-il eu trois ou quatre armées parlant toutes la même langue, leur langue maternelle, qui se sont retrouvées là, tantôt alliées, puis ennemies; comment s'y reconnaître?

Les voyageurs

Ce fut le XIXe siècle qui amena un visiteur d'un nouveau genre : le touriste. Des millions de paires d'yeux avaient contemplé le spectacle de la nature, du Drachenfels à la vallée du Rhin : le spectacle demeura immuable. Des millions de paires d'yeux passant sur les bateaux regardèrent les ruines des châteaux forts des chevaliers brigands : elles sont restées debout — avec l'aide de quelques étais. Panorama irremplaçable, chanté par tous les poètes et rimailleurs. *«Je ne sais ce que cela veut dire...»*, écrivait Henri Heine. Des hommes s'attendrissaient, s'adoucissaient

lorsqu'ils voguaient à travers ce pays sombre et superbe dont le cœur est le Rhin. Sous le regard souverain du fleuve, tout ce qui se passe sur les rives semble passager. Quand, au moment des crues, ses flots boueux montent à l'assaut des promenades et des quais et pénètrent dans les guinguettes, quand les embarcadères ne mènent plus vers des bateaux accueillants en aval, mais vers un ciel plombé en amont, on n'entend plus que le rugissement menaçant des eaux. Au nord de Bonn, là où le Rhin émerge de l'étranglement des montagnes pour pénétrer dans la plaine, il roule ses flots sombres le long de villages apeurés, menace même Cologne, sa capitale secrète.

Les Rhénans

Au XIXe siècle, les poètes et les voyageurs ont déterminé une fois pour toutes ce qui était typiquement rhénan à leurs yeux. Pour eux, le Rhin commençait à Rüdesheim et se terminait à Bonn. Or le trajet entre Bonn et Rüdesheim représente à peine le dixième de la longueur du fleuve.

Un esprit rigoureux comme celui de Stefan George était rhénan, ainsi qu'une femme aussi douce et mélancolique que le fut Elisabeth Langgässer, elle qui, avec un humour profond, fréquentait les anges et les démons.

Rhénans sont les paisibles villages arrosés par le Rhin supérieur, spécialisés dans la culture du tabac. Rhénanes aussi des villes aussi différentes que Cologne et Duisbourg, Düsseldorf et Mayence.

Les Rhénans se déguisent en disciples de Bacchus et défilent, la tête couronnée de feuilles de vigne, mais, la majeure partie de l'année, ils vivent entre eux dans ces villages étroits et envahis d'ombre, qui sont d'anciennes dépendances des châteaux voisins.

A gauche, vigneron au milieu des vignes; ci-dessus, un char défile à l'occasion d'une des nombreuses fêtes des vendanges.

Les jolies filles de Rhénanie n'ont jamais perdu ces traces de bon sens apporté jadis vers le nord par les Romains, avec les pierres et la *lex*, tout au long de la rive gauche du fleuve. Ni le vin, ni les danses, ni les chansons ne peuvent ébranler ce bon sens.

Les soldats de toutes les armées qui ont traversé la vallée du Rhin savent combien les filles, là-bas, sont raisonnables : le mariage est une affaire dictée par la raison. Et ils s'établirent là où ils les avaient rencontrées. Le Rhin serait-il aussi une frontière dans les affaires de cœur? Sur les rives du Rhin, l'amour est freiné par la raison. Il est des limites que même le carnaval, considéré ailleurs comme une période de liberté totale, n'abolit pas.

Si le Rhin disparaissait

S'il est une manière de rendre justice au Rhin, c'est d'imaginer ce que serait la région s'il n'existait pas ou s'il était asséché.

Si le Rhin n'avait jamais existé, Cologne serait alors un simple marché au bétail et aux légumes, maussade, situé dans une plaine humide — et jamais le zèle puritain de la Ruhr et de la Wupper ne nous aurait serrés d'aussi près.

Imaginons maintenant qu'il est asséché : abandonné par le Main et la Nahe, la Lahn et

la Moselle, l'Ahr, l'Agger, la Ruhr et le Sieg, trahi par ses nombreux petits affluents, la Dhünn, le Sauer, le Niers et l'Erft, il serait réduit à un amas de galets et de cailloux; les Rhénans, qui n'ont jamais formé qu'une tribu, pourraient ramasser les restes de leur histoire dans le lit du fleuve stérile; ils y trouveraient plus d'une tête de Rhénus jetée dans ses eaux vertes au cours de sacrifices; et en prime, les insignes que les citoyens aimaient tant à exhiber pour se reconnaître les uns les autres et se distinguer les uns des autres. Un vieux fleuve aux flots obscurs, aussi large que celui-là, est tout indiqué pour servir de tombe à des fétiches qu'on voudrait cacher et oublier, ou dont on souhaite se débarrasser à tout jamais. On trouverait peu de médailles et de décorations, car elles ont servi d'ultime monnaie d'échange aux vaincus pour glaner des cigarettes, du pain, voire une gorgée de vin ou de whisky. Il suffit que le Rhin sorte un peu de son lit et, déjà, il lèche les murs du Parlement fédéral; peut-être aimerait-il emporter ce qui contrarie là-dedans. Il a déjà avalé tant de choses, jusqu'aux chars qui ont plongé la tête la première du pont de Remagen!

Sans tours, la cathédrale de Cologne serait beaucoup plus belle. Un monument comme celui-là n'est pas fait pour être achevé un jour. Le rêve romantique devait nourrir celui de la nation réunie, mais elle devait aussi le terminer, dans ses moindres détails, ce gothique trop parfait — quand on pense que le Rhin est le fleuve du romantisme et Cologne la ville des églises romanes. Quand on pense que cette guerre impitoyable de bombardements n'a même pas accompli cet acte ultime de pitié : corriger au moins cette erreur historique que sont les tours de la cathédrale; pour les autres, ces tours représentaient évidemment quelque chose d'important. Quant aux églises romanes, elles furent détruites sans pitié.

Les petits Allemands croient-ils que le Rhin est rempli de sang de dragon, qui coule de l'Odenwald? Ils aiment Siegfried, qui était de Rhénanie, lui aussi. Sa candeur n'est pas de la bêtise et le fait qu'il était vulnérable, d'une vulnérabilité qui causa sa mort, le grandit.

Le « Rhin en flammes » ; cette grande illumination de feux d'artifice, dans le Rheingau, attire de nombreux spectateurs qui viennent parfois de loin.

LE FLEUVE AU FIL DU TEMPS

« Comme par miracle, le Rhin s'est frayé un passage à travers les vallées étranglées. On a du mal à comprendre au premier coup d'œil pourquoi, à Bingen, il a préféré se faufiler entre les parois schisteuses plutôt que s'écouler dans la plaine qui descend vers Kreuznach. Mais bientôt, en y regardant de plus près, on se rend compte que, dans cette direction, la plaine s'élève progressivement et devient vite un véritable versant montagneux. S'il est normal pour un naturaliste de conclure sur les circonstances possibles du passé en partant d'une réalité présente, on peut penser que jadis, avant d'atteindre Bingen, les eaux du Rhin, arrêtées et refoulées par les parois montagneuses, ont été obligées tout d'abord de se gonfler, d'inonder tout le secteur plat jusqu'au sommet des rochers du Binger Loch, pour ensuite se précipiter d'une poussée irrésistible dans la direction que prend le fleuve aujourd'hui encore, vers le nord. Peu à peu, l'eau creusa plus profondément son lit dans le roc et la plaine émergea à la surface. A une condition toutefois : il faut supposer que le Rheingau était une partie du Palatinat, et que la région qui entoure Mayence jusqu'à Oppenheim et Darmstadt un lac, jusqu'à ce que les eaux accumulées dans la dépression aient vaincu cette digue naturelle du Binger Loch et que le fleuve ait pu s'écouler. »

Georg Forster (1754-1794), géographe, navigateur et agitateur politique, écrivit ces lignes en 1790, lorsqu'il parcourut la vallée du Rhin en compagnie du jeune Alexander von Humboldt, alors âgé de vingt et un ans, qui allait devenir, lui, un grand géographe des temps modernes.

La rectification du Rhin

Il ne pouvait pas encore deviner, il y a deux cents ans, que ses contemporains, une bonne vingtaine d'années plus tard, allaient intervenir sur le cours naturel du Rhin, et que ce « sacrilège » entraînerait des conséquences dont nous ne nous sommes pas encore rendus maîtres de nos jours. *« Si l'on rectifie le Rhin, tout ce qui se trouve le long de son cours changera »*, avait proclamé avec enthousiasme un lieutenant du nom de Johann Gottfried Tulla lorsqu'il présenta en 1812 ses grands projets de rectification du fleuve au gouvernement de Baden.

Cette entreprise allait en effet protéger des crues les champs cultivés des bas-fonds, les *Riedauen*. Mais on oubliait qu'au cours des siècles les habitants avaient appris à vivre avec les crues et les inondations, et sur les terrains marécageux. Ils s'opposèrent à ce que l'homme s'immisce dans cet ordre voulu par Dieu, même si cet ordre entraînait pour eux bien des peines. En 1928, le conseiller économique Gustav Adolphe Dehlinger résuma ainsi la situation : *« Comment mettre fin à cet état de choses difficile à supporter dans les régions marécageuses ? Comment améliorer et fertiliser la terre pour le bien de tous ? Ces questions ne sont pas nouvelles. Il suffit pour nous en convaincre de remonter très loin dans l'histoire de notre Land, la Hesse. Nous apprendrons alors que les habitants des terrains marécageux bordant le Rhin s'opposèrent déjà à tout drainage et assèchement il y a sept cents ans. »*

Vers 1800, le Rhin avait 3 ou 4 km de largeur, et il décrivait des méandres, des boucles et des coudes à travers les marais. Le fossé du Rhin supérieur, de Bâle à Mayence, offrait le terrain le plus favorable à ces fantaisies. Le fleuve changeait constamment de cours ; de vastes étendues étaient marécageuses, presque partout les habitants souffraient de fièvres. Des épidémies de typhus et de dysenterie se déclaraient périodiquement, et décimaient parfois la population de régions entières. Malgré tous ces inconvénients, les paysans s'étaient adaptés à leur dure existence et s'opposaient à toute innovation.

Les équipes du lieutenant Tulla forcèrent le Rhin à se creuser un lit. Elles le rétrécirent en élevant des digues, en perçant les boucles du fleuve, en isolant les bras secondaires et les marais. Les habitants eurent les pires pressentiments ; ils craignirent les conséquences d'interventions aussi profondes sur le paysage. A certains endroits, la résistance fut si vive que les travaux ne purent se poursuivre que sous protection militaire.

Les travaux de rectification s'achevèrent en 1876. Le cours supérieur du Rhin fut raccourci de 82 km et réduit à un canal d'une largeur de 200 m.

Pages précédentes : encorbellement d'une maison à colombage. Ci-contre, Bacchus est à l'honneur sur les rives du Rhin.

Le Rhin régulé

Ces travaux étant destinés à prévenir les crues, l'objectif était atteint.

Certes, il ne fallait pas encore songer à une navigation régulière, car le lit du fleuve était devenu plus abrupt. En quelques années, il avait pris 7 m de profondeur entre la frontière suisse et Brisach. Le courant, plus fort, remuait des masses de galets et de cailloux (1 000 m^3 par jour) et de nouveaux bancs de graviers se formèrent, ainsi que des îlots. Avec la baisse du niveau du Rhin, les nappes phréatiques des régions voisines et des ports fluviaux s'asséchèrent totalement.

Malgré tous ces inconvénients, l'œuvre du lieutenant Tulla fut accueillie avec enthousiasme, du moins au début. Les inondations se firent plus rares et moins fortes, et on récupéra 10 000 ha de terre arable, grâce à la suppression des bras du Vieux Rhin. Dans les terrains voisins du fleuve, humides, voire marécageux et propices à une végétation sauvage, on a pu faire pousser des feuillus : frênes, chênes, peupliers, ormes.

La rectification du Rhin entraîna bien entendu aussi des conséquences néfastes. Lorsque, le 25 août 1797, Johann Wolfgang von Goethe fit un voyage en Suisse : venant de Heppenheim, il traversa Weinheim pour rejoindre Heidelberg et dut franchir la Weschnitz : *« On passe pour la première fois une rivière d'une certaine importance, la Weschnitz, qui, au cours des orages, gonfle très fort. »* Les crues et le niveau élevé des nappes phréatiques, voilà ce qui, autrefois, souciait les riverains du Rhin. De nos jours, les paysans enfoncent des pompes à eau dans le lit du fleuve afin de faire remonter le niveau des nappes souterraines. Les temps changent. Disons avec Gerhart Polt, écrivain satirique de Munich : *« Un fleuve qui décrit des méandres — cette stupidité de la nature. »*

Un cours changeant

Revenons à la genèse du bassin du Rhin : c'est un voyage de plusieurs millions d'années. Le cours du Rhin a changé de direction à plusieurs reprises, ce qui lui a permis d'apporter de l'eau à toutes les mers d'Europe. A l'époque tertiaire, l'époque du plissement alpin, il y a 50 millions d'années, le Rhin supérieur coulait par la porte de Bourgogne pour aller se jeter dans la mer Méditerranée. Avant l'époque glaciaire, il y a 20 millions d'années, le Rhin alpin d'aujourd'hui se jetait dans le Danube; il était même l'affluent le plus important de ce fleuve et était donc relié à la mer Noire.

Il fallut attendre l'époque glaciaire pour que le Rhin adopte la direction qui est encore la sienne : les masses de glace qui surgirent des Alpes en direction du nord donnèrent aussi cette direction au cours des sources du Rhin. Lorsque, au nord du lac de Constance actuel, des murs d'éboulis se formèrent à cause de la glace, ce qui entraîna une séparation effective des eaux, le Rhin fut définitivement séparé du Danube et forcé de percer les chaînes de montagnes à proximité de Schaffhouse, et plus à l'ouest, le versant sud de la Forêt-Noire jusqu'à Bâle. Le Rhin avait désormais atteint le bassin allemand du sud-ouest, son chemin vers le nord était donc tout tracé. Le bassin allemand du sud-ouest s'était formé à l'ère tertiaire; sur de vastes superficies, le pays avait été creusé par des forces souterraines. Dans le nord, l'actuel Massif schisteux rhénan, s'accomplissait depuis un certain temps un processus contraire : un nouveau massif naquit et fit barrage au Rhin.

Le bassin du Rhin

La région actuelle du Rhin rassemble des zones d'influence hydrologique très diverses : premièrement, les cours d'eau du haut plateau suisse dirigés à l'origine vers le nord (les affluents de l'Aare qui faisaient partie autrefois de la zone danubienne; l'Aare apparaît donc comme le fleuve principal); deuxièmement, les eaux qui viennent de la Forêt-Noire et de la Wasgenwald dirigées vers le fossé du Rhin supérieur, réunies à celles du Main; troisièmement, les rivières du Massif schisteux rhénan dirigées vers le nord.

La diversité des formes du bassin du Rhin et la profusion de beaux paysages, des Alpes à la mer du Nord, s'expliquent par l'union de régions géologiques diverses. Durant la dernière période glaciaire, la Rhénanie avait une structure originale : au sud, à partir des Alpes, le glacier du Rhin s'étendait jusque dans la région du confluent de l'Aare, donc jusqu'au versant sud de la Forêt-Noire. Les masses glaciaires scandinaves pénétraient jusqu'à Cologne. On en retrouve les traces jusqu'à Duisbourg et Krefeld. En revanche, le secteur central du Rhin demeura hors des glaces, mis à part quelques petits glaciers locaux.

Le Rhin parcourt ainsi, des Alpes à la mer du Nord, toutes les grandes formes et les grands types de relief de l'Allemagne.

Les Alpes

La région alpine tout entière est la portion la plus jeune de «terre» qui ait été «soudée» au continent nord de l'Europe. Il y a 70 millions d'années, la mer Méditerranée était beaucoup plus vaste qu'aujourd'hui et formait la limite méridionale de cette «masse de terre septentrionale», la zone hercynienne, comme l'appellent les géologues. C'est dans cette dépression marine que se déposèrent les sédiments qui allaient devenir le massif alpin actuel.

La genèse des Alpes est un phénomène complexe. Au XVIIIe siècle, les neptunistes et les plutonistes se disputèrent avec acharnement à ce sujet. Les savants neptunistes défendaient la doctrine selon laquelle les roches qui composent la croûte terrestre étaient dues à l'action de l'eau. Pour les plutonistes, les principales puissances qui ont formé la Terre, et donc les montagnes, provenaient du noyau de la Terre, du feu central en quelque sorte. Selon eux, c'est ce feu central qui a formé le durcissement et la solidification des roches, leurs plissements et leurs cassures, le jaillissement de massifs montagneux et de continents entiers, ainsi que l'activité volcanique.

Aujourd'hui, nous savons qu'il a dû y avoir dans la région alpine des dépressions profondes et de grands bassins. Dans chacune de ces dépressions gisent des masses de roches — les géologues parlent de «systèmes de couches» — qui, sous la pression venue de l'intérieur de la Terre, se sont détachées et se sont déplacées vers le nord, en passant pardessus les masses rocheuses qui y étaient déposées.

Il arrive qu'on ne retrouve des plaques arrachées à leur base que 100 km plus loin, voire davantage, dans une hauteur ou une dépression qui, aujourd'hui encore, malgré les méthodes de travail les plus modernes, y compris les ordinateurs géants, surprennent les géophysiciens et les géologues. La tâche n'est guère aisée, pour les géologues, de rassembler toutes les pièces de ce casse-tête que représentent les Alpes et de les remettre en ordre.

«Si nous escaladons en hiver un de nos cols alpins, nous sommes étonnés de voir de telles masses de neige qui se sont entassées à certains endroits, parfois sous l'effet du vent. Revenons à ces endroits-là deux mois plus

Une boucle du Rhin : vue étonnante sur le Rhin moyen.

tard, nous avons de la peine à les reconnaître. Nous y découvrons de vastes parois rocheuses, séparées les unes des autres par des dépôts de sédiments et des alpages couverts d'herbes courtes, mais suffisamment grasses pour faire le bonheur des moutons. Comment une métamorphose aussi radicale et aussi rapide est-elle possible à de telles altitudes? Et à quoi est-elle due? "C'est l'œuvre du fœhn", nous répond le berger.» Pour le géologue Heinrich Dove, il existait en 1867 un rapport étroit entre le fœhn, ce vent chaud qui souffle du sud, et la fonte des glaciers. Il croyait même qu'une nouvelle époque glaciaire pourrait bien survenir si, pour une raison ou pour une autre, le fœhn venait un jour à faire défaut.

La glace a été d'une extrême importance pour la morphologie de l'espace alpin, pour les montagnes et les vallées. Albrecht Penck et Eduard Brückner ont distingué en 1909 quatre périodes glaciaires dans les régions alpines de l'Europe : celles de Günz, de Mindel, de Riss et de Würm, qui s'étendirent sur 650000 ans. Des savants avancent avoir aussi découvert deux glaciations plus anciennes, les préglaciations du Danube et de Bieber. Toutes ces glaciations ont été entrecoupées de périodes de réchauffement. Cinq langues de glace gigantesques émergèrent des vallées alpines pour se déplacer vers le nord : le glacier de la Salzach, de chaque côté de ce fleuve autrichien, le glacier de l'Inn et du Chiemsee, entre la Traun et le coude de la Mangfall (en Haute-Bavière), le glacier de l'Isar et de la Loisach (en Haute-Bavière également) et, à proximité, le glacier de l'Iller et du Lech, et enfin, entre l'Iller et le Jura souabe, le glacier du Rhin. Chacun d'eux se subdivisa en plusieurs branches, séparées par des moraines latérales composées de roches, de sables et de graviers. L'eau de fonte des glaciers coulait en direction du Danube, à travers de larges crevasses.

A la fin des glaciations, lorsque le climat se réchauffa, l'évolution de la région alpine n'était pas terminée, loin s'en fallait. Des petits glaciers postglaciaires n'ont cessé de surgir; ils ont changé le paysage marqué par leurs grands frères et ont formé de nouvelles moraines. Conséquence : des chutes de blocs montagneux dans des vallées profondes ont aidé à la formation de lacs; les fleuves ont été obligés de se frayer un passage pour sortir des vallées; ils se sont creusé des gorges à travers les massifs rocheux. La géologie du Rhin et de son bassin alpin donne des preuves évidentes de ce processus.

Le long du Rhin moyen, les maisons se blottissent étroitement entre le fleuve et la montagne.

Les Mittelgebirge

Dès que le Rhin abandonne sa direction est-ouest et effectue son virage vers le nord derrière Bâle, que se dressent le versant droit de la Forêt-Noire et le versant gauche des Vosges, commence son long périple à travers un relief de moyenne montagne très diversifié.

Les Mittelgebirge allemandes se composent d'un grand nombre de massifs et de types de montagne disparates. Le fleuve a donné son propre nom au puissant géant local, le Massif schisteux rhénan, caractérisé lui aussi par des régions de nature et d'aspect très différents : le Hunsrück et le Taunus au sud qui s'affaissent en pente raide sur les vallées du Rhin et du Main; plus au nord, le Westerwald avec son plateau basaltique central entouré du Sauerland, du Bergisches Land et des Rothaargebirge; au nord-ouest, l'Eifel avec ses reliefs caractéristiques, tels le Schnee-Eifel ou le Hohen Venn.

Les secousses géologiques qui ont marqué l'ère tertiaire, puis les périodes de glaciation, ont été déterminantes pour la formation du relief actuel des Mittelgebirge. Au cours de ces millions d'années, des forces souterraines les ont brisées en plusieurs étapes et ont formé des élévations isolées.

Aux époques glaciaires, une grande partie des Mittelgebirge situées entre les glaces du nord et les glaces des Alpes étaient, elles, dépourvues de glaces. Il s'était formé seulement quelques glaciers sur les plus hauts sommets de la région, en Forêt-Noire, dans le Harz ou dans les Riesengebirge, mais ils n'impressionnaient guère le paysage, surtout si on les comparait aux glaciers géants des Alpes. Ainsi, les Mittelgebirge n'étaient pas couvertes de glace dans leur totalité; elles étaient plutôt situées dans la zone «périglaciaire». Les eaux ont creusé les vallées échancrées qu'on trouve encore partout. Le Rhin a un charme particulièrement romantique dans cette région des Mittelgebirge; il suffit pour s'en convaincre de songer aux larges fossés rhénans bordés par la Forêt-Noire et la chaîne de l'Odenwald, aux coudes et aux boucles pittoresques que le fleuve forme au nord de Mayence et de Wiesbaden, et surtout à partir du coude de Bingen.

La région qui prolonge les Mittelgebirge au nord et s'étend jusqu'à la mer du Nord et la mer Baltique s'étale sur près de 300 km de largeur. On arrive ici sur un terrain sans limite, qui a été presque uniquement marqué par les glaciations. Les masses de glace, souvent épaisses de plusieurs centaines de mètres, ont nivelé tout ce qui se trouvait sur leur passage. Le paysage est imprégné d'une atmosphère mélancolique, plongé dans une brume sans fin qui évoque le Rhin inférieur, aux horizons infinis.

La mer du Nord

La mer du Nord, qui reçoit les eaux du Rhin en territoire néerlandais, a changé souvent de forme et d'aspect. A l'époque qui a suivi la grande glaciation, la rive nord de l'actuel Doggerbank était la côte sud de la mer du Nord. Il y a exactement 8 millénaires que la partie méridionale de la mer du Nord s'est soulevée et a émergé de l'eau. La côte a progressivement reculé vers le sud, le niveau du Doggerbank a baissé, des dunes de sable se sont formées le long de la côte, poussées par le vent, et se sont finalement divisées en îlots. Il s'est ainsi constitué des prés salés (*Marschen*) que les habitants ont exploités peu à peu et qui, depuis neuf cents ans environ, sont protégés des flots par des digues. Actuellement, les principaux architectes de cette région côtière de la mer du Nord sont les marées, les caprices du flux et du reflux provoqués par l'action conjuguée du Soleil, de la Terre et de la Lune.

Le Rhin a marqué l'histoire du continent européen avant de marquer l'histoire des hommes; il a contribué à la formation de types de reliefs variés, aux contrastes profonds, et leur a survécu, depuis les hauts sommets des Alpes jusqu'aux eaux fougueuses de la mer du Nord.

Il semble que le Rhin soit voué au destin de l'incertitude : à sa source, on ne sait pas exactement où il commence à couler, et à son embouchure, on ne voit pas où il s'arrête. Aussi de nombreux savants désignent-ils ce véritable fouillis que constituent les bouches du Rhin, avec ses fleuves, ses bras et ses canaux, comme le *«fleuve-corridor néerlandais»* — expression déjà presque européenne pour un grand fleuve européen. Il faut toutefois noter qu'on n'emploie presque jamais l'expression «les bouches du Rhin»; on ne connaît que «les bouches de la Meuse». D'ailleurs, les Hollandais ont totalement débaptisé le Rhin à son embouchure, ils appellent les deux bras principaux qui en forment l'estuaire : le Lek et le Waal.

TRIBUS ET TRIBULATIONS

Les vestiges humains les plus anciens qui ont été trouvés dans le bassin du Rhin sont des outils de l'âge de la pierre, utilisés dans une période qui s'étend entre 2,5 millions d'années et 30000 ans. En revanche, des chasseurs nomades qui se sont servis de ces outils, il n'est rien resté dans cette région.

L'homme de Néanderthal

Cependant, en 1856, dans la vallée de Néanderthal, près de Düsseldorf, on a découvert le squelette d'un homme primitif. Les hommes de Néanderthal, qui se sont éteints il y a 30000 ans, avaient un habitat très précaire; ils pratiquaient certains rites de funérailles et communiquaient entre eux par la parole.

Au cours de l'âge de la pierre, le style de vie des hommes changea, à cause du changement de climat et de l'évolution des formes de vie et de production. Les tribus du bassin du Rhin vivaient de la pêche et de la cueillette. Ils construisirent des lotissements et se servirent d'outils, fabriquèrent des objets courants et des objets d'art de plus en plus diversifiés. Le changement le plus important de leur style de vie vint de la sédentarisation, ce qui leur permit d'entretenir des animaux domestiques et de cultiver la terre. Avec l'utilisation du fer dans la fabrication des outils et des armes, au cours de l'âge du bronze et du fer, les communautés humaines continuèrent à se développer; à cette époque reculée, elles pratiquaient déjà le commerce.

Une grande partie des rares vestiges préhistoriques de cette région située en bordure du Rhin ont été mis à l'abri dans les musées. On ne peut voir sur place que les habitats et les tombes.

Dans l'ancienne ville de Feldkirchen-Günnersdorf, l'actuelle Neuwied, au cours de travaux de construction, une cité datant de l'âge de la pierre a été mise au jour il y a quelques années; elle contenait un nombre

Pages précédentes : le Drachenfels; le village lacustre d'Unteruhldingen, sur le lac de Constance (reconstitution d'habitations de l'âge de la pierre et de l'âge du bronze). Ci-contre, tour romaine restaurée.

inhabituel d'objets en bon état de conservation.

De l'époque préhistorique, on a retrouvé des objets dans les fouilles de Néanderthal, près de Düsseldorf, tels des squelettes d'hommes à qui on a donné le nom du site, les hommes de Néanderthal; à Cologne-Lindenthal et à Andernach, des fouilles ont mis à jour une aire d'habitation; à Bonn-Oberkassel, on a découvert des ossements humains et quelques outils; et à Urmitz (au sud-est de Neuwied), on a trouvé des fortifications en terre datant de l'âge de la pierre, ainsi qu'une nécropole.

Les Celtes

Sur le Rhin, la civilisation fut marquée en partie par des influences celtiques (rive gauche), en partie par des influences germaniques (rive droite).

Les Celtes furent le premier peuple qui se propagea au nord des Alpes, de l'est vers l'ouest, et qui, pendant environ deux cents ans, joua un rôle prépondérant en Europe. Ils s'établirent en Allemagne du Sud, avancèrent vers le Rhin supérieur et franchirent le fleuve; ils se déployèrent ensuite dans la vallée du Rhin, vers le nord, et occupèrent plus tard la Gaule (qui est un terme d'origine celtique). Ils se propagèrent ensuite dans toute l'Europe et allèrent jusqu'en Asie Mineure et dans les îles britanniques — migration formidable qui précéda de beaucoup les grandes migrations des tribus germaniques. Le nom du Rhin prend son origine dans cette période celtique, ainsi que le nom de nombreuses villes rhénanes anciennes.

Les débuts des tribus celtiques se retrouvent dans la population européenne préhistorique qui connaissait déjà l'usage du fer. Des sources irlandaises aussi confirment que les Celtes avaient atteint un niveau élevé de civilisation, une forme de société développée, ainsi qu'une religion qui leur était propre; ils composèrent des œuvres d'art.

Les Germains

Les premiers Celtes conquirent d'autres tribus européennes et les soumirent à leur joug. Ceux qui refusaient de se soumettre étaient chassés. C'est exactement ce qu'il se passa plus tard pour les Celtes eux-mêmes, lorsque les tribus germaniques en provenance de la côte de la mer du Nord envahirent l'Europe, se mêlèrent à leurs prédécesseurs celtes dans maintes régions, ou les chassèrent. Quelques peuples qui avaient vécu pendant de longues années sous l'influence celtique furent encore germanisés au cours de l'âge du fer.

Le terme de Germains fut transmis par une tribu qui occupait le bassin du Rhin inférieur à tous leurs voisins du nord. Bien que les Germains eux-mêmes n'utilisassent point de nom spécial pour désigner leur tribu, ce nom fut adopté par César. Ils vivaient d'agriculture et d'élevage et habitaient des villages ou hameaux fortifiés, ou des fermes isolées, généralement en bordure du fleuve.

Les Celtes s'adaptèrent mieux que les Germains à la vie dans l'empire romain. Les barbares furent initiés à la vie citadine et au droit romain qui régissait également leurs activités. Ils apprirent à connaître le style de vie, l'économie et l'art des Romains. L'esprit de tolérance des colonisateurs vis-à-vis des us et coutumes celtiques et germaniques accéléra l'intégration des barbares qui vivaient dans les provinces frontières de l'empire. De même, l'irruption du christianisme dans l'empire romain païen, aux IIe et IIIe siècles de notre ère, eut aussi des répercussions sur les habitants des provinces périphériques; cependant, la nouvelle foi ne s'imposa que très lentement dans les lointaines provinces rhénanes.

Sous l'influence romaine, l'art et la civilisation des Germains se modifièrent. Ils pratiquèrent aussi un vaste commerce avec les Romains (ambre, fourrure, récipients de verre et de métal). L'artisanat connut un grand essor (poterie et tissage). Les relations entre les Romains et les Germains n'étaient pas toujours amicales. Au cours de l'histoire, les Germains multiplièrent les agressions dans l'empire romain, et les Romains organisèrent souvent des expéditions guerrières vers la Germanie.

Les Romains passent le Rhin

L'histoire du Rhin fut déterminée pendant quatre cents ans par la politique de l'empire romain. Les Romains tentèrent de pénétrer dans le territoire qu'occupaient les Celtes jusqu'aux rives du Rhin à partir du début du Ier siècle av. J.-C. A la même époque, des tribus germaniques venues du nord et du nord-est poussèrent en pays celtique. Le choc des Romains et des Germains allait jouer un rôle décisif pour le développement des conditions politiques et géographiques de la région rhénane.

Avant de franchir le Rhin deux fois par le bassin de Neuwied, vers 60 av. J.-C., César avait déjà vaincu les Celtes dans les guerres des Gaules, à gauche du Rhin, et incorporé la Gaule à l'empire romain.

Après l'intégration de la nouvelle province romaine de la Gaule, César considéra le Rhin comme la frontière naturelle de la sphère d'influence romaine. Violer cette frontière allait devenir un *casus belli* avec tous les peuples voisins qui nourrissaient le désir d'étendre leurs territoires. Les ponts jetés sur le Rhin à proximité de la ville actuelle de Neuwied, qui, aux yeux des habitants germaniques, étaient des prouesses techniques, allaient particulièrement souligner la supériorité de l'empire romain.

Les Romains ont laissé un grand nombre de souvenirs de leur passage sur les bords du Rhin, ce qui n'a rien d'étonnant puisqu'ils ont colonisé cette région pendant plusieurs siècles. Nombre des grandes villes allemandes établies le long du Rhin, Xanten, Neuss, Bonn, Cologne-Deutz, Andernach, Coblence, Boppard, Bingen, Neuwied, Mayence, ont été fondées par eux. Les anciens camps de légionnaires, places fortes et même capitales de province, devinrent par la suite les centres de la vie politique, culturelle et religieuse. A côté des restes de remparts, des ruines de forteresses et de tours de garde (le *limes*), le voyageur qui parcourt cette région peut aussi visiter l'aqueduc de Brey, des routes, des lieux de culte et des œuvres d'art, parmi lesquelles d'innombrables mosaïques. Ainsi les mosaïques de Dionysos, à Cologne, autour desquelles a été construit le Musée romain-germanique, à l'ombre de la cathédrale, dans l'ancienne cité romaine, ont été découvertes au cours de travaux de construction.

Statues et bas-reliefs romains dans la salle des antiquités d'un musée de Bonn.

La menace germanique

L'agitation constante des tribus germaniques et l'attrait des régions prospères de la rive gauche du Rhin firent que les légions romaines eurent souvent à essuyer des attaques. C'est pourquoi, sous le règne de l'empereur Auguste, les Romains projetèrent une grande offensive pour pénétrer en Germanie libre, de l'autre côté du Rhin, afin d'écarter de leurs frontières septentrionales cette menace permanente. La conquête des tribus germaniques se fit en plusieurs étapes et aboutit à la fondation d'une administration provinciale romaine dans les territoires conquis. Cependant, la campagne prit fin en

9 apr. J.-C. avec la bataille meurtrière de la forêt de Teutobourg, au cours de laquelle les tribus germaniques alliées, sous la conduite du chef des Chérusques, Arminius, vainquirent le gouverneur Varus.

Les légions se retirèrent de l'intérieur de la Germanie et le Rhin resta la limite nord-est jusqu'à la chute de l'empire romain du nord des Alpes. Le territoire qui s'étendait de la rive droite du Rhin au Danube se trouvait dans le giron de l'empire. Afin d'accélérer le transport du ravitaillement et des armes, la frontière fut avancée vers le nord.

La guerre de l'empereur Domitien contre les Chattes, en 83 apr. J.-C., entraîna une nouvelle extension de la colonisation romaine et déclencha la construction du *limes imperii romani*, frontière fortifiée de l'empire longue de 548 km, qui commençait entre Bad Hönningen et Rheinbrohl, englobait le territoire situé entre le Rhin-Main et le Danube et était destinée à empêcher les incursions continuelles des Germains. Cet objectif fut du reste atteint, mais provisoirement.

Cependant les tribus germaniques perdirent progressivement tout respect devant les légions romaines et recommencèrent de plus belle leurs incursions. On renforça le *limes*, on construisit des forts et on établit des camps de légionnaires à tous les carrefours de routes importantes.

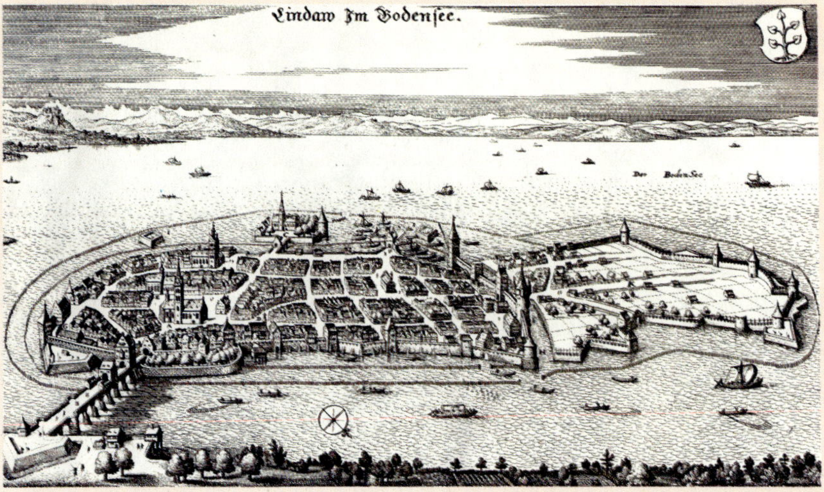

A partir du IIIe siècle apr. J.-C., les habitants de la région rhénane vécurent sous une menace croissante venue de Germanie centrale. Plusieurs tribus avaient formé des bandes armées afin de lancer des opérations de plus en plus vastes contre l'empire romain : au sud, les Burgondes et les Alamans, au nord, les Francs formaient les forces principales. Tandis que les percées précédentes des tribus germaniques se limitaient à des raids motivés par l'appât du butin, ils luttaient à présent pour trouver une nouvelle patrie, soit à l'intérieur de l'empire romain lui-même, soit comme souverains de leurs propres territoires.

La période des grandes invasions conduisit beaucoup de tribus germaniques et asiatiques à franchir le Rhin, pour pénétrer parfois très avant dans les provinces romaines. Elles furent suivies des Francs, des Alamans, des Burgondes, des Ostrogoths, avec lesquels les Romains scellèrent parfois des alliances contre d'autres tribus germaniques.

Les Francs mérovingiens

L'instabilité croissante de l'empire favorisa les peuples germaniques. La victoire du roi des Francs, Clovis, sur la dernière armée romaine en Gaule mit fin à la mainmise de Rome sur le Rhin en 486. Le peuple franc provenait de la fusion de plusieurs tribus germaniques occidentales vivant sur le Rhin ou à proximité du fleuve, qui, jusqu'au IVe siècle, formaient une fédération dont chaque tribu avait encore son nom et sa province, mais finirent par se confondre sous le règne de Clovis (mort en 511), fondateur de la dynastie des Mérovingiens.

Les rois mérovingiens soumirent peu à peu leurs vassaux germaniques. Mais les dissensions entre les régions du royaume et les disputes entre la monarchie et la noblesse affaiblirent l'autorité des Mérovingiens. Les maires du palais prirent les rênes du pouvoir aux dépens des souverains.

Le royaume des Francs ressuscita sous Charlemagne l'empire romain d'Occident. Ce roi des Francs mena des guerres sanglantes contre les Saxons et les Lombards, qu'il força à se convertir au christianisme. Le jour de Noël de l'an 800, Charlemagne se fit couronner empereur des Romains par le pape, à Rome. À la mort de Charlemagne, en 814, son fils Louis Ier le Pieux, qu'en 813 il avait fait couronner empereur, lui succéda. La succession de Louis le Pieux fut réglée en 817 entre ses fils Lothaire, Pépin et Louis par l'*Ordinatio imperii.* Mais le remariage de Louis le Pieux et la naissance de Charles le Chauve provoquèrent la révolte de Lothaire.

Les Carolingiens

Les Carolingiens, en la personne de Pépin le Bref, finirent par les déposer en 751 et prendre le titre de roi, avec l'approbation du pape. Le dernier Mérovingien, Childéric III, fut enfermé dans un monastère. L'alliance du nouvel empire avec le pape fut d'une extrême importance dans l'histoire du Moyen Age. Les Carolingiens intégrèrent d'autres comtés à leur empire. En même temps, ils eurent à se défendre des menaces maures.

A gauche, Lindau im Bodensee (gravure sur cuivre); ci-dessus, Bâle (gravure sur acier de Kolb d'après un dessin de Rohbock).

En 843, le traité de Verdun partagea l'empire en trois royaumes. Charles le Chauve (843-987) devint le premier roi de France.

Les rois francs, devenus incapables de défendre leurs pays contre les agresseurs venus du nord et de l'est, tombèrent en décadence. Hugues Capet succéda à Charles le Chauve en 987. Dans le royaume franc de l'Est, les chefs élurent un roi issu de leurs rangs après que la dynastie se fut éteinte. En 936, le duc Otton de Saxe fut élu roi à Aix-la-Chapelle, puis empereur en 962. Dès lors, les rois de Germanie se considérèrent comme les successeurs des empereurs romains, et l'empire de Germanie adopta le nom de Saint Empire romain germanique.

LES EMPIRES SE SUCCÈDENT

Au XIe siècle, la dynastie franque des Saliens régnait sur la région de Worms et de Spire. Cependant, ce territoire rhénan ne leur suffisant pas, ils étendirent leur sphère d'influence et de domination grâce à une politique habile de mariages, jusqu'à ce que, à partir de 1027, ils règnent sur la totalité de l'ancien empire germanique avec le titre de dynastie impériale. Mais des querelles de famille, la proclamation de plusieurs rois d'opposition et une abdication forcée finirent par affaiblir le pouvoir des Saliens. A cela s'ajoutèrent les dissensions entre les empereurs et l'Église à propos de la nomination des membres du clergé. Cette lutte, connue sous le nom de «querelle des investitures», ne prit fin qu'en 1122 à Worms. La dynastie des Saliens s'éteignit en 1127.

Depuis la fin du XIIe siècle, les rois germaniques furent élus parmi les sept princes électeurs. Pour que cette élection fût légitime, il fallut que, à partir de 1198, les archevêques de Mayence, de Cologne et de Trèves, ainsi que le comte palatin du Rhin, y prennent part. Après que, en 1623, le comte palatin fut privé de ses droits de prince électeur, qui lui furent rendus une vingtaine d'années plus tard, et banni, Mayence et Cologne perdirent même le droit de voter à l'élection du roi en 1803.

Villes et principautés

Vers la fin du Moyen Age, le roi germanique accorda à ces princes électeurs et à d'autres principautés un pouvoir et une souveraineté de plus en plus étendus. Les princes qui régnaient sur des États territoriaux eurent également l'occasion d'asseoir leur pouvoir durant la période dite «grand interrègne» (1253-1274). En 1254 se forma la première Ligue des villes rhénanes (*Rheinischer Städtebund*) destinée à lutter contre l'arbitraire des souverains à propos des postes de péage qui se multipliaient sur le Rhin. En

Pages précédentes : l'armée française aux portes de Düsseldorf, le 6 septembre 1795. Ci-contre, au pied du château de Gutenfels, la statue du maréchal Blücher, qui franchit le Rhin dans la nuit du 31 décembre 1813.

1256, un an avant la dissolution de cette ligue, elle réunissait déjà 70 villes. La seconde Ligue des villes rhénanes fut fondée en 1381 afin de combattre les chevaliers appauvris qui jetaient un œil d'envie sur les riches cités du Rhin. En effet, des querelles armées durèrent jusqu'en 1388, année où la seconde Ligue fut dissoute après la signature de la paix.

La Réforme

Tout au long du Moyen Age, Worms, l'une des plus anciennes villes de la vallée du Rhin, vit croître son importance. Non seulement elle joua un rôle déterminant dans la constitution de la première Ligue des villes rhénanes, mais aussi dans les grandes décisions qui marquèrent la politique germanique, parce qu'elle fut le siège de nombreuses diètes. C'est à Worms que fut décidée en 1495 la réforme de l'empire et que fut proclamé en 1521 l'édit qui porte le nom de la ville, par lequel les autorités bannirent Martin Luther et interdirent la lecture et la propagation de ses écrits. Malgré cela, la réforme religieuse lancée par Luther s'imposa dans les pays rhénans et, en 1529, la diète impériale de Spire protesta contre son interdiction. Des rebelles s'étaient même assemblés à Worms, Spire et Mayence, pour soutenir les revendications de Luther, et, de Mayence à Bâle, il y eut d'importants foyers de rébellion pendant la guerre des Paysans qui fut déclenchée au nom de Luther bien que rapidement condamnée par celui-ci.

Vers 1550, nombreuses étaient les principautés situées sur le Rhin qui avaient embrassé la religion réformée.

La guerre de Trente Ans

La guerre de Trente Ans (1618-1648), qui éclata à cause des divergences religieuses, sema la mort, la famine, les épidémies et la ruine dans toute l'Allemagne. Le Palatinat fut une des régions qui eut à subir les combats les plus violents. Les traités de Westphalie signés en 1648, qui devaient mettre fin à la guerre, cédèrent une partie de l'Alsace à la France.

Mais la paix promulguée en 1648 ne fut pas de longue durée. Des difficultés au sein de l'empire et la politique française d'annexion provoquèrent la formation de gros nuages qui finirent par recouvrir les espoirs d'une paix durable.

Pour la préserver au moins quelque temps, plusieurs principautés allemandes du Sud et de l'Ouest se réunirent en 1658 sous la direction française pour former la première confédération du Rhin (*Rheinbund*), mais en 1668, celle-ci avait déjà cessé d'exister. Entre 1672 et 1697, la paix se brisa définitivement et les armes se remirent à parler en plusieurs points de l'Europe. Les chefs militaires et les armées se servirent des pays rhénans comme lieux de rassemblement de leurs troupes et comme champs de bataille. Le Palatinat fut encore dévasté à plusieurs reprises — cette fois par les troupes de Louis XIV — et ce ne fut qu'en 1697 que les chefs d'État se décidèrent à négocier les termes d'un traité de paix qui fut finalement signé dans la ville hollandaise de Nimègue.

Les années qui suivirent apportèrent la preuve que les hommes d'État étaient encore incapables de maintenir cette paix. Une série de difficultés de succession au trône, la politique agressive de certains monarques, ainsi que l'opposition naissante entre l'empereur d'Autriche et le roi de Prusse entraînèrent la population rhénane à devenir à la fois témoin et victime des opérations militaires, et parfois même à y prendre part. Lorsque la dernière de ces guerres, la guerre de Sept Ans, prit fin en 1763, la paix s'installa en Allemagne pour trente années.

A gauche, le château de Rheinstein en 1837 (tableau de Johann Bachta); ci-dessus, le château de Rheinstein aujourd'hui, vu d'un bateau.

La Révolution et l'Empire

La Révolution française de 1789 apporta de nouvelles turbulences en Europe et les divergences prusso-autrichiennes passèrent provisoirement au second plan et un appel à une intervention militaire en France fut lancé. En 1792, la France déclara la guerre à la Prusse et à l'Autriche. Au cours de ce conflit, les régions situées à gauche du Rhin changèrent à plusieurs reprises de mains; elles furent annexées tantôt par les Français tantôt par les Allemands. Enfin, en 1801, la paix de Lunéville fut signée sous les auspices du général Bonaparte, premier consul. Cette paix stipulait que tout le territoire situé sur la rive gauche du Rhin reviendrait à la France. Les princes régnants reçurent en échange, à titre de dédommagement, les principautés ecclésiastiques qui avaient été sécularisées par Napoléon Ier et des domaines plus petits qui dépendaient auparavant directement de l'empire allemand. Les princes, dont les ambitions avaient été ainsi assouvies par Napoléon Ier, eurent soudain une tout autre vision de la France révolutionnaire. En 1806, les principautés de la rive droite du Rhin se rassemblèrent sous la protection de Napoléon Ier qui, en 1804, avait été couronné empereur des Français, pour former la seconde confédération du Rhin.

Les États de la confédération du Rhin déclarèrent aussitôt leur souveraineté et leur indépendance par rapport à l'empire germanique et promirent à Napoléon Ier de soutenir militairement ses campagnes. Le 1er août 1806, l'empire qui, depuis le XIIe siècle, était connu sous l'appellation de Saint Empire romain germanique cessa d'exister lorsque François II, devenu empereur d'Autriche en 1804, renonça au titre d'empereur des Romains. A la suite de cela, un grand nombre d'autres États rallièrent la confédération du Rhin. Dans les États fédéraux, on procéda à une réforme de la justice et du code des impôts, selon le modèle du code Napoléon, et les droits féodaux et corporatifs furent réduits.

En 1812-1813, la Prusse et l'Autriche s'allièrent contre la France affaiblie par la campagne de Russie catastrophique pour elle, et peu après, elles se levèrent même officiellement contre Napoléon Ier. Les patriotes allemands, mobilisés par le roi pour les fameuses «guerres de Libération» contre Napoléon Ier, combattirent, souffrirent et moururent, de 1813 à 1815, en échange d'une promesse de liberté dans une Allemagne unifiée. La confédération du Rhin abandonna la France en 1813 et, en 1815, Napoléon Ier abdiqua définitivement. Le peuple allemand, qui avait lutté *«pour le roi et la patrie»*, fut déçu. Au congrès de Vienne, les autorités fondèrent la Confédération germanique, conglomérat composé de 38 États souverains, dont un empire, l'Autriche, cinq royaumes, huit grands-duchés, dix duchés, dix principautés et quatre villes libres.

Révolutions et réactions

La promesse d'accorder les libertés civiles aux citoyens tomba dans les oubliettes. Les braves Allemands s'endormirent, jusqu'à ce qu'ils soient arrachés de nouveau à leurs rêves par les premiers accents de la révolution de 1830 en France. Les pays rhénans, qui, à cause de leur proximité de la France, étaient plus éveillés sur le plan politique que le reste de l'Allemagne, subirent l'influence du mouvement révolutionnaire. De nouvelles constitutions finirent par être promulguées dans plusieurs principautés. En 1832, la fête de Hambach, ville située à quelques pas seulement du Rhin, fut l'un des événements les plus importants qui annoncèrent la révolution allemande de 1848-1849. Un nouveau soulèvement révolutionnaire éclata en France en février 1848 et rejaillit aussi sur les pays rhénans, puis sur toute l'Allemagne.

Les principaux foyers de la révolution de 1848, dans la région rhénane, furent Karlsruhe, Mannheim, Cologne et Düsseldorf. Après l'échec de ce soulèvement révolutionnaire, en 1849, quelques irréductibles reprirent les armes. On fit appel à la troupe, et c'est ainsi que, en Hesse Rhénane, dans le Palatinat et la région de Cologne, nombre de ces révolutionnaires périrent. De nombreux Allemands, parmi lesquels des milliers de Rhénans, tournèrent le dos à leur patrie et allèrent tenter leur chance à l'étranger, en particulier en Amérique.

Après la guerre de 1866 et la victoire de Sadowa, la Prusse victorieuse de l'Autriche étendit sa souveraineté : le Rhin, de Wesel à Mayence, lui appartenait désormais.

Les guerres franco-allemandes

Mais l'unité allemande n'était pas achevée. A l'initiative de Bismarck, une nouvelle guerre éclata en 1870, cette fois entre l'Allemagne et la France. Après l'écrasante victoire sur la France de 1871, le traité de paix stipula que l'Alsace-Lorraine (à l'exception du territoire de Belfort qui avait résisté à l'envahisseur) devait revenir à l'empire allemand (IIe Reich) proclamé en avril 1871 par Guillaume Ier dans la galerie des glaces du château de Versailles.

En 1914 éclata la Première Guerre mondiale. Ce conflit, considéré comme inéluctable et préparé par toutes les puissances européennes, montra à quel point les relations entre la France et l'Allemagne s'étaient envenimées. Les environs directs du Rhin eux-mêmes furent heureusement épargnés par les combats de cette guerre. Quoi qu'il en soit, le Rhin présentait un intérêt capital pour les Français. Avant même la fin de la guerre, ils engagèrent des pourparlers en vue de procéder à la redistribution des territoires rhénans, puisque récupérer l'Alsace-Lorraine était le premier but de guerre français. Ces discussions donnèrent lieu à ce qu'il est convenu d'appeler la « théorie du Rhin ».

En 1918, l'Allemagne impériale fut vaincue et le traité de Versailles fut signé l'année suivante. Comme on a pu s'en rendre compte, au lieu d'instaurer une paix durable, il portait en lui-même les germes du conflit suivant, car il ne fit qu'attiser l'esprit de revanche de l'Allemagne humiliée. L'Alsace-Lorraine revint à la France; une bande de territoire de 50 km de largeur, à droite du Rhin, fut déclarée *« zone allemande démilitarisée »*, et la rive gauche du Rhin fut occupée par les troupes alliées. En novembre 1918, une vague révolutionnaire (la révolution spartakiste de Karl Liebknecht et Rosa Luxembourg) balaya l'empire allemand. Il se forma des conseils de soldats et de travailleurs à Düsseldorf, Coblence, Mayence et Mannheim. La république de Weimar, État démocratique parlementaire, s'installa sur les débris de l'empire démantelé par la volonté des vainqueurs.

En 1923, les troupes françaises et belges occupèrent la région de la Ruhr, située sur la rive droite du Rhin, parce que l'Allemagne avait refusé de payer aux Alliés les réparations stipulées par le traité de paix. La résistance passive de la population et un nouvel échelonnement des réparations amenèrent l'évacuation de la Ruhr, qui s'acheva en 1926. Le plan Young de 1929 prévoyait que les Alliés retireraient leurs troupes d'occupation des régions situées sur la rive gauche du Rhin plus tôt que prévu.

Le chancelier Adenauer, premier chancelier de l'Allemagne fédérale, était natif de Rhöndorf, près de Bonn.

Le IIIe Reich

A cette époque, le parti national-socialiste dirigé par un certain Adolf Hitler enregistrait déjà des succès aux élections. Celles de 1932 furent le premier pas d'une irrésistible ascension qui, à partir du 30 janvier 1933, put se développer en toute légitimité sur le territoire allemand lorsque Hitler fut nommé par le président de la République, le maréchal von Hindenburg, chancelier du Reich. Les résultats des élections dans les pays rhénans montrèrent que cette région n'était pas un haut lieu du national-socialisme. Au contraire : au-dessus de Cologne par exemple, le parti communiste était très fort.

En 1936, Hitler donna à trois bataillons de la Wehrmacht l'ordre d'envahir la zone démilitarisée par le traité de Versailles, sur la rive gauche du Rhin. Cette violation des traités ne donna lieu qu'à des protestations verbales.

Lorsque la Seconde Guerre mondiale éclata, les pays rhénans furent directement concernés. A partir de 1942, des bombardements aériens pilonnèrent, entre autres, les villes de Mayence, Mannheim, Cologne et la région de la Ruhr, faisant un nombre incalculable de victimes parmi la population civile.

Après la libération des régions situées à gauche du Rhin par les Alliés, en février 1945, les troupes alliées traversèrent le fleuve à Remagen, le 7 mars 1945, au prix d'énormes difficultés. Le pont de Remagen était le seul que les troupes allemandes n'avaient pas fait sauter au cours de leur retraite. En vingt-quatre heures, plus de 8 000 soldats alliés passèrent sur la rive droite. C'était la première fois depuis 1805 que des troupes étrangères franchissaient le fleuve. Dix-huit jours plus tard, les troupes alliées se trouvaient en territoire allemand, tournant le dos au Rhin.

Le 8 mai 1945 fut signée la capitulation du IIIe Reich. La terreur nazie prenait fin et la paix revint aussi dans les pays baignés par le Rhin. De nouveau, la restructuration de l'Allemagne fut un des points que les Alliés avaient discutés pendant les hostilités mêmes. L'Alsace-Lorraine, cette province si âprement disputée entre la France et l'Allemagne, fut rendue à la France — et cette fois, pour de bon. Le Rhin coula à travers les trois zones d'occupation des puissances occidentales, dont les frontières avaient été fixées en 1945.

Rhein-Dampfschiffahrt
Kölnische &
Düsseldorfer Gesellschaft.
Fahrplan
vom 10. Mai
1894.

LES ROMANTIQUES DÉCOUVRENT LE RHIN

A la fin du XVIIIe et au début du XIXe siècle, il était de bon ton en Angleterre qu'un jeune homme de bonne famille aille en Italie, à la fin de ses études, en passant par la France ou en longeant le Rhin; on appelait cela «faire son *grand tour*» ou «faire son tour sur le continent». Au cours des siècles, le Rhin ne devint plus seulement pour les Anglais le trajet de prédilection pour gagner l'Italie; il fut considéré aussi comme le but de voyages d'étude ou de vacances le plus indiqué pour des gens épris de culture et surtout de romantisme.

Naissance du romantisme

Bien avant que l'Allemagne ne commence à célébrer le romantisme fascinant des paysages de la vallée du Rhin, la passion des voyages qui habitait les Anglais, jointe à leur amour pour les ruines et à leur tendance à s'abandonner aux charmes de sites mystérieux tels que cimetières et châteaux hantés, était bien connue sur le continent. Le terrain était déjà prêt pour une rapide extension du tourisme, et le Rhin devint l'une des premières destinations du tourisme. Les pays rhénans accueillirent les voyageurs anglais avec joie et cordialité. On dit même que, par souci de publicité, certains hôteliers avaient substitué les portraits de leurs souverains locaux pour les remplacer par ceux de la reine d'Angleterre.

L'enthousiasme des Anglais pour le Rhin était le résultat d'un changement d'attitude vis-à-vis de la nature et d'un plus grand intérêt porté aux paysages et aux monuments.

Dans la dernière décennie du XVIIIe siècle, les voyages dans les pays rhénans devinrent un passe-temps pour les riches aristocrates; ils partirent en voyage accompagnés de leur médecin et du précepteur de leurs enfants. Ils trouvèrent autour du Rhin des ruines pittoresques, pleines de noblesse, qui les fascinèrent et qu'ils firent reproduire chez eux au prix de dépenses importantes.

Le «connaisseur» qui entreprenait un «grand tour» était souvent aussi un homme de lettres. Il était cultivé, collectionnait les lithographies ou jouait lui-même du pinceau; il avait déjà voyagé, dessinait son jardin à la dernière mode, sans oublier d'y creuser des cours d'eau et d'y installer des cascades par-dessus des rochers, de sorte que son parc semblait être une composition pittoresque selon le modèle de Claude Lorrain et de Salvator Rose. L'Anglais cultivé passait son temps dans les cafés, les salons et les musées, et il était capable de qualifier spontanément un paysage de «pittoresque».

Le pittoresque

Le pittoresque, devenu depuis un véritable concept, détermina durant les décennies suivantes les sensations provoquées chez de nombreux romantiques par les voyages et les souvenirs qu'ils en gardèrent. Pour se faire une idée de ce qu'on trouvait pittoresque, il suffit de regarder les paysages structurés, aux aspects divers, que les paysagistes composaient dans les jardins anglais des riches propriétaires.

Le Rhin, et en particulier le Rheingau, avec son grand nombre et sa grande variété de rochers, de montagnes, de forêts, de versants couverts de vignobles et de châteaux forts, incarnait le romantisme dont rêvaient les voyageurs. Les paysages ressemblaient à l'idéal que s'étaient forgés les peintres italiens.

L'interprétation romantique de l'Allemagne et du passé allemand, que l'on retrouvait dans les légendes, les contes, les cycles et les chansons populaires, avait façonné l'idée que les Anglais se faisaient du romantisme inspiré par le Rhin. On retrouvait dans ce coin de terre l'univers fabuleux qui avait servi de cadre aux célèbres histoires anciennes, telle celle des *Nibelungen*, ainsi que les châteaux forts et les ruines qui faisaient revivre l'ancienne chevalerie romantique.

Le fleuve inspira de nombreux écrivains et de nombreux peintres. Et pourtant, les impressions que retira la reine Victoria de sa croisière sur le Rhin en août 1845 ont dû être moins que romantiques. Son voyage tout entier, depuis Cologne jusqu'à Mayence, se fit sous une pluie battante.

Pages précédentes : gravure coloriée représentant le château de Pfalzgrafenstein, avec le château de Gutenfels sur la rive. Ci-contre, les premiers vapeurs effraient les nymphes du Rhin sur une affiche de la compagnie de navigation Köln-Düsseldorfer.

Certains marchands d'art rapportèrent de ce voyage des tableaux et des gravures de la vallée du Rhin, originaux qu'ils avaient achetés à prix d'or, pour apprendre, en débarquant en Angleterre, qu'il s'agissait de faux. La plupart de ces images représentaient des paysages où se mélangeaient la beauté, l'horreur et l'immensité. Le fleuve et ses environs étaient une source inépuisable pour tous les amateurs de pittoresque.

Les premiers voyageurs

John Gardnor (1726-1808), dans son ouvrage *Views taken on and near the River Rhine* (première édition en 1788), a dépeint des paysages caractéristiques selon le modèle du pittoresque. Il eut, ainsi que William Turner qui, entre 1817 et 1844, est allé onze fois dans la vallée du Rhin, une influence déterminante sur le style des illustrations de cette région, au début du XIXe siècle.

Samuel Prout (1783-1852) se consacra surtout à l'architecture médiévale propre à la région. Robert Batty, chez qui l'on sent l'influence prépondérante de Gardnor et de Turner, a produit une œuvre superbe avec son ouvrage *Scenery of the Rhine, Belgium and Holland* (1824-1826). C'est lui qui publia la première collection de gravures sur métal représentant des vues de la vallée du Rhin.

L'influence de Turner est également sensible dans le livre de William Tombleron *Views of the Rhine* (1835), qui contient des reproductions de gravures sur métal de paysages rhénans.

La première moitié du XIXe siècle a aussi été l'époque à laquelle le roman d'épouvante a connu une grande vogue en Angleterre. La description des chocs et des situations émotionnelles intenses devait transporter le lecteur de ces ouvrages dans un état psychique similaire. A cela s'ajoutait le cadre et l'environnement, les monastères, les forteresses médiévales et les ruines, ainsi que des paysages sauvages qui jouaient toujours un rôle

important dans la dramatisation des sentiments. L'attitude antirationnelle qui prévalait à cette époque suscitait une sympathie marquée pour le Moyen Age et la religion, et surtout la religion catholique, comme l'illustre *le Génie du christianisme* (1802) de Chateaubriand.

En 1762, George Kate écrivit un poème sur *les Alpes*, dans lequel il chantait les vertus romantiques des paysages alpins sauvages et abrupts; il y décrit notamment les sources du Rhin, puis en suit le cours et idéalise les montagnards. A cette époque, les populations simples étaient considérées comme des personnes plus humaines, plus aimables et meilleures que celles de la société des

Lumières du XVIIIe siècle avec lesquelles elles formaient un grand contraste. Là, point de culture mise au service du despotisme éclairé. La culture populaire n'a pas son Voltaire courtisant Frédéric II ni son Diderot flattant Catherine la Grande. Keate était enthousiasmé par les montagnards des Alpes suisses. *«En Suisse, le Rhin coule à travers le pays classique des libertés démocratiques, dans lequel les paysans pratiquent l'autogouvernement sous les érables si chers à Rousseau, dans de hautes vallées qui étaient restées inviolées par la civilisation pendant des siècles».*

William Lisle Bowles (1762-1850) connut la célébrité grâce à son livre paru en 1789 *Fourteen Sonnets written chiefly on Picturesque Spots during a Tour.* Le dernier de ces quatorze sonnets porte le titre *Sur le Rhin*; c'est un chant à la gloire du fleuve. Pour Bowles, le paysage rhénan est à lui seul un tableau de maître. Les légendes liées aux ruines dont la vue enchantait son imagination le transportaient d'enthousiasme.

Robert Gray avait entrepris son voyage sur le continent en 1794; il écrivit des lignes enthousiastes, lui aussi, sur les chutes du Rhin à Schaffhouse.

En 1794, Thomas Cogan écrivit le récit de son voyage sur le Rhin, dans lequel, il est vrai, il se limita presque exclusivement à l'intérêt historique du pays et passa sous silence les légendes et les cycles qu'auraient pu évoquer dans son esprit les châteaux et les ruines.

L'un des plus grands romantiques anglais qui voyagea sur le Rhin fut William Beckford (1760-1844). A son retour, il écrivit un recueil de poèmes et de souvenirs de voyages sous le titre inimitable de *Rêves, Pensée éparses et Anecdotes* (1783). Beckford aimait particulièrment la région qui s'étend entre Bonn et Coblence : *«Il faut encourager ceux qui goûtent les paysages pittoresques à venir sur les bords du rhin, et à suivre le même chemin que nous, de Bonn à Coblence.»* Beckford fut surtout impressionné par les châteaux perchés au sommet de rochers. Il mentionna l'apparition d'une dame en blanc aux cheveux semés de vers luisants, et dont les mouvements incessants rendaient les contours vagues. Il l'entendit même soupirer. Il affirma n'avoir jamais pu savoir si cette silhouette était un être humain, une apparition ou un simple fruit de son imagination. Les descriptions de Beckford étaient si parlantes qu'elles incitèrent un grand nombre de ses compatriotes à faire, comme il le leur recommandait, le même voyage que lui.

Ann Radcliffe (1764-1823) fit un voyage le long du Rhin onze ans plus tard que Beckford, en 1794, et écrivit elle aussi des souvenirs, le *Retour le long du Rhin.* Elle voit les guerres révolutionnaires de cette époque comme une tragédie humaine plutôt que comme une question politique. Dans son

récit apparaissent des soldats blessés, des familles ruinées, au milieu de paysages solitaires au clair de lune, sous la tempête, au pied de rochers. La guerre n'était pas de nature à faciliter les déplacements; les auberges étaient souvent sommairement meublées, et elles manquaient même parfois de vaisselle.

La description du Rhin par lord Byron (1795-1821) dans son poème épique *le Chevalier Harold* est demeurée célèbre : *«Le roc crénelé de Drachenfels domine majestueusement les larges détours du Rhin, dont les ondes se déroulent entre ces coteaux décorés de pampres; les arbres en fleur, les campagnes riches de promesses de la mois-*

A gauche, le Rhin en crue à proximité d'Osterstai; à droite, le voyage de la reine Victoria en descendant le Rhin, en 1845, se fit sous la pluie.

son et des vendanges; les villes éparses çà et là, dont les blanches murailles brillent le long du fleuve; tout se réunit pour former un tableau que je contemplerais avec un double ravissement si tu étais avec moi.» Byron voyait le Rhin avec les yeux de Rousseau : harmonieux et pur. A ce moment, on se mit à préférer une nature qui passe des étendues riantes aux reliefs sauvages comme, précisément, les chutes du Rhin. La nature n'est plus seulement le lieu de repos et d'apaisement classique : les paysages reflètent les états d'âme violents des véritables romantiques.

Lord Lytton (1803-1873) est l'auteur des *Pèlerins du Rhin*, et Wordsworth (1770-1850) de trois poèmes sur le Rhin dans *Souvenirs d'un voyage sur le continent.*

La seconde génération

A l'époque de Byron, le Rhin commençait à être considéré comme un haut lieu du romantisme par les Allemands eux-mêmes, sous l'influence d'auteurs comme Clemens Brentano, Achim von Arnim et Walter Schlegel. Il s'établit vite des relations cordiales entre les romantiques allemands et anglais.

Mary Shelley (1797-1851), femme du poète Percy Shelley (1792-1822), fit un voyage le long du Rhin en 1814, accompagnée par son mari. Ils y retournèrent deux ans plus tard en compagnie de lord Byron, leur ami et leur maître en littérature. Le *Frankenstein ou le Prométhée moderne* (1818) de Mary Shelley est un livre marquant de cette période. Contrairement à l'homuncule du docteur Faust, la créature du docteur Frankenstein est un monstre effrayant qui, en bute au dégoût de tous, répand la terreur et la destruction. Le voyage de Frankenstein de Genève à Londres le long du Rhin est celui que fit l'auteur elle-même. En 1842, elle donnera encore une description des chutes du Rhin à Schaffhouse.

La seconde génération de voyageurs sera celle d'après 1814, c'est-à-dire d'après le blocus continental. A cette date, les deux rives du Rhin sont territoire allemand. De plus, les vapeurs, dont le premier est lancé en 1816, facilitent considérablement les déplacements. Le gouvernement prussien établit la première liaison en malle-poste de Coblence à Düsseldorf via Cologne. Enfin, la ligne de chemin de fer de Cologne à Bonn est ouverte en 1844. Cologne n'était alors qu'à une journée de voyage de Londres... plus proche que les Hautes Terres d'Écosse.

Meredith et Thackeray ne se privèrent pas de parodier les histoires de chevaliers de Byron. George Meredith (1828-1909) fréquenta une école de Neuwied de 1842 à 1844. C'est donc de l'intérieur qu'il connaissait la région et ses habitants. Il publia en 1857 *Ferina*, roman gothique auquel se mêle une bonne part de parodie. Le nom de l'héroïne n'est pas sans rappeler celui de l'eau de Cologne Farina. Dans cette histoire d'amour apparaît un démon sulfureux qui terrorise la ville de Cologne : probablement représente-

t-il les mauvaises odeurs dont beaucoup se plaignaient là-bas.

William Thackeray (1811-1863) se moqua des légendes sentimentales situées sur les rives du fleuve dans *la Légende du Rhin* (1845). Dans *les Kicklebury sur le Rhin*, il égratigne les touristes prêts à s'enthousiasmer aux contes les plus naïfs.

Du côté des Français

Alexandre Dumas et Gérard de Nerval projettent en 1838 d'écrire en collaboration *Leo Burckhart*. De leur équipée sans lendemain, Dumas tirera la matière des *Excursions sur les bords du Rhin*, et Nerval, bien plus tard, *la Lorely*. Ouvrages qui illustrent la différence de tempérament des deux auteurs.

Pour Alexandre Dumas (1802-1870), le récit de voyage est l'occasion de narrer de manière décousue des anecdotes et des contes, mêlés à des observations de toutes sortes. Citons, pour en apprécier la vivacité, un passage de son évocation des chutes du Rhin : *« Bientôt j'aperçus le nuage de poussière humide produit par le rejaillissement de la cascade : le cours du Rhin devenait de plus en plus rapide; quelques rochers aux formes bizarres sortaient leurs têtes du fleuve comme des caïmans endormis; l'eau préludait en se brisant contre eux à la chute immense qu'elle allait faire. De place en place, de belles nappes unies comme une glace et d'un vert d'émeraude laissaient voir jusqu'au sable du fleuve d'une manière si transparente, qu'on aurait pu compter les cailloux dont il était semé; enfin j'arrivai à l'endroit où tout à coup le lit manquant au fleuve, il se précipite, en une seule masse de vingt pieds d'épaisseur et dans une largeur de trois cents, au fond d'un abîme de soixante-dix. »*

« Vous comprendrez que la première idée du Parisien qui descend de voiture à Strasbourg est de demander à voir le Rhin », écrit Gérard de Nerval (1808-1855) dans *Lorely* en 1838. De l'autre côté de ce fleuve, *« il y a l'Allemagne! la terre de Goethe et de Schiller, le pays d'Hoffmann; la vieille Allemagne, notre mère à tous!... »* Nerval était fasciné par l'Allemagne au point d'y voir la mère de son inspiration. Il fit une traduction de *Faust* qui fut célèbre et que Goethe lui-même apprécia. Son cas est du reste particulier car, en dépit du livre de madame de Staël, il y eut moins de communication et surtout moins de communion qu'on ne pense entre la littérature allemande et la littérature française.

A gauche, au soleil à bord d'un bateau; ci-dessus, gravure représentant Strasbourg, d'après un tableau de Tombleson.

Aux yeux de Victor Hugo (1802-1885), qu'on dit le moins allemand des romantiques français, le Rhin est un paysage formidable, chargé de souvenirs, dont il fait avant tout un paysage littéraire qui rappelle le Nord imaginaire qu'il avait mis en scène dans *Han d'Islande* ou l'Espagne de *Ruy Blas*. Pour lui, le voyage vers le Rhin n'est pas seulement pittoresque. Malgré son érudition, c'est dans le monde imaginaire que se fait sa rencontre avec l'Allemagne : *« Entrer dans un cauchemar, marcher dans un cauchemar, toucher aux pierres d'un cauchemar, arracher l'herbe d'un cauchemar, se mouiller les pieds dans l'eau d'un cauchemar, c'est là, à coup sûr, une sensation extraordinaire. »*

CONTES, MYTHES ET LÉGENDES

Ich weiss nicht, was soll es bedeuten
Dass ich so traurig bin?
Ein Märchen aus uralten Zeiten,
Das kommt mir nicht aus dem Sinn.

Je ne sais ce que cela veut dire
De me sentir si triste.
Une légende du temps passé
Occupe tout le jour mes pensées.

Telle est, traduite en français par Henri Heine lui-même, la première strophe de la *Lorelei*, poème le plus célèbre inspiré par le Rhin et qui est considéré par bon nombre d'Allemands comme une chanson populaire.

La légende de la Lorelei symbolise d'autant mieux, en France, le romantisme allemand, que Heine a joué le rôle d'ambassadeur culturel entre les deux pays. Il est également erroné de penser que cette légende célèbre de la Lorelei date des temps anciens. La magicienne dont il est question, la jolie sirène aux longs cheveux d'or qui envoûte le batelier avec sa douce mélodie et cause sa perte, est une invention de Clemens Brentano, poète romantique du début du XIXe siècle, qui en avait sans doute puisé l'inspiration dans les histoires des sirènes du Rhin, juchées sur le rocher de la Lure Ley, en face de Sankt Goar. Le poème de Guillaume Apollinaire, dans *Alcools*, qui commence par : *« A Bacharach il y avait une sorcière blonde — Qui faisait mourir d'amour tous les hommes à la ronde »* est une transcription assez fidèle du poème de Brentano.

Les Nibelungen

Mais parmi les héros allemands figure à coup sûr Siegfried, héros de la *Chanson des Nibelungen*. Ce poème épique, dans lequel les éléments authentiques se mêlent à la légende, a pour cadre plusieurs sites de la vallée du Rhin. Il est composé de 39 épisodes qui relient le destin de Siegfried, tiré de l'*Edda*, recueil de poèmes épiques nordiques de l'époque médiévale, à la chute du royaume rhénan des Burgondes dans les batailles qui éclatèrent à l'époque des migrations. *« Il nous a été dit bien des choses étranges dans les contes anciens »* : ainsi commence la première des 2300 strophes écrites au XIIIe siècle et découvertes en 1755 dans le château de Hohenems, qui se dresse au-dessus du Rhin alpin (dans l'actuel Vorarlberg, province de l'Autriche). Certains manuscrits sont l'œuvre de copistes et d'adaptateurs. Les romantiques firent de la *Chanson des Nibelungen* une épopée nationale, *l'Odyssée* allemande. Le blond Siegfried devint le symbole du héros germanique.

Siegfried était le fils de Sigmund, puissant roi qui résidait dans la cité de Xanten, sur le Rhin inférieur. Le jeune héros remonta le fleuve, en quête d'aventure. Arrivé au pays des Nibelungen, il dut arbitrer le partage de l'immense trésor de la famille entre les deux fils du prince et, à ce titre, reçut la célèbre épée Balmung. Mais il n'arriva pas à prendre une décision qui satisfasse les deux parties. Une querelle éclata, Siegfried tua 12 géants, les jeunes princes et 700 de leurs guerriers. Il revint arracher au nain Alberich le manteau magique qui rendait invisible et confia au nain la garde du trésor. Puis il poursuivit son voyage en amont du fleuve et arriva à Königswinter au moment où la population portait au sommet de la montagne une belle jeune fille enchaînée.

A l'époque vivait au sommet de cette montagne, le Drachenfels (rocher du Dragon), un dragon qui avait un appétit insatiable de jeunes vierges. Siegfried gravit la montagne et tua le monstre. Puis il se baigna dans le sang du dragon, ce qui le rendit invulnérable, sauf à un endroit de son corps, entre les omoplates, où une feuille de tilleul était tombée à son insu pendant son bain. Lorsqu'il revint à Xanten, les femmes et les jeunes filles essayèrent de le conquérir, mais Siegfried avait entendu dire qu'à Worms, capitale du royaume des Burgondes, vivait la belle Kriemhild, sœur du roi Gunther (qui, lui, a réellement existé) et des princes Gernot et Giselher. Le cœur de Siegfried s'enflamma d'amour pour la princesse lointaine. Il poursuivit donc son voyage en aval de Xanten, accompagné de ses guerriers, afin de conquérir le cœur et la main de la noble Kriemhild. Hagen von Troje, méchant vassal du roi Gunther, reconnut en Siegfried le souverain qui régnait sur le pays et le trésor des Nibelungen, et futur roi des Pays-Bas.

Pages précédentes : le vieux château de Meersburg, au bord du lac de Constance, au clair de lune. Ci-contre, « la Lorelei », par Eduard Jacob von Steinle (1864).

Néanmoins, un roi comme Gunther ne donnait pas aussi facilement sa sœur en mariage. Il fallut d'abord que Siegfried soutienne les Burgondes dans leurs guerres et qu'il aide le roi Gunther à faire la conquête de la vaillante reine Brunhild, qui régnait sur l'Islande.

Ils montèrent à bord d'un puissant vaisseau, descendirent le Rhin, franchirent les mers, et bientôt, Gunther accompagné de Siegfried, de Hagen et de Dankwart, atteignirent le château de la reine Brunhild. Mais tout prétendant à la main de cette reine belliqueuse devait subir des épreuves : la vaincre au lancer du javelot, au lancer de pierres et au saut en longueur. Siegfried se fit passer pour le vassal de Gunther, puis, rendu invisible par le manteau magique d'Alberich, il fit en sorte que Gunther triompha des trois épreuves.

Une double cérémonie nuptiale fut célébrée en grande pompe. Tandis que Siegfried et Kriemhild s'adonnaient aux déduits de l'amour, Brunhild enchaîna son époux et le suspendit à une patère. Force fut à Siegfried d'intervenir une fois de plus en faveur du roi Gunther, son beau-frère. Invisible de nouveau sous le manteau magique, il força Brunhild à se rendre. Au cours de cette lutte, il déroba l'anneau et la ceinture de la reine domptée, comme symboles de sa victoire. Le roi Gunther put enfin jouir à son tour de son épouse. Siegfried et Kriemhild reprirent le chemin de Xanten, où le roi Sigmund transmit la couronne à son fils.

Dix ans s'écoulèrent. Brunhild continuait à considérer Siegfried comme le vassal de son royal époux. Au cours d'une réunion de famille à Worms, une querelle éclata entre les deux reines, à propos d'une affaire de préséance : blessée que Brunhild réclame d'entrer la première dans la cathédrale, Kriemhild traita Brunhild de concubine de Siegfried, puisqu'elle lui avait appartenu avant d'épouser Gunther. Et comme preuves de ce qu'elle avançait, elle lui montra la ceinture et l'anneau volés.

Il y eut des flots de larmes, suivis de flots de sang. Hagen voulut venger l'opprobre faite à sa souveraine. Il organisa une partie de chasse dans l'Odenwald. Kriemhild, touchée par la grande sollicitude que le vassal de Gunther manifestait à l'égard de Siegfried, lui expliqua qu'il était invincible, sauf à un endroit précis de son corps que, dans sa candeur, elle marqua d'une croix fine. Au moment où, échauffé par l'ardeur de la chasse, Siegfried se pencha sur une source pour étancher sa soif, Hagen le frappa à l'endroit vulnérable. Plongée dans une immense douleur, Kriemhild ne songea plus qu'à se venger. Elle envoya une armée de 8 000 hommes au pays nébuleux des Nibelungen pour chercher le trésor et le rapporter chez elle. Pendant trois jours et trois nuits, douze chars transportèrent toutes les richesses jusque sur les vaisseaux, chacun des chars effectuant la navette trois fois par jour.

A Worms, Kriemhild voulut distribuer ses biens aux pauvres et elle engagea de nombreux héros à son service. Gunther et Hagen virent là une menace pour eux. Hagen vola le trésor et le précipita au fond du Rhin. A quel endroit exactement? Nul ne le sait encore. Près de Lochheim? Ou dans le Binger Loch? Ou près de Gernsheim, légèrement en aval, ou en amont, là où, au XVIIIe siècle encore, on trouvait de l'or («l'or du Rhin»), à proximité du château de Hagenbach? A moins que le trésor ne dorme encore au fond du fleuve, attendant d'être découvert un jour, comme le trésor légendaire de Troie?

Hagen von Troje (ne serait-il pas un descendant de la maison royale de Troie?) n'échappa pas à la vengeance de Kriemhild. La reine attendit treize années. Puis Attila, roi des Huns (l'Etzel de la *Chanson des Nibelungen*), demanda sa main et Kriemhild accepta. La suite de l'épopée des Nibelungen ne se passe plus sur les bords du Rhin, mais en Autriche. Invités par la reine à une grande réception sur les bords du Danube, les Burgondes y furent exterminés, mais Kriemhild périt dans le massacre.

Cependant la fin des Burgondes et des Nibelungen sur les bords du Danube ne signifie pas la fin des héros du Rhin. Siegfried avait tué l'un des dragons qui hantaient le Drachenfels; mais plus tard, un autre dragon reprit possession de la montagne. Les païens de la contrée lui livraient de jeunes chrétiennes. Un jour, au moment où le dragon à l'haleine empoisonnée s'approchait de sa victime, la jeune fille tira de son sein un crucifix. Pris de frayeur, le monstre dévala la pente et se noya dans les eaux du Rhin. Le pouvoir du crucifix sur le dragon impressionna les païens, qui se convertirent. L'un de leurs chefs, Rinbod, demanda la main de la jeune fille qui avait vaincu le dragon; celle-ci accepta aussitôt. En guise de résidence, le couple se fit construire le Drachenburg (château fort des Dragons), au sommet du Drachenfels.

A gauche, brume matinale au bord du Rhin; ci-dessus, de jeunes vierges — sont-elles celles qui guettaient le dragon sur le Drachenfels?

Le paysan de Zillis

Les paysans suisses puisèrent aussi courage et consolation dans les exploits d'un des leurs. Le héros vivait à Zillis, et il s'opposa au gouverneur local, tyran sanguinaire qui cherchait à provoquer la colère du paysan et, un jour, il s'invita lui-même à dîner chez le pauvre homme. Avec un regard méprisant pour les maigres agapes, le gouverneur cracha dans la soupière. Le paysan se saisit de son hôte, lui mit la tête dans le plat et le força à manger la soupe dans laquelle il avait craché, puis il le poignarda. Tous les paysans du voisinage se rassemblèrent et mirent à sac les châteaux du tyran.

Non loin de Zillis se trouvent les gorges sinistres de la Via Mala. Un jour, le seigneur du lieu enleva une fille du peuple, jeune et jolie, qui était fiancée à un brave homme très pauvre. Les paysans en colère se rassemblèrent et envahirent le château qui se dressait au-dessus des gorges. Au moment où le chevalier allait s'y jeter, portant la jeune fille dans ses bras, celle-ci lui fut arrachée et le méchant seigneur alla se fracasser seul contre les rochers.

L'exemple des hommes courageux qui luttaient contre les dragons et les tyrans fit école. Lorsqu'on apprit qu'un monstre hantait les rives du lac de Constance, sept braves Souabes se portèrent volontaires pour libérer leur pays. Surmontant leur effroi, ils allèrent sur les lieux où le monstre avait élu domicile et le mirent en fuite. Des envieux prétendirent par la suite que le monstre avait de longues oreilles et que, pressentant le danger, il avait pris de lui-même la poudre d'escampette.

Les populations rhénanes ont un point commun, l'amour de leur pays, quelles que puissent être leurs origines réelles. Les Romains et les Germains se sont rencontrés sur les bords du fleuve et ont uni leurs destinées, de même que les Burgondes et les Nibelungen, les rescapés de Troie en flammes et ceux de Jérusalem dévastée.

La tour aux Souris

L'un des hommes les moins saints qui se soient établis sur les rives du fleuve fut l'archevêque Hatto de Mayence. Il régnait sur la ville d'une poigne de fer. Les citoyens de la «ville dorée de Mayence» — elle aurait été fondée par un magicien chassé de Trèves, disent les uns, par un héros troyen appelé Moguntius, prétendent les autres — souffraient d'une famine constante, tandis que Hatto et ses courtisans vivaient dans l'opulence. Lorsque le peuple affamé réclamait du grain, l'archevêque le chassait, le faisait poursuivre et exécuter.

«Lorsque le peuple a faim, les souris non plus n'ont rien à manger», dit le proverbe. Les petits rongeurs s'étaient donc rassemblés dans le palais de Hatto afin de mendier quelque subsistance. Épouvanté par cette invasion, l'archevêque s'enfuit et se réfugia dans le château fort d'Ehrenfels, puis, de là, il sauta dans la tour dressée sur une île, au milieu du Rhin, qui s'appelle depuis la tour aux Souris (Mäuseturm). Les souris le suivirent à la nage jusqu'à la tour et se jetèrent sur le prélat pour apaiser leur faim.

Après être passé devant les Siebengebirge (Sept Montagnes), derrière lesquelles vécut jadis Blanche-Neige en compagnie des sept nains jusqu'à ce que le prince charmant vînt la chercher pour l'emporter dans son château, le voyageur arrive dans la ville sacrée de Cologne, qui renferme depuis toujours les ossements des trois rois mages auxquels on doit parfois des miracles. Cologne est aussi la ville des *Heinzelmännchen*, ces nains qui en secret aidaient les hommes dans leur travail, jusqu'à ce que la curiosité de la femme d'un tailleur les chassât du pays.

Le chevalier au Cygne

Les contes, mythes et légendes du Rhin gardent plus d'un secret. Ainsi, l'histoire du chevalier au Cygne de Clèves. C'est dans cette ville que grandit Elsa von Brabant, qui avait perdu ses parents et son frère. Le sinistre Telramund avait jeté un œil de convoitise sur ses richesses. Dans sa détresse, Elsa trouva aide et secours auprès d'un chevalier qui parcourait le Rhin sur un vaisseau tiré par un cygne blanc. Le chevalier au Cygne mit Telramund en fuite, tomba amoureux d'Elsa et la prit pour femme.

Il ne lui avait posé qu'une condition : ne jamais lui demander d'où il venait. Ils vécurent heureux de nombreuses années et eurent trois enfants. Mais l'incertitude au sujet de l'identité du père de ses enfants rongeait le cœur d'Elsa au point qu'elle posa un jour la question funeste. Aussitôt arriva un bateau tiré par un cygne, et Lohengrin, chevalier du Graal, disparut pour toujours, englouti par les flots du Rhin.

Hagen jette à l'eau le trésor des Nibelungen (gravure de Julius Schnorr von Carolsfeld, 1843).

Ê daz der künec rîche
wider wære komen,
die wîle hete Hagene
den schaz vil gar genomen.

er sanctẹ in dâ ze Lôche
allen in den Rîn.

er wandẹ er soldẹ in niezen:
des enkunde niht gesîn.

ÉCRIVAINS AU BORD DU RHIN

« Le Rhin réunit tout. Le Rhin est rapide comme le Rhône, large comme la Loire, encaissé comme la Meuse, tortueux comme la Seine, limpide et vert comme la Somme, historique comme le Tibre, royal comme le Danube, mystérieux comme le Nil, pailleté d'or comme un fleuve d'Amérique, couvert de fables et de fantômes comme un fleuve d'Asie. »

Ces lignes ont été écrites en 1838 par le plus grand poète romantique français, Victor Hugo (1802-1885). Mais Victor Hugo n'a pas été le seul poète à être fasciné par le Rhin et à chercher en lui l'inspiration. Nombreux sont les noms illustres associés à ce fleuve prestigieux. Les villes que ses eaux arrosent ont vu naître des écrivains; d'autres sont venus l'admirer, et tous ont senti le besoin d'écrire à son propos. Ainsi pêle-mêle Clemens Brentano, Bettina von Arnim, Heinrich Böll, Goethe, Henri Heine, Alfred de Musset, Alexandre Dumas, Gérard de Nerval, Thomas Mann, Guillaume Apollinaire... Longue est la liste de ceux qui, chacun à sa manière, ont immortalisé le Rhin dans la littérature.

Goethe

Il va de soi que le plus grand parmi les grands poètes classiques allemands ne put s'empêcher de confier à sa plume les impressions recueillies, après avoir fait la découverte du Rhin et de ses beautés (y compris les beautés féminines de la région rhénane). Johann Wolfgang von Goethe (1749-1832) fit ses études à Strasbourg, et c'est aussi sur les rives du Rhin qu'il aima Frédérique Brion, la fille du pasteur de Sesenheim, amour partagé, certes, mais sans lendemain.

En 1797, vingt-sept ans après son séjour à Strasbourg, Goethe note ces quelques lignes sur son journal intime, à la suite d'une excursion aux chutes du Rhin, près de Schaffhouse : *« Je longeai la rive droite du Rhin, bordée de beaux vignobles et de jardins*

Image d'une époque : Heinrich Böll participe à une manifestation contre le déploiement d'armes nucléaires, à Mutlangen, à l'automne 1983.

plaisants; le fleuve court par-dessus des bancs de rochers dans un mugissement plus ou moins sonore. On continue à monter... Au soleil couchant, je découvris encore les chutes du Rhin d'en haut et de derrière... Vu de face, un spectacle de la nature... grandiose, à la fois superbe et humain, intéressant dans ses moindres détails : on voit le fleuve s'approcher en roulant des flots violents, mugir, et tomber.» Goethe n'a jamais oublié le Rhin, ce fleuve majestueux l'a toujours inspiré. On le rencontre dans *la Fête de saint Roch à Bingen*, dans le *Chant de Mahomet*, hymne qui lui est dédié, et dans bien d'autres poèmes encore.

L'école de Heidelberg

Parmi les contemporains de Goethe, classique comme lui, on peut citer Caroline von Günderode (1780-1806), qui est née sur les bords du Rhin et s'est suicidée à l'âge de vingt-six ans à Winkel am Rhein parce que l'historien Friedrich Creuzer avait repoussé son amour.

Bettina Brentano (1785-1859), sœur de Clemens, dont la famille habitait à Winkel et qui épousa le poète Achim von Arnim (1781-1831), fit de son amie Caroline l'héroïne d'un roman épistolaire.

Clemens Brentano (1778-1842) vint s'installer à Heidelberg en 1804. Avec Achim von Arnim, son meilleur ami et son futur beau-frère, il fonde *le Journal des ermites*, dans lequel paraissent des textes de Görres, Uhland, Kerner, Tieck, Hölderlin, Grimm... La revue paraît jusqu'en 1808.

Brentano est l'auteur des *Contes rhénans* (1811), dans lesquels il mélange légendes populaires et contes de son propre cru. Dans ce livre, il magnifie le fleuve, auquel il prête une force mythique. Dès 1802 il avait composé une ballade de 25 strophes, la *Lore Lay*, dans laquelle il invente cette légende, même s'il existait depuis le Moyen Age une légende, liée à *l'Or du Rhin* et aux *Nibelungen*, qui évoquait le fameux écho du rocher devant lequel, pour l'entendre, les touristes du XIXe siècle faisaient tirer des coups de feu. La sirène chante afin d'attirer les voyageurs, qui se précipitent contre le rocher qui surplombe le Rhin.

C'est avec la version de Heine (1923), mise en musique par Friedrich Silcher, que la *Lorelei* connut un véritable succès, mais Joseph von Eichendorff (1788-1857) en avait lui aussi composé une version, *Rencontre dans la forêt*, mise en musique par Robert Schumann, ainsi que Josef Victor von Scheffel (1826-1886).

En Richard Wagner (1813-1883), le musicien de génie ne doit pas faire oublier l'écrivain de talent. *L'Or du Rhin*, premier volet de la tétralogie *l'Anneau des Nibelungen*, fut créé à Munich en 1868. Dans ce prélude, le texte est si important que Wagner n'hésite pas à lui sacrifier la beauté proprement musicale de l'œuvre.

Victor Hugo reprendra la légende de la Lorelei dans *le Rhin* (1842), avant Nerval dans *Souvenirs d'Allemagne* (1852), Apollinaire dans *Alcools* (1913) et Maurice Genevoix dans *Lorelei* (1978). Mais bien d'autres poèmes, contes et morceaux de musique ont été tirées de cette légende, l'une des rares qui soit d'origine purement et directement littéraire.

De l'Allemagne

En écrivant *De l'Allemagne* (1810), madame de Staël révèle le renversement du courant des idées de France vers l'Allemagne qui s'était établi au XVIIIe siècle. Elle inaugure ainsi le XIXe siècle littéraire, car ses réflexions sur la politique, la littérature, les célébrités et les centres intellectuels ont contribué à introduire le romantisme en France. Un romantisme qui avait pris sa source dès 1770 dans le Sturm und Drang — «tempête et mouvement». Mais il faut noter que ce renversement des idées n'a pas eu pour moindre cause la Révolution française, qui enthousiasma les sujets des États allemands avant de susciter des rejets et de faire naître en eux le sentiment nationaliste. Ainsi, les échanges entre la France et l'Allemagne ont rapproché les deux peuples, en même temps qu'ils suscitaient des mouvements d'idées porteurs de menaces.

Chateaubriand (1768-1848), dans les *Mémoires d'outre-tombe*, évoquant son passage dans l'armée des Princes stationnée à Coblence, parle de la magie des villes rhénanes. Dans *les Martyrs*, il qualifie le Rhin de *«fleuve d'oubli»* : *«Le temple des muses barbares, où des chevaliers apparaissent autour des ruines de leurs châteaux, où l'on entend, la nuit, des bruits d'armée quand la guerre doit survenir.»*

La guerre des poètes

Le long du Rhin s'est arrêtée la colonisation romaine. L'empire de Pépin le Bref était à cheval sur le Rhin. Sous Louis XIV comme sous Napoléon Ier, le Rhin a été un enjeu militaire et national.

Pour les poètes aussi. Max von Schenkenforff (1783-1817) écrivit le *Chant du Rhin* en 1814. Ernst Moritz Arndt (1769-1860) lui rendit hommage et proclama que le Rhin était *«le fleuve de l'Allemagne, non la frontière de l'Allemagne»*. La «guerre des poètes» culmina vers 1840, dix ans après le retour à Paris des cendres de Napoléon Ier. A Bonn, Nikolaus Becker (1809-1845) écrivit :

Ils ne l'auront pas, le libre Rhin allemand
Quoiqu'ils le demandent dans leurs cris comme des corbeaux avides.

Trois mois plus tard, le Wurtembergeois Max Schneckenburger composa *la Garde du Rhin*, qui deviendra un chant de l'armée prussienne en 1870.

Aux vers de Becker que leur auteur lui avait envoyés avec une dédicace, Alphonse de Lamartine (1790-1869) répondit par sa *Marseillaise de la paix* (on se rappelle que *la Marseillaise* a pour véritable titre *Chant de marche de l'armée du Rhin*) :

Vivent les nobles fils de l'Allemagne !
Le sang froid de leur front couve un foyer ardent.

Mais Alfred de Musset répondit plus rudement en 1841, à l'instigation, semble-t-il, de Gauthier, Balzac et madame de Girardin :

Nous l'avons eu, votre Rhin allemand :
Il a tenu dans notre verre !
Un couplet qu'on s'en va chantant
Efface-t-il la trace altière
Du pied de nos chevaux marqué dans votre sang ?

A gauche, Henri Heine (1797-1856), le plus français des écrivains allemands; à droite, René Schickelé, écrivain alsacien partagé entre les cultures allemande et française.

Même un admirateur de l'Allemagne comme le fut Edgar Quinet, qui en 1827 y voyait le lieu rêvé de l'idylle, publia en 1832 un article vengeur dans la *Revue des deux mondes* — peut-être dû en partie à ses déboires sentimentaux avec une jeune Allemande, Mina Moré.

Maurice Barrès (1862-1923), qui fait partie de la génération de la revanche, après 1870, est obsédé par l'Allemagne parce que, lui aussi, il est attiré vers elle par toute sa sensibilité. C'est après la Grande Guerre qu'il écrit *le Génie du Rhin*.

Après la Seconde Guerre mondiale, il n'y aura plus de guerre des poètes ; il n'y aura plus non plus ces liens privilégiés.

Affinités électives

Heinrich Heine (1797-1856), qui francisa lui-même son nom en Henri Heine, est né à Düsseldorf; il fit des études juridiques à Bonn et dans d'autres villes allemandes et choisit par la suite de vivre en France, car les querelles littéraires franco-allemandes ne lui disaient rien qui vaille; pour lui, le Rhin n'appartient ni aux nationalistes français ni aux nationalistes allemands, mais aux Rhénans. Henri Heine, auquel Verlaine et Anna de Noailles devaient rendre hommage dans leurs œuvres, se voulait en outre ambassadeur entre les cultures française et allemande. Et les Français ne sont-ils pas plus proches des Rhénans — la rive gauche du Rhin a fait partie de la France des cent trente départements jusqu'en 1815 — que des Prussiens ?

En 1833, Heine fit paraître dans l'Europe littéraire une série de huit articles retentissants sur la littérature allemande. *Allemagne, conte d'hiver*, cycle de poèmes écrit par Heine raconte une conversation entre l'auteur et le Rhin. Outre des œuvres à thèmes politiques teintées d'une ironie mordante, Heine écrivit des poèmes lyriques et romantiques, *Intermezzo lyrique*, *le Livre des chants*, *Images de voyage*, *Romanzero*, entre autres.

L'Alsacien René Schickelé (1883-1940) voulut lui aussi servir d'intermédiaire entre les Allemands et les Français. Son origine l'y prédestinait. Sa trilogie intitulée *l'Héritage du Rhin*, Schickelé la désignait comme un *«roman sur l'évolution d'un pays»*. Le pays en question, l'Alsace, située sur la rive gauche du Rhin, devait devenir le berceau d'un nouvel état d'esprit pacifique. Schickelé nourrissait l'espoir que Français et Allemands se tendraient la main par-dessus le Rhin, mais cet espoir ne devait pas se réaliser avant longtemps encore.

Les derniers lyriques

Il y a quelque chose de Verlaine chez Apollinaire (1880-1918), qui se voulait si moderne mais paraît si romantique — d'un romantisme sans lamentations — lorsqu'il parle du Rhin. Le poète, qui fut à dix-huit ans précepteur en Allemagne, paraphrase d'ailleurs la *Lorelei* de Clemens Brentano : «*Je suis lasse de vivre et mes yeux sont maudits*», dit-elle. C'est un Rhin rieur et mélancolique qui évoque les vignes au soleil.

Le mai le joli mai a paré les ruines
De lierre de vigne vierge et de rosiers
Le vent du Rhin secoue sur le bord les osiers
Et les roseaux jaseurs et les fleurs nues des vignes

Ainsi dans *Alcools* défilent les légendes du Rhin peuplées de chevaliers, de sorcières et de brigands, les paysages intimes ou sauvages, les ruines couvertes de lierre et les villes industielles. Car, pour Apollinaire, tout est poétique. Et, dans *Nuit rhénane*, il réussit une évocation magique des rives du Rhin telles qu'on les rêve, telles que la littérature les a faites :

Le Rhin le Rhin est ivre où les vignes se mirent
Tout l'or des nuits tombe en tremblant s'y refléter...

Lyrique, Paul Claudel (1868-1955) le fut assurément, et ses longs versets imprégnés d'un climat mystique donnent sa grandeur à une œuvre qui, par l'ampleur, égale celle de Victor Hugo. Ainsi, dans le *Cantique des chars errants* (1931) :

C'est ainsi que sur le Rhin naguère
J'ai vu des barges chargées de foin, portant les nouveaux mariés et leur cortège, sur le miroir des eaux resplendissantes,

Comme autant de chars enfonçant sous les dépouilles de l'armée, partir l'un après l'autre.
Et l'on entendait la clarinette et le son grêle du violon, et les rires et les chants comme en rêve des hommes et des jeunes filles qui s'appelaient d'une à l'autre de ces meules flottantes.

L'humanisme malmené

Quand l'humanisme se fait universel, il se heurte à de dures contradictions. Tout compte fait, c'est par la philosophie que l'esprit allemand aura véritablement pénétré en France. Mais les humanistes amis de l'Allemagne au XXe siècle étaient destinés à assister à de douloureux spectacles.

Le philosophe et poète Friedrich Nietzsche symbolise en quelque sorte le triomphe de la philosophie allemande en même temps qu'il semble annoncer, par sa folie même peut-être, les tourments du siècle à venir. Dans une conférence, en 1872, il parle d'un voyage sur le Rhin qu'il fit pendant ses études à Bonn. *«Brusquement, le silence de la nature! Silence rafraîchissant, silence absolu! Les ombres s'étalaient déjà au loin et un souffle léger venu des vagues scintillantes et verdâtres du Rhin passa sur nos visages enfiévrés.»*

Romain Rolland (1866-1944), pacifiste universel et passionné de culture allemande, affirme dans *Jean-Christophe* sa foi en l'effort de chacun pour tendre vers le juste et le beau. Sa description du Rhin qui semble absorber ce qui l'entoure illustre ses idées universalistes : *«La masse verte du fleuve continue de passer, comme une seule pensée sans vagues, presque sans plis, avec des moires luisantes et grasses.»*

Jean Giraudoux (1882-1944), lui aussi, fera partie de la génération des amis de l'Allemagne des penseurs qui verront avec horreur leur seconde patrie intellectuelle sombrer dans la barbarie.

Les années sombres qui allaient éclater en Allemagne peu après la parution de la trilogie de Schickelé entraînèrent Anna Seghers, parmi tant d'autres, dans leur tourbillon. Elle s'exila en 1933, mais le Rhin, sur les bords duquel elle était née et avait passé sa jeunesse, reste le pôle central de son œuvre romanesque.

Thomas Mann (1875-1955), fils d'un négociant en vins de Nackenheim, fit ses études à Mayence. Dans *les Confessions de l'imposteur Félix Krull*, on lit : *«Le Rheingau m'ennuie : ces étendues riantes, à coup sûr l'une des régions les mieux favorisées du monde habité, jouissant d'une terre et d'un climat dépourvu de rudesse, semé de de villes et de villages et densément peuplé.» Les lignes qu'il écrit sur le Rhin se* distinguent des impressions ressenties par son contemporain Heinrich Böll (1917-1985), par exemple :

«Je suis prêt à croire tout ce que promet le Rhin, mise à part sa gaieté estivale; elle, je n'ai jamais pu y croire; je l'ai cherchée partout, mais sans jamais la trouver... Mon Rhin à moi est sombre et mélancolique, il est bien trop occupé de manigances commerciales pour que je puisse faire confiance à sa physionomie d'été juvénile...»

Au fil des siècles, les écrivains natifs des deux rives du Rhin ont communié dans le désir de voir le fleuve dépouillé de toutes revendications nationales. D'aucuns l'aimaient pour ses vins généreux, d'autres pour son charme romantique. De nos jours, il continue à fasciner ceux qui le découvrent et qui le fréquentent.

A gauche, Caroline von Günderode (1780-1806) est entrée dans la légende à cause de son suicide au bord du Rhin; à droite, Anna Seghers (1900-1983).

Zur Herrenstube

DES SOURCES A L'EMBOUCHURE

Quand ils voulaient définir la longueur du Rhin, la plupart des écrivains de l'antiquité se rapportaient au géographe grec Ptolémée, mais celui-ci a probablement donné des indications diverses dans son œuvre, car les valeurs attribuées à la longueur du fleuve varient entre 550 et 1 100 km. Depuis lors, si l'on en croit les *Études sur le Rhin* du musée de Coblence, elle a été fixée officiellement à 1 237,6 km.

Cette longueur se divise en plusieurs étapes : de sa source dans les Alpes au moment où il se jette dans le lac de Constance, il parcourt 163 km. La traversée du lac d'est en ouest jusqu'à Constance couvre 43 km, et de Constance à son embouchure dans la mer du Nord, 1 031,6 km.

Dans le Saint-Gotthard

Si l'on peut se mettre d'accord sur la longueur totale du fleuve, la question de sa source — ou plutôt de ses sources — n'en est pas moins assez complexe.

Pour tel ou tel manuel scolaire, le Rhin prend sa source dans le lac Tuma en Suisse, ce qui sous-entend que le Rhin antérieur (Vorderrhein) en constitue la source unique. En revanche, d'aucuns considèrent que son origine est le Rhin postérieur (Hinterrhein), qui sort du glacier du Paradis, sur le versant est du Rheinwaldhorn. Le Vorderrhein et le Hinterrhein, gonflés de tous les autres torrents plus ou moins gros, descendent du massif du Saint-Gotthard.

Le Vorderrhein, à la sortie du glacier situé entre le lac Tuma et le lac Curnera, recueille les eaux de source du Rein da Maighels, à la pointe extrême du glacier. Région plutôt sauvage et indomptée, à l'encontre des sources du Main et du Danube, par exemple, parfaitement délimitées par une sertissure maçonnée, ou même de la Seine, qui sourd d'une grotte précise. Dans le cas du Rhin, tout n'est que nature vierge autour de lui lorsqu'il s'échappe des entrailles du glacier sous

Pages précédentes : un pont sur le Rhin; la cathédrale de Cologne au moment du carnaval; chœur mixte de «Jodler» de Stein am Rhein. Ci-contre, costume de la Forêt-Noire.

forme d'un torrent d'un vert laiteux et se précipite dans la vallée de cascade en cascade. Là, dans la solitude des montagnes de Graubünden, on est encore bien loin du bruit et de la pollution qui caractérisent certaines parties de son cours postérieur.

Quant au Hinterrhein, sa source se trouve à 35 km du Vorderrhein, à une altitude de 2345 m, tout comme son petit frère. Mais contrairement à lui, c'est à peine s'il change de direction après avoir traversé le lac de barrage de Sufer : il coule de l'est vers le nord et se taille son chemin à travers les gorges de Rofla (Roflaschlucht). Peu après, il forme cette partie de son cours qui compte parmi les gorges les plus célèbres du monde : la Via Mala.

La Via Mala est longue de 6 km, entre Schams et Domleschg, et les gorges ont jusqu'à 600 m de profondeur. La nature montre ici toute sa puissance à force de gorges, de gouffres et de ravins : l'eau, le vent et le gel ont uni leurs forces pour ronger les rochers et façonner les formes bizarres qu'on leur voit aujourd'hui.

Lorsqu'ils pénétrèrent dans cette région inhospitalière, les Romains choisirent une autre solution pour triompher de cet obstacle quasi infranchissable : ils construisirent un passage en hauteur, au-dessus des gorges reliant le Heinzenberg au Schamserberg. La première route qui traverse les gorges date de 1473; c'est elle qui inspira à John Knittel (1891-1970) son roman intitulé *Via Mala*, qui a remporté un vif succès. La Via Mala telle que nous la connaissons aujourd'hui, dans sa forme et son itinéraire, ne fut construite qu'en 1822 par le canton des Grisons.

On approche ensuite du point de jonction du Vorderrhein et du Hinterrhein, qui se confondent pour former le Rhin proprement dit : dans la vallée d'Imboden, au-dessous du château de Reichenau qui fut érigé sur un rocher calcaire issu de l'éboulement du Flimserberg et qui domine le paysage. La vallée d'Imboden, entre Bonaduz et Coire, est une région fertile dont le sol, formé par de nombreux éboulements successifs, s'est enrichi au fil des soubresauts de la nature. On n'y trouve pas seulement des champs arables, mais aussi de nombreux vergers.

Avant de se confondre avec son petit frère pour former le grand Rhin, le Vorderrhein doit franchir une dénivellation de 25 m par kilomètre : dans son itinéraire de 70 km, il tombe de l'altitude de 2345 m à 1750 m. La dénivellation que subit le Hinterrhein est encore plus abrupte car il n'a que 61 km à parcourir; la force qu'il met à se creuser un passage dans la montagne est donc accrue d'autant, comme on vient de le voir en suivant la Via Mala.

Le lac de Constance

La genèse et la forme actuelle du lac de Constance (Bodensee) datent de l'époque glaciaire. Son principal apport est, bien entendu, le Rhin qui, après la fusion de ses deux torrents d'origine, traverse des villes chargées d'histoire, telles que Coire et Saint-Gall, celle qui abrite le fameux monastère du même nom, et la principauté du Liechtenstein, pour se jeter dans l'« océan souabe » près de Bregenz.

Le lac de Constance marque aussi le point final du Rhin alpin et de ses transports de galets et d'éboulis qu'il charriait depuis plusieurs dizaines de kilomètres. Il y a seulement deux cents ans, l'estuaire du Rhin à cet endroit formait encore un immense entonnoir naturel et capricieux car la fonte des neiges, entraînant des phases de crue au printemps et au début de l'été, modifiait sans cesse le cours du fleuve. Mais il ne reste de ces phénomènes récents que très peu de vestiges, marécages couverts de roseaux et de végétation touffue, tourbières. Dès 1834, on construisit des digues, et vers le tournant du siècle, le Rhin fut entièrement régulé; depuis cette époque, il coule sagement dans un lit artificiel de 120 à 200 m de largeur, et à certaines époques de l'année, son niveau dépasse même celui de la campagne environnante.

Dans le lac de Constance persiste, malgré toutes les interventions humaines, un système écologique étonnant, très intéressant à observer. La stabilité écologique se nourrit de l'interaction entre l'espace du lac même et autour du lac, biotope d'un côté et processus biologiques de l'autre, conditionnés par la présence humaine. L'atmosphère et les nombreux torrents qui se jettent dans le lac, dont le principal est le Rhin, lui fournissent les substances nutritives, l'eau et l'oxygène.

A gauche, promenade au bord du Rhin en hiver; ci-dessus, quelques semaines plus tard, au moment de la crue.

Le lac de Constance est divisé en deux parties distinctes, le lac supérieur (Obersee) et le lac inférieur (Untersee), plus petit et plus étroit que le premier, cantonné autour de Constance. En termes d'écologie, ces deux parties sont totalement différentes. A la fois plus vaste et plus profond que l'Untersee, l'Obersee est oligotrophe, pauvre en substances nutritives près de sa surface, mais riche en oxygène dans ses parties profondes. Alors que l'Untersee est eutrophe : riche en substances nutritives dans sa partie superficielle et pauvre en oxygène dans sa partie profonde. Comme l'Untersee est notablement moins profond que l'Obersee, les matières organiques peuvent atteindre le fond du lac et consomment donc la majeure partie de l'oxygène disponible.

Les réserves naturelles du lac de Constance sont précieuses : le Wollmatinger Ried (région marécageuse), à proximité de Constance, est un paradis pour de nombreux oiseaux aquatiques, grands courlis et ibis, souchets, sternes, rossignols et mésanges. Le Mettnauteich (étang) passe pour être le meilleur lieu de couvaison de tout le lac pour les canards : on y trouve une foule de canards de nombreuses espèces : colverts, morillons, siffleurs, souchets, ainsi que sarcelles et canards de Barbarie. La réserve naturelle de Mindelsee a été inscrite en 1975 sur la liste internationale des biotopes les plus importants; elle sert d'habitat aux grèbes huppées, aux milans noirs, aux orfraies et aux rousserolles. On pourrait continuer cette énumération à l'infini, et l'étendre aux espèces rares de la flore. Au cours des années passées, on a beaucoup fait pour améliorer la protection de l'écosystème du lac de Constance. La réduction de l'usage des produits détersifs phosphatés a amené une amélioration sensible de la qualité de l'eau par rapport aux années soixante.

Finalement, lorsque le Rhin quitte le lac de Constance peu avant Stein am Rhein, il lui enlève un volume moyen de 365 m³ d'eau par seconde.

Les chutes du Rhin à Schaffhouse

Avant que son lit n'adopte une physionomie moderne, le Rhin offre ici pour la dernière fois un spectacle naturel grandiose : les chutes de Schaffhouse.

Victor Hugo écrivait en 1839 : « *Les chutes rugissent comme un tigre. Bruit infernal, cascades effrayantes, embruns, brouillard et pluie, tout en même temps. A l'un des endroits les plus terrifiants des cascades, un énorme rocher émerge et disparaît tour à tour, tel le crâne d'un géant qui se noie, condamné depuis six mille ans à subir cette torture horrible.* »

Les chutes de Schaffhouse sont de nos jours un but d'excursion recherché. Un bateau mène jusque sous les cascades, mais la randonnée à pied sur le sentier qui descend du château Lauffen est plus belle et plus impressionnante encore.

Il y a quinze mille ans, le Rhin coulait en diagonale par rapport à son cours actuel, directement au-dessous des rapides. Apparemment, son cours d'aujourd'hui est le résultat d'une glaciation : il n'a plus retrouvé son lit initial car d'épaisses moraines lui ont barré le chemin. Çà et là, on retrouve son ancien lit, bien entendu... à 500 m de son cours actuel. Et de nos jours, le fleuve, qui à cet endroit a 160 m de largeur, tombe d'une hauteur de 23 m; 600 m^3 d'eau s'abattent ainsi chaque seconde entre quatre rochers calcaires, en formant cinq rapides différents.

Poètes et philosophes ont chanté les chutes du Rhin avec plus ou moins d'enthousiasme. Goethe, par exemple, fait preuve d'une certaine réserve. Il les a décrites avec sécheresse en septembre 1797, comme on rédige un bref rapport pour son journal intime : *« Le jeu des couleurs était superbe au coucher du soleil, les mouvements de l'eau paraissaient plus rapides, plus fougueux, plus turbulents. De légers coups de vent frisaient les crêtes de l'écume bondissante, on avait l'impression que les embruns se déclaraient mutuellement la guerre. Le spectateur frissonnait devant ce spectacle de la nature en furie, toujours changeant et parfois semblable à lui-même, et s'attendait à une catastrophe qui lui paraissait à tout instant imminente. »*

Le fossé du Rhin supérieur

Il commence à la hauteur de Bâle où le «Haut Rhin» effectue un coude et prend la direction plein nord. A Bâle, le Rhin commence aussi son parcours de «fleuve industriel» — caractéristique qu'il gardera jusqu'à son embouchure dans la mer du Nord. Pour la ville de Bâle, il devient une voie de communication, véritable artère vitale.

C'est à Bâle que le premier bateau à vapeur fut lancé en 1832 et le premier train de péniches en 1904 — salué par un concert de cloches.

Derrière Bâle, lorsque l'industrie a perdu un peu de son monopole, le fleuve est utilisé d'une autre façon : au kilomètre 173, le Vieux Rhin est fermé par un barrage et l'eau du fleuve déviée dans un canal latéral. A partir de là, et jusqu'à Brisach, surtout aux époques de sécheresse, il est réduit à l'état de ruisseau, tandis que ses eaux remplissent le grand canal d'Alsace, en territoire français. Ce canal au fond bétonné a plus de 10 m de profondeur et 150 m de largeur. Il a été creusé en 1930 et représente l'une des agressions les plus importantes dans le cours naturel du fleuve.

Cette partie de son cours, appelée fossé ou plaine du Rhin supérieur, jouit du climat le plus tempéré de toute l'Allemagne : la température moyenne annuelle est de 10,3 °C, soit 1,2 °C au-dessus de la moyenne du pays. Ce microclimat est dû au fait que le bassin creusé en profondeur est protégé des vents violents et bénéficie d'un ensoleillement favorable sur les versants.

A gauche, les musiciens d'un orchestre symphonique se préparent au concert; ci-dessus, un réverbère retrouve son lustre.

Cette région cache dans son sous-sol une grande quantité de ressources naturelles. Sur les deux rives du fleuve se trouvent d'importants dépôts de sel de potassium qui remontent à 50 millions d'années, à l'époque où l'océan qui couvrait cette partie de l'Europe commença à s'assécher à cet endroit. L'Alsace exploita ses mines de sel dès avant la Seconde Guerre mondiale; la Bade attendit l'après-guerre pour l'imiter. Plus au nord, dans la partie médiane du «fossé», on a trouvé des nappes de pétrole et de gaz près de Pechelbronn en Alsace, dans la région de Karlsruhe et de Heidelberg, et jusqu'à Darmstadt en Allemagne.

Le Massif schisteux rhénan

A la hauteur de Mayence et de Wiesbaden, le Rhin arrose le Massif schisteux rhénan. Il traverse le Rheingau et les collines du Taunus qui descendent jusqu'à la rive droite, entre Wiesbaden et Rüdesheim. C'est le paradis des châtaignes et des amandes, et surtout la patrie d'un vin noble et généreux.

Près de Bingen, au confluent de la Nahe, le Rhin se fraie un passage à travers le Binger Loch (trou de Bingen) jusqu'à Bonn, ancienne capitale fédérale de l'Allemagne, dans une vallée encaissée et terrassée qu'il a creusée lui-même, longue de 100 km.

Dès la première moitié du mois d'avril, amandiers et pêchers sont en fleurs, puis viennent les cerisiers et les pruniers, et la récolte des cerises commence dès le début de juin. En revanche, en hiver, tandis que le soleil brille de tous ses feux sur les hauteurs de la Forêt-Noire et des Vosges, les deux rives du Rhin sont souvent noyées dans une brume épaisse et il y fait plutôt froid.

Néanmoins, on peut dire que le Rhin, dans son cours moyen, jouit d'un climat agréable et de beaux paysages. Les tribulations qui l'affectaient dans le passé — crues du fleuve, inondations, marécages — ne sont plus qu'un souvenir. Mais il va de soi que la région a, elle aussi, à supporter sa part de pollution.

Autrefois, le Binger Loch était un passage extrêmement dangereux pour la navigation, à cause de ses nombreux écueils. Bien que beaucoup aient été dynamités, les rives rocheuses très abruptes s'élèvent de chaque côté jusqu'à 300 m. En même temps, au passage de la Lorelei, sa largeur ne dépasse pas 115 m, mais il a une profondeur impressionnante de 26 m. C'est précisément cette constitution géographique qui a inspiré tant de sagas et de légendes au cours des siècles.

Le trajet de Coblence à Bonn a perdu le charme romantique du précédent. Les massifs montagneux reculent dans le lointain; le paysage est dominé par le bassin de Neuwied, vaste plaine fertile qui s'est formée il y a 50 millions d'années, avec d'énormes gisements de pierre ponce, matériau de base qui entre dans la fabrication des pierres artificielles souvent en usage dans la construction.

Le Rhin tourne définitivement le dos à la montagne au moment où il pénètre dans la grande plaine du Rhin inférieur, en aval du confluent de l'Ahr. La dernière chaîne qu'il rencontre sur son passage est celle des Siebengebirge (Sept Montagnes), culots de basalte volcanique qui abritent en leur sein le Drachenfels. La cathédrale de Bonn a été construite en pierre de trachyte en provenance de ce fabuleux Drachenfels.

Bien longtemps avant que l'homme érigeât des villages et des villes sur ses rives, il a travaillé inlassablement à modeler le pays plat. Il trace sa route à travers la plaine en décrivant de nombreux méandres et des boucles profondes. Avec force et ténacité, non seulement il pousse ses énormes masses d'eau vers la mer, mais aussi il traîne et roule des monceaux de galets, de graviers et de sable pour les déposer ensuite n'importe où : galets et graviers des montagnes rhénanes, quartz blanc et grès du Massif schisteux rhénan, grès rouge, phtanite noire et rouge jaunâtre de la Lahn, du Main, de la Moselle et du Neckar, minerai de fer oxydé du Taunus, porphyre et

Le Rhin inférieur

A la hauteur de Bonn, le Rhin quitte une région de moyennes montagnes et de collines qu'il a reflétées dans ses eaux sur plusieurs centaines de kilomètres. Il ne reste rien de la splendeur des Alpes, ni de l'élégance austère qui caractérise la traversée des gorges étroites du Massif schisteux rhénan. Comme s'il avait pris de l'âge, comme s'il avait conscience de sa fin prochaine.

A gauche, le marché aux chevaux de Stein am Rhein, en Suisse; ci-dessus, récolte de choux dans l'île de Reichenau, sur le lac de Constance.

mélaphyre de la Nahe, trachyte du Drachenfels, granit de la Forêt-Noire et de l'Odenwald, basalte noir des Siebengebirge, grès de la Ruhr, et tant d'autres encore.

L'embouchure

Le Rhin pénètre aux Pays-Bas près de Millingen, au nord d'Emmerich, et aussitôt, il se sépare en deux bras. C'est là que s'amorce le delta. L'intervention de l'homme dans la structure naturelle du fleuve devient de plus en plus évidente; non seulement il l'a canalisé et en a changé le cours, mais voilà qu'il l'a débaptisé : ses deux bras s'appellent le Waal et le Lek.

VIVRE LE LONG DES RIVES DU RHIN

Malgré ses conquêtes, Jules César (100-44 av. J.-C.), trouva le temps d'écrire sur le Rhin et sur les tribus germaniques qui y vivaient. Dans *la Guerre des Gaules*, il a énuméré les peuples et les tribus qui s'étaient établis dans la région rhénane. *« Mais le Rhin vient du pays des Lépontiens qui peuplent les Alpes; il est long et a un courant rapide; il traverse les régions des Nantuates, des Helvètes, des Séquanes, des Médiomatrices, des Triboques et des Trévires. Une fois qu'il s'est approché de l'océan, il se divise en plusieurs bras, (...) finalement le Rhin se jette dans l'océan en plusieurs embouchures différentes. »* Mis à part les noms des peuples, la description du fleuve n'a pas changé depuis l'époque de César.

Tacite, lui, voyait que les peuples d'au-delà du Rhin — là où s'arrêta la colonisation romaine — différaient nettement des peuples de la Gaule : *« Moi-même, je me range à l'avis de ceux qui croient que les tribus de Germanie — nullement altérées par les unions avec d'autres peuples — sont un peuple particulier de race pure, d'une originalité inégalée. Aussi leur aspect extérieur est-il, malgré le grand nombre d'individus, chez tous identiques : tous ont les yeux bleus conquérants, une chevelure rousse et une stature robuste, mais qui ne se prête qu'au combat. Ils n'ont pas la même endurance pour les travaux et les fatigues, et supportent mal la soif et la chaleur. Au contraire, du fait du climat et de la nature du sol, ils résistent très bien au froid et à la faim. »*

Le Rhin contesté

Le Rhin a été, au moins depuis la conquête de la Gaule par Jules César, un objet de convoitise et une source de conflits pour les peuples qui s'étaient établis sur ses rives. Frontière de civilisation, il ne pouvait être qu'une frontière contestée.

Au XIXe siècle, l'écrivain Ernst Moritz Arndt déclarait, au plus fort de la « guerre des poètes » : *« Le Rhin est le fleuve de l'Allemagne, non la frontière de l'Allemagne »*. Aujourd'hui, il est les deux : frontière de l'Autriche et de la Suisse, frontière de l'Allemagne avec la Suisse et la France, il devient un fleuve allemand. Quant aux Néerlandais, ils lui donnent le nom de Waal et le laissent se jeter dans la mer sans se l'approprier.

Après la prospérité des XVe et XVIe siècles, le traité de Westphalie qui mettait fin à la guerre de Trente Ans divisa l'Allemagne en 350 États. L'ingérence française put alors se manifester à travers la Ligue rhénane (1658) et se fit violente avec les annexions et les campagnes de Louis XIV, symbolisées par le sac du Palatinat.

La revendication de la rive gauche du Rhin est restée un certain temps un point important de la politique étrangère française. Elle relevait de la politique des fontières naturelles, qui trouva son aboutissement avec la France des 130 départements. Ainsi furent délimités les départements de la Sarre (chef-lieu : Sarrebruck), du Mont-Tonnerre (chef-lieu : Mayence), de Rhin-et-Moselle (chef-lieu : Coblence), de la Roër (chef-lieu : Aix-la-Chapelle), des Bouches-du-Rhin (chef-lieu : Bois-le-Duc), pour ne citer que ceux qui sont riverains du Rhin, car Hambourg et Lübeck, tout au nord, font partie des Bouches-de-l'Elbe.

Ludwig van Beethoven dédie au général Bonaparte la *Symphonie héroïque* (il récusera cette dédicace quand Napoléon Ier se fera sacrer empereur, en 1804). Le 4 décembre 1805, deux jours après la victoire d'Austerlitz sur les alliés austro-russes, Napoléon Ier décerne l'aigle de la Légion d'honneur à Johann Wolfgang von Goethe. En l'empereur des Français, Friedrich Hegel voyait *« l'histoire à cheval »*. Mais les *Discours à la nation allemande* (1807-1808) de Johann Gottlieb Fichte ne sont pas loin, qui réagiront contre les Lumières (l'*Aufklärung*) venues de France.

En 1806, la dislocation du Saint Empire romain germanique laissa place à la confédération du Rhin, qui groupait 16 princes allemands sous le protectorat de Napoléon Ier. Parmi ces princes figuraient le roi de Bavière, le roi de Wurtemberg, les grands-ducs de Berg et de Clèves, l'archevêque de Mayence et dix princes du centre et du sud de l'Allemagne. Les troupes de ces princes combatttaient sous les ordres de l'empereur

Chaque ville et chaque village a sa fête du vin ou sa foire : ici, une fanfare défile au son des tambours et des fifres.

des Français; les chevaux-légers lanciers de Berg en particulier s'y illustrèrent.

En 1811, la confédération comptait 36 États, mais elle se disloqua en 1813. La Rhénanie fut rendue à l'Allemagne en 1815.

Après la Grande Guerre, la rive gauche du Rhin fut démilitarisée. En 1818, Clemenceau réclama l'annexion de la rhénanie et la Sarre fut administrée par la Société des Nations jusqu'au plébiscite de 1935, qui en décida le rattachement à l'Allemagne. En 1923, la France occupa la Ruhr en vue de forcer l'Allemagne à s'acquitter des réparations de guerre, mais elle dut l'évacuer en 1925. En 1936, la rive gauche du Rhin fut remilitarisée par les Allemands en violation du traité de Versailles, et la ligne Siegfried y fut édifiée. En 1945, la Sarre connut une manière d'indépendance sous influence française, avant de revenir de nouveau à l'Allemagne après le référendum de 1955.

Cependant, même si les Français ont plus d'une fois revendiqué le Rhin et la Rhénanie, ils ne les ont jamais considérés comme réellement français; paradoxalement, ce sont les Prussiens qui ont considéré la Rhénanie comme française, qui ont traité les Rhénans d'arriérés etles ont méprisés à cause de leur foi catholique. Les libertés de Berlin, à l'époque romantique, étaient des rêves qui n'avaient pas droit de cité en Rhénanie.

Finalement, comme le dit Victor Hugo, le Rhin est *« un noble fleuve, féodal, républicain, impérial, digne d'être à la fois français et allemand »*.

Les Rhénans

Certes, tous ceux qui vivent le long des rives du Rhin ne présentent pas des caractères tels qu'on puisse les considérer comme appartenant à un peuple unique. Le long des rives du Rhin s'étendent la Bade, l'Alsace, le Wurtemberg, la Hesse, le Palatinat et la Ruhr, régions qui ne sont elles-mêmes qu'en partie riveraines du fleuve. Chaque région a ses paysages, chaque population a ses mentalités; on ne parle pas partout le même dialecte, on n'a pas partout le même accent.

Les Alsaciens ont été marqués par le fait d'avoir appartenu alternativement à la France et à l'Allemagne. A la dislocation de l'empire de Charlemagne, l'Alsace (Älsass) échut à Louis le Germanique et fut soumise à l'influence allemande pendant huit siècles. Elle passa sous souveraineté française sous Louis XIV et fut complètement intégrée à la France à la Révolution avec la constitution des départements du Haut-Rhin et du Bas-Rhin. Mais elle retourna à l'Allemagne de 1871 à 1918, et une fois encore de 1940 à 1944. Aujourd'hui encore, les prêtres, en

Alsace, perçoivent un traitement, conformément au concordat de 1801. En effet, au moment où l'Église et l'État se sont séparés en France, en 1905, l'Alsace faisait partie de l'empire d'Allemagne... Une grande partie des Alsaciens parle allemand; ou plutôt non : ils parlent l'alsacien, dialecte qui diffère nettement de ceux qu'on parle sur la rive opposée. A la fin, ces changements de nationalité ont eu pour principal effet d'accentuer le particularisme alsacien. Le catholicisme, par exemple, y est plus vivace que dans les départements français voisins. Mais la cuisine y est bonne et cela, de nouveau, diffère de l'Allemagne.

Cependant, le haut Rhin est sans doute la région d'Allemagne où l'on trouve les meilleurs restaurants : dans la région de la Forêt-Noire et au pied du massif du Kaiserstuhl — et on n'y trouve pas seulement des restaurants de luxe, mais de nombreux petits établissements sympathiques qui entretiennent l'art de vivre et témoignent de l'influence française. C'est une région de profonde culture, car le signe le plus sûr de la culture est la gastronomie.

La vigne

Les Germains, à cet endroit, ont été civilisés par les Romains, puisque c'est le long du Rhin que s'étirait le *limes*, frontière de l'empire, protégée par des camps et des têtes de pont, avant les territoires des tribus barbares. Les Romains ont apporté les constructions en pierre, par exemple à Colonia, devenue Cologne. Mais ils ont aussi introduit la culture de la vigne.

Peut-être est-ce le vin qui contribue à donner aux Rhénans leur caractère jovial et insouciant. Comme l'a écrit Henri Heine, lui-même natif des rives du Rhin, *«le vin du Rhin brille toujours d'une lueur dorée; mais si vous cédez à la tentation d'en boire trop, il vous en punira à coup sûr.»*

Les fêtes de la vigne et du vin qui reviennent chaque automne un peu partout, avec leurs défilés de chars, leurs banquets et leurs dégustations, attirent de nombreux visiteurs qui sont loin d'être œnologues. Comme le disait Henri Heine, le vin ne leur chatouille pas seulement le palais, il leur tourne aussi la tête. Ne lit-on pas dans la Bible : *«Le bon vin réjouit le cœur de l'homme»*? En outre, s'ils ne savent pas chanter juste, ils ont du moins une occasion de chanter à pleine voix. La réussite de la fête dépend du cœur des participants.

A gauche, moyen de transport sportif sur le Rhin; ci-dessus, vue du quai de Langenargen, au bord du lac de Constance.

Le carnaval

Il en va de même des carnavals (le long du haut Rhin, le carnaval porte le nom de *Fastnacht*) qui se donnent chaque année tout le long du Rhin, sur les deux rives, de Bâle à la frontière néerlandaise. Certains de ces carnavals durent plusieurs jours; ils attirent de nombreux participants et de nombreux spectateurs. La musique et les danses endiablées succèdent aux défilés de chars, parfois tirés par des chevaux. Sur les chars apparaissent des caricatures de célébrités du moment, sous formes de masques grotesques ou de tableaux vivants.

Mayence, comporte le discours du tonneau (*Bütten*); le fou qui le prononce, du haut d'un tonneau, y inclut des allusions souvent dépourvues d'indulgence à la politique locale ou fédérale.

Les bureaux sont fermés le lundi qui précède le mercredi des Cendres, voire le mardi gras, tout comme la plupart des écoles. D'ailleurs, lorsque celles-ci ne ferment pas, les écoliers s'y rendent costumés et toute leçon est impossible. A Mayence, le dernier lundi avant le carême, toute vie publique s'interrompt et les magasins ferment. Le long du Rhin supérieur, c'est le mardi gras que se concentrent les festivités.

Quant au ton, il peut être facétieux ou contestataire, selon les villes. Car chaque carnaval a son caractère, ses propres lois non écrites qui tracent la frontière à ne pas dépasser. A Bâle, le *Fastnacht* a quelque chose de frénétique — on y retrouve vraiment le souvenir des rites d'expulsion de l'hiver et de retour du printemps dont il est issu ; le long du bas Rhin, par exemple en Bade-Wurtemberg, c'est d'abord un défilé de masques, tantôt superbes, tantôt effrayants. A Lindau, sur le lac de Constance, le dernier jeudi du *Fastnacht* est traditionnellement dévolu aux femmes. Le carnaval du Rhin, qui se déroule dans les régions de Cologne, d'Aix-la-Chapelle, de Düsseldorf et de

Tout au long de l'année, des centaines de cercles et d'associations (*Verein*) s'occupent de préparer les défilés. Et cela dans le plus grand sérieux, car même les divertissements, en Allemagne, sont une affaire sérieuse, surtout quand ce sont des cercles qui s'en chargent : *« Si l'on rencontre un Allemand, c'est un philosophe; trois Allemands, c'est un cercle »*, dit-on. Et puis, il faut préparer plusieurs jours de festivités. Chaque année, de nouvelles chansons sont composées, dont certaines deviennent des succès.

Il n'est pas inutile de noter que le carnaval a mieux conservé son caractère dans les petites villes que dans les grandes, où il attire un public trop passif et disparate.

Les industries

Le long du Rhin se rencontrent la rigueur allemande et l'art de bien vivre dont les Français se font souvent les champions. Des marchandises de toutes sortent en remontent ou en descendent le cours, de Bâle à Rotterdam, de Rotterdam à Bâle.

Rotterdam est le plus grand port pétrolier d'Europe; Duisbourg est le premier port fluvial d'Europe : il y transite plus de marchandises que par le port maritime de Hambourg. Bâle, Strasbourg, Karlsruhe, Ludwigshafen, la région de Mannheim, Mayence et Coblence, Cologne, Düsseldorf, Duisbourg et les Pays-Bas sont des centres industriels. Le Rhin est la plus grande voie d'eau d'Allemagne, mais il est aussi l'une des plus grandes d'Europe. Le Rhin irrigue le cœur industriel de l'Allemagne, mais aussi celui de l'Europe.

Bien que le bassin du Rhin soit devenu l'une des régions industrielles les plus actives du monde, les rives du fleuves sont riantes, surplombées de châteaux, bordés de coteaux. Les châteaux et les ruines qui se dressent sur les deux rives permettent de croire que le temps des chevaliers et des sirènes n'est pas si éloigné; les coteaux entretiennent la douceur de vivre.

Quand on descend le cours du Rhin, on voit apparaître les uns après les autres les clochers, les flèches et les dômes des cathédrales et des églises : la cathédrale en grès rouge de Strasbourg; Fribourg-en-Brisgau (qui s'enorgueillit du clocher le plus haut du monde); Mayence, Spire et Worms, bien entendu, villes impériales et villes des *Niebelungen*; Coblence et, à ne surtout pas oublier — bien qu'il y ait bien d'autres lieux de culte moins connus à ne pas omettre — la cathédrale de Cologne.

Les industries voisinent avec les coteaux plantés de vigne, le long du Rhin supérieur; de même, le long du Rhin inférieur, ce sont les terres maraîchères qui doivent disputer la place aux usines, aux centrales électriques, aux raffineries ou aux dépôts d'hydrocarbures, comme à Wesseling, près de Cologne. Toutes ces activités sont porteuses de danger pour la nature, qu'il s'agisse de rejets réguliers ou de fuites accidentelles. Sans parler des mines de charbon à ciel ouvert, qui ont fait disparaître des villages entiers. Mais lorsque, après des décennies d'exploitation, la mine est épuisée, la loi oblige à remettre les terres en culture, et le paysage reprend alors ses droits sur l'industrie.

A gauche, le Rhin a toujours des poissons, des pêcheurs… et des amateurs de vin. Ci-dessus, musiciens d'un défilé de carnaval.

SCHAU

SPIEL

ARTS ET ARCHITECTURE

Le développement du commerce le long du Rhin a encouragé celui des arts. Le témoignage le plus évident de la richesse est la diversité des réalisations architecturales : temples et théâtres romains, châteaux et châteaux forts, églises, monastères et places fortes commerciales bordent les rives du Rhin.

Architecture

Si l'on voulait mentionner tous les monuments importants qui parent la région rhénane, il faudrait un catalogue qui dépasserait de loin le cadre du présent ouvrage. Il faut se contenter d'en donner seulement quelques exemples ici, faute de place; ils témoigneront de la diversité infinie qui jaillit du Rhin, ce fleuve qui, comme l'a écrit Victor Hugo, *« réunit tout en lui et autour de lui »*.

Églises et cathédrales sont les témoins les plus marquants qui dominent les rives du fleuve. Leurs clochers élevés semblent se dresser vers le ciel comme les doigts de Dieu. L'architecture romane des débuts du Moyen Age, avec ses arcs en plein cintre, représente la suite normale de la technique et du style de construction des Romains. De cette période faste du haut roman date la triade des grandes cathédrales, Spire, Worms et Mayence. Chacune d'elles compte six tours. La construction de Saint-Martin-et-Saint-Étienne de Mayence, commencée en 975, se poursuivit surtout du XIe au XIIIe siècle. La cathédrale de Spire, construite à partir de 1030, fut consacrée en 1061; elle abrite les tombeaux de huit empereurs saliens. Saint-Pierre-et-Saint-Paul de Worms date du XIe siècle; elle ne peut donc pas être l'église dont les marches furent le théâtre de la fameuse querelle qui mit aux prises les deux reines de la *Chanson des Nibelungen*.

Mais l'église la plus célèbre des bords du Rhin est à coup sûr la cathédrale de Cologne, dont la construction a commencé en 1248. Elle est bâtie en style gothique, mais elle fut interrompue au XVIe siècle, et elle est restée ensuite inachevée plus de deux cents ans. Il a fallu l'engouement de l'époque romantique pour les affaires du passé, joint à une fausse conception du gothique née de cette même époque, qui voulait faire de ce style une forme artistique purement allemande, pour que la cathédrale de Cologne fût achevée entre 1842 et 1880. C'est l'une des plus vastes d'Europe, elle est dédiée à saint Pierre.

La cathédrale Notre-Dame de Strasbourg n'est pas moins impressionnante. Commencée en l'an 1015, en style roman, elle fut ensuite continuée en gothique et achevée au XVe siècle en gothique flamboyant. L'un de ses maîtres d'œuvre les plus célèbres fut Erwin von Steinbach. Elle abrite la fameuse horloge astronomique.

Le gothique, caractérisé par ses voûtes en ogives dressées vers le ciel, fut remplacé, à l'époque de la Réforme, par le style Renaissance, la renaissance de l'esprit de l'antiquité marquée par un retour aux formes et aux proportions rigides. Les hôtels de ville et autres monuments profanes reflètent le nouvel esprit du temps. Le château de Heidelberg, situé à une certaine distance du Rhin mais qui n'en a pas moins subi l'influence de ce fleuve, est un somptueux exemple de l'architecture patricienne de la Renaissance.

Pages précédentes : sur la façade du théâtre de Wiesbaden; le musée Wallraf-Richartz, à Cologne. A gauche, Jules César, premier conquérant du Rhin; à droite, « la Ville dévastée », par Ossip Zadkine.

Puis s'installa le baroque voluptueux, qui exprima les excès d'émotions et l'abondance de richesses de l'époque suivante. A côté des églises et monastères, ce furent surtout les palais des seigneurs qui étalèrent un faste opulent.

Le nouveau château de Meersburg et la résidence épiscopale de Constance en sont deux exemples typiques. Parmi les nombreux autres, citons ici le vaste château grand-ducal de Mannheim et celui de Biebrich, dans les environs de Wiesbaden. A noter aussi un grand nombre de châteaux de plaisance construits en rococo, qui dérive du style baroque.

Après ces excès de mouvements, d'émotions et de caprices, l'art reprit assez brusquement une attitude raisonnable. L'époque des Lumières, vers la fin du XVIIIe siècle, fit revivre les notions de sobriété du passé. La mode revint à l'architecture classique. Friedrich Weinbrenner fit du château grand-ducal de Karlsruhe un chef-d'œuvre néoclassique, tout en lui gardant son arrière-plan baroque.

Le grand architecte du XIXe siècle fut Karl Friedrich Schinkel, qui puisait son inspiration dans les formes et les motifs du classicisme grec. Mais il redécouvrit aussi l'architecture gothique et dressa les plans d'un monument néogothique qui fut édifié sur les ruines du château de Stolzenfels, au bord du Rhin romantique. C'est ainsi que le cercle se referme — les formes anciennes sont remises en valeur. Puis ce fut l'Art nouveau et l'époque du «fonctionnel» qui apportèrent de nouvelles formes dans la construction et la décoration. Le voyageur curieux et observateur, l'amateur d'art sauront en découvrir eux-mêmes des exemples sur les rives du Rhin.

Peinture

Les églises, les châteaux, les maisons des riches bourgeois se doivent d'abriter une décoration intérieure digne de leur architecture. C'est ainsi que l'art de la peinture s'est également développé dans le bassin du Rhin. Au début, il se limita à l'enluminure et aux fresques.

Après que les frères Van Eyck eurent découvert en 1432 la peinture à l'huile sur panneaux, les artistes se sentirent de plus en plus attirés par cette nouvelle forme d'expression qui engendra ensuite la peinture sur toile, depuis les Pays-Bas et tout le long du Rhin. Certains même s'y établirent, tel Hans Memling, de Seligenstadt, qui y trouva à la fois travail et célébrité. Parmi les artistes locaux du XVe siècle, on peut citer Rogier Van der Weyden, Dirk Bouts et Gérard David. Puis vinrent Jérôme Bosch et Brueghel l'Ancien. Pieter Paulus Rubens, Antoon Van Dyck, Rembrandt Van Rijn, Frans Hals, Jan Vermeer de Delft sont les étoiles qui brillèrent au firmament du XVIIe siècle.

Non moins célèbres sont les maîtres de Cologne et du Rhin supérieur, Stephan Lochner, venu de Meersburg à Cologne, et le peintre alsacien Martin Schongauer, qui acquirent aussi une gloire éternelle au XVe siècle.

Puis le début de la Renaissance fut marqué par Hans Holbein le Jeune, qui connut la célébrité à Bâle. Il nous est resté aussi une œuvre superbe datant des débuts de l'époque nouvelle : le retable d'Isenheim, peint par Matthias Grünewald, qui se trouve actuellement au musée Unterlinden de Colmar. On peut voir dans la cathédrale gothique de Fribourg le chef-d'œuvre de Hans Baldung, qui mourut à Strasbourg en 1545.

L'art de la Renaissance montre une nouvelle image de l'homme, celle d'un citoyen qui a pris conscience de lui-même et de sa place dans l'univers et qui a acquis de l'assurance et de la confiance en soi.

Le romantisme

Le baroque donnait la priorité aux allégories voluptueuses. Un nouveau style artistique apparut à la fin du XVIIIe siècle, un art bourgeois qui n'hésitait pas à dépeindre les sentiments, la foi, l'amour de la nature, la nostalgie d'un monde meilleur, dans le passé et dans l'avenir — le romantisme. Lorsque le centre du romantisme se déplaça de Dresde à Düsseldorf, les artistes trouvèrent leur inspiration sur le Rhin et s'y établirent. L'académie de Düsseldorf se développa dès que Wilhelm Schadow en prit la direction, jusqu'à devenir un centre de l'art pictural.

Arnold Böcklin, né à Bâle en 1827, fut un romantique tardif; il explora de nouveaux styles de peinture. Hans Thoma, qui naquit il y a cent cinquante ans, vécut très longtemps;

L'intérieur du château de Stolzenfels, construit au XIXe siècle selon les plans de Karl Friedrich Schinkel.

non seulement il peignit sur le Rhin supérieur quelques-uns de ses plus beaux tableaux, mais en sa qualité de directeur de l'Académie d'art (Kunsthalle) de Karlsruhe, il encouragea de jeunes artistes rhénans. August Macke, autre artiste rhénan, mourut jeune, lui aussi : ce jeune représentant de l'expressionnisme fut tué durant la Première Guerre mondiale.

Dans sa jeunesse, Max Ernst fut amené au groupe de la Jeune Rhénanie par Macke. Bouleversé par les horreurs de cette guerre qui avait éclaté en 1914, il décida d'enterrer le style rationnel. En collaboration avec Hans Arp, né à Strasbourg et qui travailla une grande partie de sa vie en Suisse, Max Ernst fonda à Cologne la «Centrale dada W/3». Apôtre du surréalisme, il devint citoyen du monde et l'un des artistes les plus marquants du XXe siècle.

Bele Bachem aussi est originaire du pays rhénan : elle est née à Düsseldorf. Elle a inventé dans ses œuvres un monde de rêve, d'un réalisme magique. Ses derniers tableaux dépeignent les ruines industrielles de la Ruhr.

Monuments

Si la vaste statuaire dont s'enorgueillissent les églises et les monastères du bassin du Rhin est remarquable, le pays n'a pas toujours eu de chance avec ses monuments commémoratifs profanes car ils ne rappellent pas toujours un passé innocent et glorieux. Sur celui du Niederwald, érigé après la guerre de 1870-1871, un personnage féminin représentant la Germania domine le Rhin. La statue équestre de l'empereur Guillaume Ier qui se dresse au Deutsches Eck (le Coin allemand) de Coblence, datait de la même époque. Mais la dernière guerre a chassé l'empereur de son piédestal.

La ville de Rotterdam a été également dévastée par les bombes de la dernière guerre. A proximité du Port Leuve se dresse le monument commémoratif intitulé *la Ville dévastée*, œuvre d'Ossip Zadkine. Les bords du Rhin sont d'ailleurs très riches en musées et en monuments commémoratifs; certains, tel le musée Wallraf-Richartz, proche de la cathédrale de Cologne, sont de véritables œuvres d'art en eux-mêmes.

Représentation d'un opéra pendant le carnaval de Bregenz, en Autriche.

Weingut Jacob Hamm

LES PLAISIRS DE LA TABLE

La richesse de l'histoire et la variété des reliefs du bassin du Rhin entre la Suisse et la Hollande se reflètent dans la gastronomie.

On trouve ici une influence heureuse du raffinement français sur la solide cuisine allemande, tout spécialement sur le territoire de la Bade qui, placé en perpétuelle concurrence avec sa voisine l'Alsace, offre la cuisine la plus intéressante de toute l'Allemagne, agrémentée en outre par l'excellent vin badois. Michel de Montaigne, qui, pour aller de son Périgord natal en Italie, traversa la Bade, notait déjà en son temps qu'on vivait bien dans cette région, et que la population savait apprécier les plaisirs de la table.

La Bade

En Bade, on aime la soupe : déjeuners et dîners commencent par une soupe. Dans la matinée, afin de couper court à tout risque de fringale, on sert un second petit déjeuner vers neuf heures. Et il n'est pas réservé aux seuls travailleurs de force! Il se compose de lard fumé dûment épicé, de jambon de la Forêt-Noire et de pain croustillant, le tout arrosé de ce pétillant jus de la treille qui coule en abondance dans ce pays.

Les escargots des vignobles occupent une place de choix dans la gastronomie badoise. Ils sont servis dans du beurre à l'ail, après avoir été cuits dans le vin, privilège qui leur donne cette saveur très particulière et ne leur est pas réservé dans cette région.

Les cuisiniers badois font preuve d'un art consommé dans la préparation des poissons d'eau douce. Ainsi, les délicieuses quenelles de brochet. Célèbre aussi depuis toujours, le saumon du Rhin, accommodé ici avec des prunes cuites à la vapeur. On trouve des truites en gelée au vin sur de nombreuses cartes du pays, et il est recommandé de ne pas les ignorer.

La *Badisches Ochsenfleisch*, servie dans une sauce au radis avec des airelles, montre bien que la cuisine locale sait rendre hommage aussi à la viande de bœuf.

Pages précédentes : joyeuses agapes au XVIIe *siècle. Ci-contre, enseigne d'un débit de vin («Weinstuben»).*

Dans les cafés et les pâtisseries, on trouve les meilleures versions des gâteaux aux cerises de la Forêt-Noire (*Schwarzwälderkirschtorte*). En outre, on l'arrose de kirsch authentique. Moins connus mais tout aussi savoureux sont les *Küchle*, beignets aux fruits cuits dans la graisse. Ici, on aime les sucreries, et on connaît l'art de les accommoder aux jeux de mots; ainsi, on peut déguster des *Frauenschenkeli* (cuisses de femmes).

Ce qui fait l'agrément de la cuisine badoise, c'est son intimité avec le vin, et pas seulement parce qu'il sert dans la préparation des plats les plus fins. Le vin qui accompagne le repas en fait partie intégrante, et de plus les vins badois sont très variés.

Les versants volcaniques du Kaiserstuhl fournissent des vins aux reflets dorés et au bouquet capiteux qui aspirent ce que le soleil a de meilleur : le *Ruländer* corsé, le *Spätburgunder* velouté, le *Sylvaner* généreux, ainsi que les *Riesling* et les *Gewürztraminer* hauts en couleur. Il y en a d'autres : l'*Ihringen*, l'*Achkarren*, l'*Oberrotweil*, le *Burkheim*, le *Bischoffingen*, le *Bickensohl*, l'*Oberbergen*, le *Sasbach* et l'*Endingen*, qu'il faut prendre le temps de déguster chaque fois que l'occasion s'en présente. Mais le vin doit se savourer en toute tranquillité. La patience est une qualité très estimée des Badois, qui n'ont que mépris pour le gourmand qui mange et boit goulûment.

Dans le margraviat situé entre Fribourg et Bâle, le lœss bien ensoleillé convient tout particulièrement au chasselas qui donne un vin léger, délicat et relevé, appelé *Markgräfler* : en 1780, le margrave Charles-Frédéric de Bade fit importer les ceps du lac Léman. Mais les *Riesling* des vignobles du centre de la Bade sont connus bien au-delà des frontières du *Land*; on les trouve encore dans la région située entre Baden-Baden, Oberkirch et Diersbourg. Un *Traminer* rouge appelé *Clevner*, élégant, relevé, au parfum de rose, réussit bien sur les versants aux terres granitiques de la Forêt-Noire, entre Bühl et Offenbourg. C'est également le terrain et la situation idéaux pour les bourgognes tardifs (*Spätburgunder*), doux et veloutés.

Le Palatinat

Au nord de la Bade, le Palatinat est régi par des lois gastronomiques différentes. Là, on préfère la cuisine soignée, traditionnelle, sans pour autant renoncer au raffinement. En automne, à l'époque des vendanges, on aime accompagner le vin nouveau, le *Federweissen*, d'une tarte aux oignons servie chaude : des oignons émincés et blanchis au beurre chaud, auxquels on ajoute du lard coupé en petits cubes, des jaunes d'œufs battus et de la crème fraîche, du sel et du poivre, le tout versé sur une pâte levée et mis au four jusqu'à ce qu'il soit bien doré.

Dans le Palatinat et dans la partie de la Bade-Wurtemberg proche du Palatinat, on trouve souvent sur les cartes de restaurant la mention *hausgemacht* (fait maison). Ainsi, le *Saumagen* (estomac de porc) servi avec de la choucroute est le plat national du Palatinat. L'estomac est farci avec un mélange de viande de porc et de pommes de terre. Mais il y a autant de *Saumagen* que de Palatins; chacun a sa propre recette qu'il cache comme un secret d'État. Le meilleur vin pour accompagner ce plat est un *Riesling* sec.

La soupe aux pommes de terre du Palatinat a acquis également une certaine célébrité; on la sert en particulier dans les contrées où les vignobles ne poussent pas. Elle révèle d'ailleurs que cette région de la forêt palatine n'est pas très riche.

A l'époque des cerises, les restaurants palatins ont toujours à offrir des *Kirschenjockel*, ou *Kirschenmichel*, appelés aussi *Kirschenpolster* (*Kirsch* signifie *cerise*). C'est une sorte de pudding à base de pain, de lait, d'œufs et de cerises, qu'on fait cuire au four. Il est recommandé de l'accompagner d'une tasse de café fort. Autrefois, on le mangeait avec une soupe de pommes de terre.

L'oie de Noël est farcie avec des marrons (*Käschde*) qui poussent sur les versants est des montagnes de la Haardt. Dans cette région, on les aime surtout épluchés et cuits avec du chou rouge. Grâce aux jardins potagers de la plaine palatine rhénane, la cuisine de ce pays est variée. Ainsi, les asperges de Schwetzingen se sont fait une réputation; elles servent à ennoblir de nombreuses recettes. La saison des asperges se situe au mois de mai. Il est recommandé de les manger fraîchement cueillies, autrement dit le jour même, cuites à point, mais surtout pas trop longtemps, et arrosées de beurre fondu.

La population palatine a un penchant pour la viande de porc, à base de laquelle elle prépare toute une série de plats plus succulents les uns que les autres; parmi ceux-ci, notons le *Leberwurst* (saucisses au foie) à la marjolaine, qui vient sans doute en tête de liste. Du reste, les amateurs de saucisse et de saucisson sont à la fête dans le Palatinat. Ce n'est pas sans raison qu'une des festivités régionales les plus populaires est la foire aux Saucisses de Dürkheim, qui célèbre les saucisses et le vin de la région.

Le meilleur morceau du porc, les rognons, se savoure sous forme de ce qu'on appelle le *Lummelbraten*, savamment entrelardé. Pour le gibier aussi, les Palatins ont un goût prononcé. Mais cela n'est rien en comparaison des pommes de terre. Par exemple, les boulettes de pommes de terre farcies à la chair à saucisse sont appelées *Herzdrücker* (de *Herz*, «cœur», et *drücken*, «comprimer»), pour la bonne raison qu'on est toujours tenté d'en manger trop. Les *Eisknoche* (jarrets de porc) s'accompagnent de purée de pommes de terre et de choucroute. D'ailleurs, comme en Alsace, la choucroute se trouve partout, parce qu'elle aide à la digestion.

La route du Vin

La route allemande du Vin traverse trois régions viticoles : la haute Haardt (depuis Schweigen, avec sa porte au Vin, jusqu'au-delà de Hambach), la moyenne Haardt (de Neustadt à Ungstein) et la basse Haardt (d'Ungstein à Grünstadt); elle a une profusion de vins excellents à offrir.

Les terres couvertes de lœss de la haute Haardt conviennent parfaitement au *Sylvaner*, un bon vin suave qui se boit facilement. Il est servi dans des petits verres spéciaux appelés *Schoppen*. Néanmoins, c'est le *Riesling* sec, célébré par la population locale comme le roi des Vins, qui devient de plus en plus apprécié et typique de la région. On trouve à proximité le *Traminer* corsé et un vin doux, le *Müller-Thurgau*.

Les vins qu'on produit à partir des cépages qui poussent sur les sols caillouteux et basaltiques de la moyenne Haardt sont les *Beerenauslese* (faits avec des grappes qu'on laisse délibérément sur les vignes jusqu'à ce qu'elles aient dépassé le stade de la maturité) et les *Trockenbeerauslese* (on ne cueille les grappes que lorsque les raisins sont desséchés). Ils n'atteignent leur perfection qu'au bout de quelques années. Ce sont des vins sucrés, qui ont un taux d'alcool élevé; ils accompagnent généralement les desserts. Le *Deidesheimer Herrgottsacker*, le *Forster Schnepfenflug*, le *Dürkheimer Nonnengarten*, le *Herxheimer Honigsack* ne sont que quelques exemples de ces vins fameux.

Sur le sol calcaire de la basse Haardt poussent des cépages qui donnent un vin blanc léger et pétillant. Les crus palatins à eux seuls justifieraient la réputation du vin allemand. C'est à partir de là que les Romains ont commencé à répandre le vin en Germanie. D'aucuns pensent que, avant l'arrivée des Romains, la vigne sauvage pous-

A gauche, les vendanges; ci-dessus, le visage souriant de la «reine du Vin», scène courante lors des innombrables fêtes des vendanges.

sait dans les forêts de la plaine rhénane, mais il ne doit s'agir là que d'un débordement de patriotisme. Une chose est certaine, pour la population du Palatinat, le vin fait partie du paysage et de la culture. Il joue un rôle dans la vie quotidienne et contribue à faire des fêtes populaires des moments de gaieté privilégiés. Les verres à vin, dans le Palatinat, ont une contenance d'un demi-litre...

Pour accompagner le vin, il n'est rien de meilleur que les *Bretzel* de Spire, les *Handkäs* de Lustadt ou le pain de campagne du Palatinat avec du beurre et du fromage blanc. Quant au vin nouveau, il faut le boire accompagné de marrons grillés brûlants. Le jambon de Mayence est apprécié qu'il accompagne des asperges d'Ingelheim.

Les vastes cultures maraîchères qui entourent Ingelheim et Heidesheim contribuent à assurer la qualité et la variété de la cuisine locale. Ici, on ne peut imaginer un plat de viande sans légumes. Les Romains avaient déjà, en leur temps, expérimenté la fertilité de cette partie de la vallée rhénane. La terre et le climat conviennent tout particulièrement au chou blanc : les côtelettes de porc au chou comptent parmi les spécialités que servent les restaurants de Worms.

Tout comme dans le Palatinat, la cuisine de cette région de la Hesse rhénane est avant tout saine et fortifiante. On travaille beau-

La Hesse rhénane

La Hesse rhénane est la région qui couvre le triangle viticole Bingen-Worms-Mayence, sur la rive gauche du fleuve. Là aussi, le moindre village a sa fête des vendanges, copieusement arrosée de vin, comme il se doit, qu'on accompagne de pain de campagne et de saucisson. Les natifs de cette contrée aiment aussi, en buvant du vin, manger du fromage de Mayence servi *« avec de la musique »* (*Käs mit Musik*), tout comme à Francfort et à Sachsenhausen, autrement dit avec un assaisonnement d'huile, de vinaigre et d'oignons coupés en lamelles. Le jambon de Mayence a acquis une réputation méritée, surtout lors-

coup ici, et ceux qui travaillent doivent reprendre des forces. On y mange aussi beaucoup de fromage, du fromage à base de lait caillé, qu'il faut laisser mûrir, au fromage blanc auquel on ajoute des oignons hachés, spécialité appelée *Spundekäse*. Si, en France, il est de bon ton de servir du vin rouge avec le fromage, ici, sur les bords du Rhin, c'est le vin blanc qui accompagne le fromage, et ce choix se justifie tout à fait. Pour peu qu'on soit amateur de fromage, on apprendra à savourer le vin ; si l'on est amateur de vin, on ne peut plus se passer de fromage.

La culture de la vigne en Hesse rhénane remonte également à l'époque romaine. Charlemagne, qui savait déjà apprécier un verre de vin sans jamais en abuser, rédigea lui-même les premières ordonnances relatives à l'exploitation des vignobles de cette région. Le fameux *Riesling* tant apprécié semble être originaire de Hesse rhénane, avant d'avoir conquis toute l'Allemagne. Il est mentionné pour la première fois sur la facture d'une cave de Rüsselheim portant la date de 1435. Cinquante ans plus tard, on le retrouve sur des factures de Worms. Contrairement au *Riesling* sec, le *Liebfrauenmilch* (le lait de la Vierge) est plutôt doux. A l'origine, les cépages de ce vin poussaient sur les vignobles de lœss et de sable qui entouraient l'église Notre-Dame de Worms. Mais c'est le *Riesling* qui est le plus répandu ici. Quand il vient des terres volcaniques qui entourent Nierstein, des sols schisteux et quartzifères de Bingen et des terrains calcaires argileux et caillouteux de l'arrière-pays, il a un bouquet, une saveur incomparables. Il est moins âpre que le *Riesling* du Palatinat. L'amateur sent son cœur battre plus vite à l'évocation de noms tels que *Tafelstein* et *Steinberg* à Dienheim, *Modern* et *Teufelskopf* à Ludwigshöhe, *Glock* et *Orbel* à Nackenheim, *Sackträger* et *Vogelsang* à Oppenheim. Ingelheim est aussi le berceau d'un vin rouge, doux et épicé.

Pour ceux qui aiment le *Weinbrand* (eau-de-vie de vin, le cognac allemand), on en trouve aussi en Hesse Rhénane. A Bingen, on distille le vin du *Scharlachberg* pour en faire un *Weinbrand* remarquable.

Le musée d'Alzey présente la plus ancienne bière d'Allemagne. Elle date de l'époque de Constantin, vers 350 apr. J.-C. Mais en Hesse rhénane, la bière ne vient qu'après le vin. On voit partout, et pas seulement ici, célébrer les vertus de l'*Aktienbier* de Mayence et de l'*Eichelbaumbräu* de Worms.

A gauche, défilé de jeunes filles qui ont à la main un grand verre de vin appelé «Römer»; ci-dessus, consommation de vin dans une cave («Keller»).

Le Rheingau

Le Rheingau s'étend sur 50 km, de Hochheim, au confluent du Main et du Rhin, à Rüdesheim; il englobe des villes telles qu'Eltville, Erbach, Hattenheim, Oestrich, Geisenheim, et a une frontière commune avec le Rhin moyen, sur les versants abrupts qui entourent Lorch. Le guide Johnson, référence en ce qui concerne les vins, donne les indications suivantes : *«Les caractéristiques qui donnent aux vins du Rheingau leur qualité incontestable sont l'uniformité et la stabilité. On pourrait dire de cette région qu'elle est la plus soignée et la mieux organisée de toutes les régions viticoles d'Allemagne.»*

Un climat doux, ainsi que d'excellents terrains, constituent les conditions les plus favorables à la qualité des grappes de raisin, les plus favorables d'Europe, en tout cas, pour les cépages de *Riesling*. Qui n'a pas entendu parler du *Goethewein*, du *Schloss Johannisberger* ou du *Winkele Hasensprung*? On a même baptisé le *Rauenthaler* du nom de *Fürstenwein* — vin des princes.

Les vignes poussent depuis le VIIIe siècle sur les versants occidentaux du Taunus, et ce furent en premier lieu les moines des abbayes d'Eberbach et de Johannisberg qui ont fait la renommée de ces crus au fil des siècles. D'ailleurs ce n'est certainement pas un effet du hasard si le *Trockenbeerauslese* a été découvert dans cette région. On raconte que, à la fin du XVIIIe siècle, alors que le monastère de Johannisberg appartenait encore à Fulda, le messager chargé de rapporter l'autorisation de commencer les vendanges avait été arrêté et capturé par des bandits et qu'il ne put rentrer au monastère que fin novembre. A ce moment-là, les grappes de raisin s'étaient desséchées sur pied et avaient déjà subi les premiers gels. Néanmoins, à la grande surprise du maître de chai, la récolte fournit un vin exceptionnel, un vin comme il n'en avait jamais bu, l'*Eiswein* (de *Eis*, «glace», et *Wein*, «vin»).

Le vin a toujours joué un rôle dans l'histoire du Rheingau, et les localités qui possèdent les meilleurs crus forment actuellement la route du Vin par excellence : Eltville, Erbach, Geisenheim, Hattenheim, Hallgarten, Kiedrich, Lorch, Mittelheim, Oestrich, Rauenthal, Rüdesheim avec sa célèbre Drosselgasse, et enfin Winkel où Johann Wolfgang von Goethe savourait son *Rheingauer* préféré dans la maison Brentano.

Sur les schistes phylliteux qui entourent Assmannshausen, on cultive des cépages de Bourgogne qui donnent un vin rouge agréable et corsé.

La qualité du vin a également contribué à élever le niveau de la gastronomie. On ne savoure vraiment un bon vin que s'il accompagne un bon repas. Wiesbaden, capitale du *Land* de Hesse, passe pour être l'un des hauts lieux de la gastronomie allemande. On dit que des gourmets viennent à Wiesbaden uniquement afin de goûter son gâteau à l'ananas. Il faut reconnaître que les pâtisseries de Wiesbaden valent le déplacement.

Du reste, dans le Rheingau, la cuisine du terroir mérite une mention. Tout comme en Hesse rhénane, c'est avant tout une cuisine saine et soignée : côtelettes de porc ou os marinés (*Solwerknochen*) accompagnés de chou et des indispensables saucisses sans lesquelles les travailleurs perdent toute envie de travailler, crêpes au lard et *Handkäs* avec assaisonnement aux oignons.

La vallée de l'Ahr et le Rhin moyen sont les régions viticoles les plus septentrionales d'Allemagne. L'Ahr n'a à parcourir que quelques dizaines de kilomètres à travers l'Eifel, de sa source à Blankenheim à son confluent dans le Rhin, près de Sinzing. On a commencé à cultiver la vigne dans cette région au Xe siècle. Au début, les cépages ne fournissaient que du vin blanc, mais depuis cent cinquante ans la culture s'est tournée vers le *Spätburgunder* (bourgogne tardif), vin rouge de caractère, moelleux et velouté, issu des versants abrupts couverts de schistes argileux. Plus bas dans la vallée, les terres de lœss fournissent un vin portugais plus léger. La majeure partie de la récolte se consomme sur place, dans la vallée même de l'Ahr, à Altenahr, Rech, Dernau, Marienthal, Ahrweiler et Lorsdorf, ce qui parle en faveur de sa qualité !

La cuisine de cette région subit l'influence de l'Eifel, où la pomme de terre règne en souveraine de la table. Célèbres sont les pommes de terre à la Mayener : râpées crues, puis cuites au saindoux dans une casserole avec du lard et du jambon, elles satisfont les appétits les plus exigeants. Pour les accompagner, il est recommandé de boire un verre de *Zwetschgenwasser* de l'Eifel. Dans les restaurants, entre Bingen et Coblence, on trouve aussi sur les cartes les brochettes à la Hunsrück, de porc ou de bœuf.

Les vignobles couvrent les pentes du Rhin moyen du confluent de la Nahe aux Siebengebirge, près de Bonn. C'est également le fief du *Riesling*. De plus, le *Rhöndorfer Domberg* et le *Menzenberger Rot* comptent parmi les meilleurs vins rouges d'Allemagne.

Le Rhin inférieur

Dans la partie septentrionale de la vallée du Rhin, la Rhénanie proprement dite, entre la Westphalie, la Hesse, le Palatinat rhénan, la Belgique et le Luxembourg, ainsi qu'aux Pays-Bas, on boit plus de bière que de vin. A Cologne, c'est la *Kölsch*, brassée dans la ville même, bière qu'on laisse fermenter plus longtemps qu'ailleurs et qui n'est pourtant pas plus légère que les autres. Elle s'accompagne parfaitement d'un petit verre d'alcool de grain, d'une eau-de-vie de genièvre d'Aix-la-Chapelle, d'un *Weizenbrand* (eau-de-vie de froment) d'*Ameln*, d'un *Bäs* (alcool de cassis) ou d'un *Klarer* avec un morceau de sucre. A Düsseldorf, capitale de la Rhénanie du Nord-Westphalie, il est conseillé de commander de la *Düssel* ou de l'*Altbier*, bière de houblon très brune. Elle est généralement servie dans des verres spéciaux, à faible contenance, que les gens du pays appellent *Stange*. Là aussi, comme partout en Rhénanie septentrionale, on aime accompa-

gner la bière d'un petit verre de schnaps, en expliquant — en guise d'excuse — qu'on ne tient bien que sur deux pieds.

A Cologne et dans les environs, ainsi qu'à Düsseldorf, les cartes, dans les restaurants, causeront peut-être quelques difficultés aux nouveaux venus. Ainsi, si l'on commande à Cologne un *Halven Hahn* (ce qui signifie partout ailleurs un demi-poulet), il ne faut pas être surpris de voir arriver sur la table un petit pain avec du fromage. Soit dit en passant, la population locale adore le pain au cumin.

Si le temps le permet, les repas de fête se tiennent sur la place du marché.

Nulle part ailleurs en Allemagne, comme entre Cologne et Düsseldorf, il n'existe autant d'expressions dialectales pour désigner les plats : *Flöns mit Öllk* (boudin aux oignons), *Läwerwoosch mit Ädäppelschlaat* (saucisson de pâté de foie avec des pommes de terre en salade), *Fresche Brotwoosch mit Zaus* (saucisses fraîches grillées avec de la sauce), *Reppches on Kappes* (côtelettes au chou blanc). Les *Riefkooche* sont une spécialité rhénane : pommes de terre épluchées et coupées en lamelles, cuites dans l'huile ou le saindoux avec du sel et des oignons. Ce plat suffit à satisfaire les plus gros appétits. Le *Sauerbraten* — rôti de bœuf mariné — jouit d'une réputation mondiale : on fait mariner quelques jours dans du vinaigre un bon rôti de bœuf taillé dans une bête qui est restée suspendue quelque temps à son crochet, avec des oignons, des carottes, du céleri en branche et des feuilles de laurier, et on le sert bien tendre avec une sauce aigre-douce.

Bien que la mer du Nord soit encore loin, les gens de Cologne et de Bonn ont un penchant pour les moules, qui sont cuites avec des oignons coupés en tranches dans un jus très épicé. A Düsseldorf, on aime les asperges (les *Walbecker* ou les *Kesseler*) avec du jambon ou des escalopes, le jambonneau (*Hämmchen*) avec de la choucroute de Neuss, et en guise de dessert, les pêches parfumées de Wasserberg.

Du reste, la Rhénanie est un vrai démon tentateur avec sa variété infinie de friandises et de sucreries : les *Mutzmandeln* (amandes au sucre) de Cologne, les gâteaux aux cerises de Düsseldorf et le café *Zuntz* de Bonn, au goût très particulier : pendant qu'on fait griller les grains de café, on les enrobe légèrement de sucre glace.

Les gâteaux secs sont également très appréciés dans cette région; tels sont les fameux *Printen* d'Aix-la-Chapelle, le *Spekulatius* du Rhin et le *Spekulatius* aux amandes de Clèves.

La cuisine du Rhin inférieur est également remarquable pour la pâtisserie sucrée. Il est donc recommandé de projeter une promenade gastronomique du restaurant au café — puis du café au restaurant.

C'est aussi le long du Rhin inférieur qu'on trouve les délicieux goudas et edams, ainsi que le fromage blanc que l'on appelle ici *Klatschkäse*, qui est particulièrement succulent sur une tartine de pain noir de la région de Bergen.

SNEEK

Le Rhin
100 km
Nordsee
Haarlem
Ijsselmeer
Amsterdam
NEDERLAND
s'Gravenhage
(Den Haag)
Utrecht
VELUWE
Arnhem
Rotterdam
Waal
BETUWE
Nijmegen
Emmerich
(NIEDERLANDE)
Vlissingen
Eindhoven
Venlo
Brugge
Gent
Schelde
Antwerpen
Maas
Maastricht
Brüssel
Bruxelles
BEGIË
(BELGIEN)
BELGIQUE
Lille
Liège
Chaleroi
ARDENNES
LUX.
St. Quentin
Luxembourg
Enschede
Osnabrück
Hannover
Bielefeld
Weser
Münster
Lippe
Göttingen
Kassel
Duisburg
Dortmund
Krefeld
Essen
Wuppertal
Düsseldorf
Köln
BUNDESREPUBLIK
DDR
Aachen
Bonn
Sieg
RHÖN
Rhein
WESTERWALD
Gießen
DEUTSCHLAND
Koblenz
EIFEL
TAUNUS
Frankfurt
Wiesbaden
Mosel
Bingen
Mainz
Main
Würzburg
Trier
Bad
Kreuznach
HUNSRÜCK
Ludwigshafen
Mannheim
Saar
Saarbrücken
Neckar
Heilbronn
Reims
Verdun
Karlsruhe
Marne
Châlons- sur- Marne
Baden-
Baden
Stuttgart
Nancy
SCHWÄBISCHE ALB
St. Dizier
Lunéville
Strasbourg
Ulm
FRANCE
VOSGES
SCHWARZWALD
Donau
Troyes
Rhin
Colmar
Freiburg
Kempten
Mulhouse
Konstanz
Schaffhausen
Lindau
Bodensee
Belfort
Basel
St. Gallen
Feldkirch
Zürich
ÖSTERR.
LICHTENST.
Dijon
Besançon
Luzern
Dole
Bern
Chalon- s- Saône
Thun
Disentis/ Mustér
Chur
Lausanne
SCHWEIZ
Andermatt
St. Moritz
Lac Léman
(Genfer See)
San Bernardino
2065
Saône
Genève
Sion
Roanne
Martigny
ALPEN
Rhône
Chamonix-
M.- B.
Como
Lyon
ITALIA
(ITALIEN)
Chambery
Milano

ITINÉRAIRES

La meilleure manière de se familiariser avec le Rhin a toujours été de faire une croisière de quatre ou cinq jours sur un paquebot de Bâle à Rotterdam (ou vice versa). Quant à la partie la plus romantique du fleuve — de Mayence-Wiesbaden à Cologne —, on peut en savourer les agréments par une belle journée d'été à bord d'un bateau moderne.

Les paysages qu'arrose le Rhin sur les 1 300 km de son cours présentent des aspects très variés : le Rhin antérieur et le Rhin postérieur prennent leur source dans les montagnes suisses, à l'écart de toute civilisation, et ces deux bras se confondent dans cette même atmosphère idyllique pour former un fleuve alpin et se jeter dans le lac de Constance, qui se niche au milieu d'un paysage dont le charme ne laisse personne insensible. Puis vient le spectacle naturel par excellence, les chutes de Schaffhouse, la cascade la plus impressionnante d'Europe.

A partir de Bâle, le Rhin supérieur devient un fleuve industriel et le reste jusqu'à son embouchure. Lorsque le Rhin, devenu Rhin moyen à ce niveau, passe entre Mayence, sur la rive gauche, et Wiesbaden, sur la rive droite, le voyageur découvre le fleuve romantique; il va de surprise en surprise, d'émerveillement en émerveillement, jusqu'à Cologne.

Puis les rives s'aplanissent et se dénudent lentement. C'est là que commence le Rhin inférieur, à Krefeld, ville du textile, et Duisbourg, sur la rive droite, le plus grand port fluvial d'Europe. Vers l'est s'étend la fameuse région de la Ruhr, région à la fois industrielle et riche en trésors culturels. Plus loin vers le nord se succèdent herbages, digues et moulins à vent; des maisons en brique se nichent de chaque côté du large fleuve. Une fois passé la frontière des Pays-Bas, le Rhin perd soudain son nom et s'appelle Waal et Lek; il se divise en de nombreuses ramifications; ses bras et ses doigts tendent alors irrésistiblement vers la mer du Nord.

Alors, il ne reste qu'à monter à bord, à longer les rives du Rhin, il y a de belles villes à visiter : Bâle, Strasbourg, Mannheim, Wiesbaden, Cologne et Bonn, Düsseldorf, Duisbourg et Rotterdam. Mais il faut aussi découvrir les petits coins pittoresques de la Suisse dans laquelle le Rhin prend ses sources, et du lac de Constance, aussi bien en territoire français et néerlandais qu'en Allemagne. Le paysage rhénan a de nombreuses facettes, des récits de joie et de souffrance racontent la vie des chevaliers et du peuple dans les châteaux forts. Il faut faire connaissance avec la population, célébrer les fastes du carnaval. Il serait dommage d'oublier ses chaussures de marche pour sillonner les montagnes, les vallées et les prés. On reprend haleine devant un verre de vin bien frais et une bonne collation.

Libre à chacun de choisir un autre moyen de transport, la bicyclette : rouler sans bruit le long du fleuve est un plaisir sans égal!

Pages précédentes : alpages près de la source du Rhin; les chutes du Rhin près de Schaffhouse; le château d'Oberwesel surplombe le Rhin; navigation sur le Rhin inférieur.

DEUX SOURCES POUR UN FLEUVE

Alimenté par deux rivières, le Rhin commence son long périple de 1300 km vers la mer du Nord dans les hauteurs des montagnes suisses.

Le Rhin antérieur

Son premier bras, le **Vorderrhein** (Rhin antérieur), long de 70 km, est issu du **Tomasee**, petit lac qui s'étend au pied du **mont Brade**, dans le **massif du Saint-Gotthard**, à 2345 m d'altitude. Il dévale l'étroite **vallée du Tavetsch** pendant 20 km avant d'atteindre les premières habitations de la région à **Disentis**. Cette ancienne cité rhéto-romane est dominée par la plus vieille **abbaye bénédictine** de Suisse, entourée de chapelles et d'églises dans lesquelles on peut admirer de superbes autels peints et des tableaux.

C'est à **Trun**, bourgade située légèrement en aval de Disentis, qu'en 1424 les confédérés posèrent la première pierre du canton des **Grisons** (Graubünden) en formant une association de défense qu'ils baptisèrent *Grauer Bund* (Ligue grise). L'**église de pèlerinage Sainte-Marie-de-la-Lumière** attire les visiteurs par ses splendides peintures du XVIIe siècle, et l'**église Saint-Martin** par son maître-autel richement sculpté.

Près de la petite ville d'**Ilanz**, le Vorderrhein reçoit les eaux des glaciers et les porte vers **Reichenau** où il se mêle au **Hinterrhein** (Rhin postérieur), son frère venu du sud.

Le Rhin postérieur

Celui-ci prend sa source dans le **glacier de Zapport**, au cœur du **massif d'Adula**, à 57 km de **Reichenau**. Dès sa petite enfance (il a alors 6 km), il forme un torrent de belle apparence, qui peut même devenir dangereux par temps de crue. Le vieux pont appelé Alte Landbrugg qui, depuis 1692, mène au **col du Grand-Saint-Bernard**, en témoigne : combien de fois n'a-t-il pas été balayé par les

Pages précédentes : un montagnard suisse du canton d'Uri. Ci-dessous, le glacier de Zapport, l'une des sources du Rhin.

eaux du Hinterrhein à la fonte des neiges? Puis le jeune torrent fougueux passe par les **gorges de Rofla** avant d'atteindre le village de **Zillis**, dont l'**église** a un plafond à caissons composé de 153 segments couverts de peintures, uniques en leur genre, du XIIe siècle.

A quelques kilomètres de là, on atteint la célèbre **Via Mala** où le torrent manifeste pour la première fois sa capacité à modeler le paysage qu'il traverse. Rare spectacle en vérité, d'une beauté bouleversante, que ces eaux écumeuses resserrées entre deux parois rocheuses verticales, qui se précipitent dans les profondeurs avec un bruit de tonnerre!

Au pied de la route du col se niche le village de **Domleschg**; le feu a malheureusement sévi plusieurs fois dans ce bourg au fil des siècles, détruisant les chalets en bois, de sorte qu'il n'y reste pour ainsi dire rien d'ancien.

De nombreux châteaux et forteresses aux noms évocateurs, tels **Baldenstein**, **Ortenstein**, **Ehrenfels**, bordent les derniers kilomètres du Rhin postérieur, avant sa fusion avec le Rhin antérieur, monuments qui attestent l'importance stratégique de cette route alpine.

Räzüns doit aussi son existence à sa situation sur le chemin du Grand-Saint-Bernard. Il faut faire un détour pour aller admirer la **chapelle Saint-Georges** et ses superbes fresques, et le spectacle de la boucle du Rhin sur laquelle la **forteresse** veille depuis des siècles.

Le Rhin alpin

A partir de Reichenau, le Rhin, devenu **Alpenrhein** (Rhin alpin), s'est un peu apaisé; il poursuit sa course à travers une vallée de plus en plus large, bordée de hautes montagnes. Pour la première fois, il est accompagné de vignobles.

Bientôt, le Rhin traverse sa première ville authentique, **Coire** (34 000 habitants). La capitale du canton des Grisons, dont les origines remontent à l'époque préromaine, reste le foyer culturel et religieux de la région, avec ses monuments historiques importants. Lorsque les citoyens optèrent pour le protestantisme, en 1526, l'évêque du lieu

Le jeune fleuve se fraie un chemin à travers les montagnes suisses.

accepta que sa résidence devienne une entité politique indépendante, et elle le resta jusqu'en 1852. A ne pas manquer, le riche trésor de la **cathédrale Notre-Dame-de-l'Assomption** (XIIe et XIIIe siècles), l'**église Saint-Martin** qui a encore des éléments du VIIIe siècle, l'**église abbatiale Saint-Luc** et l'**hôtel de ville** datant du XVIe siècle.

Le fleuve s'oriente ensuite vers le nord pour se frayer un passage entre les **Alpes de Glarus** et le **Rätikon**. Au fil des kilomètres, le Rhin alpin a encombré son lit de sédiments arrachés à la montagne; il a donc fallu le dompter, l'endiguer afin de protéger les contrées environnantes des inondations. Ces digues lui donnent l'aspect d'un canal. Il arrose pendant quelques kilomètres le canton de **Saint-Gall**, et notamment la ville thermale de **Bad Ragaz**, pour former ensuite la frontière occidentale de la principauté du **Liechtenstein**. Si cette enclave de 160 km² a une constitution propre, elle est intimement liée à la Suisse : même monnaie, même politique étrangère. Elle ne s'embarrasse pas de postes douaniers. La capitale de cette principauté qui ne compte que 16 localités est **Vaduz**, ville paisible dominée par le **château de Hohen-Liechtenstein**, résidence de la famille princière.

Le Rhin conserve encore quelque temps sa fonction de frontière : entre la province autrichienne du **Vorarlberg**, à l'est, et le canton de Saint-Gall de nouveau, à l'ouest. La bourgade autrichienne de **Feldkirch** garde un petit air médiéval grâce à ce qui reste de ses fortifications, le **Schattenburg** (XIIe siècle), transformé en musée, ainsi qu'aux charmilles du centre de la ville. L'**église Saint-Nicolas** (1478) conserve un tableau d'autel du début du XVIe siècle et une chaire gothique en fer forgé. Fondée vers 1190 par les comtes de Montfort, la ville de Feldkirch fut vendue aux Habsbourg en 1375.

Rankweil, village voisin de Feldkirch, a l'une des plus anciennes églises du pays, l'**église Saint-Pierre**, fondée en 830, puis remaniée en style baroque.

Hohenems fut jadis le siège des comtes impériaux du même nom. Ce

Le château de Hohen-Liechtenstein surplombe Vaduz.

bourg est célèbre pour son **église paroissiale** impressionnante qui abrite un superbe autel du XVIe siècle. Non moins célèbre est la bibliothèque installée dans le **palais Renaissance**, dans laquelle on a trouvé au XVIIIe siècle deux manuscrits de la *Chanson des Nibelungen*.

Dornbirn, centre autrichien de l'industrie textile, est la plus grande ville (mais non la capitale) du Vorarlberg. Elle a un **musée d'Histoire naturelle** intéressant et elle est le point de départ de belles excursions dans la **forêt de Bregenz** (Bregenzerwald), et en particulier à **Schwarzenberg**, **Au** et **Hittisau**.

Du côté suisse, on peut faire un petit détour par la région d'**Appenzell**, riche d'un héritage culturel bien préservé, avec ses bourgs de montagne pittoresques, **Urnäsch** et **Gais**. Appenzell, chef-lieu de la moitié du canton de Saint-Gall, est une célèbre cité thermale d'altitude dont l'artère principale est bordée de maisons aux façades colorées. Par beau temps, il ne faut pas manquer de prendre l'un des quatre funiculaires qui montent jusqu'au sommet du **Säntis** (2 501 m) ou d'aller admirer, du haut des **Hoher Kasten** (1 795 m), la vue panoramique qui s'étend sur la vallée du Rhin.

Sankt Margrethen, établie dans une boucle du Rhin, est une ville à la fois thermale et industrielle. Elle a gardé des témoins de sa longue histoire, telles les fresques en gothique flamboyant de l'**église Sainte-Marguerite**.

Le lac de Constance

La petite cité de **Rheineck** tourne déjà le regard vers le **lac de Constance**, dans lequel se jette le Rhin à quelques kilomètres au nord, près de **Rochschach** ; elle est fière de ses maisons patriciennes, le **Löwenhof** et le **Custerhof**.

De nos jours, la majeure partie de l'eau du Rhin est drainée vers le **lac de Constance** (Bodensee) par un canal latéral, près de Sankt Margrethen, à cause de la sédimentation rapide du lit du fleuve : le delta du Rhin s'enfonce de plus de 20 m par an dans le lac. Les géologues ont calculé qu'à cette allure le lac serait comblé dans douze mille ans.

Promenade matinale pour les sœurs.

MDCCCLVI

LE LAC DE CONSTANCE

La force abrasive des glaciers de la période glaciaire et les oscillations de la croûte terrestre ont formé une dépression à la sortie de la vallée du Rhin alpin, alimentée par de nombreux torrents coulant vers le nord; c'est ainsi que s'est formé le **lac de Constance**. Les pays riverains — l'Allemagne (305 km²), la Suisse (173 km²) et l'Autriche (60 km²) — se partagent la deuxième mer intérieure d'Europe par la superficie. Son nom allemand, **Bodensee**, lui a été donné dès le VIIe siècle; il lui vient d'une résidence royale édifiée sur la rive nord, Bodoma. Depuis la Première Guerre mondiale, la frontière de ses eaux est délimitée pour partie par un traité, pour partie par le droit coutumier.

Bregenz

Des sites remarquables s'alignent sur les 256 km de rives autour de l'**Überlinger See**, de l'**Untersee** et de l'**Obersee** qui, avec ses 63,5 km de longueur et sa largeur qui atteint jusqu'à 14 km, représente la partie la plus importante du lac.

Sur la rive autrichienne, à l'embouchure du Rhin, **Bregenz** (27 000 habitants) s'est établie à l'emplacement de la place forte romaine de Brigantium. La ville supérieure a conservé son caractère pittoresque. Le sommet du **Pfänder** (1 063 m), *« balcon du lac de Constance »* couvert de forêts, offre un panorama sur tout le lac. Bregenz est célèbre pour son festival musical inauguré en 1946, qui donne des représentations d'opéra sur une scène dressée sur pilotis à même le lac.

Lindau

Lindau (25 000 habitants) est située à quelques kilomètres seulement de Bregenz, en territoire germanique. La ville la plus méridionale d'Allemagne ne

Pages précédentes : l'entrée du port de Lindau im Bodensee. Ci-contre, les primeurs de l'île de Reichenau.

manque pas de témoins d'une histoire mouvementée : la **tour des Voleurs** (Diebsturm), les fresques gothiques de la Passion qui décorent l'**église Saint-Pierre** ou la **colonne du Lion bavarois** sur le môle... La vieille ville est construite sur une île rattachée à la terre ferme par un pont routier et une voie ferrée. Du reste, le nom complet de la ville est Lindau im Bodensee, «dans» le lac, et non am Bodensee, «sur» le lac. La prospérité de la cité se fonde sur une industrie diversifiée, la culture intensive des fruits et l'activité touristique. Le **couvent** qui entoure l'**église Sainte-Marie** date du IXe siècle. De 1402 à 1805, Lindau était une ville libre impériale; elle a été rattachée à la Bavière par Napoléon Ier.

Friedrichshafen

Friedrichshafen (53000 habitants) s'étend dans une baie sur la rive nord du lac. C'est la ville natale du comte Zeppelin et là qu'ont été lancés ses premiers dirigeables; c'est également l'ancien centre de l'aéronautique. De cette gloire passée, il reste un musée et un centre de recherches. C'est également là qu'a lieu tous les ans la foire internationale du lac de Constance (Bodensee-Messe). De Friedrichshafen, on peut traverser le lac par un bac à voitures ou par un bac à chemin de fer pour atteindre **Romanshorn**, sur la rive suisse.

On ne peut résister au charme de **Meersbourg** (5000 habitants), de sa situation sur une hauteur dominant le lac, de ses nombreuses maisons à colombage et de son château fort qui date, dit-on, du VIIe siècle, l'**Altes Schloss**, le plus ancien château d'Allemagne qui soit toujours habité. Son aspect actuel remonte au XIIe siècle. Le climat doux qui caractérise cette région favorise la culture de la vigne sur les rives abruptes du lac qui entourent la ville.

A ne pas manquer, la visite des restes de cités lacustres à **Unteruhldingen**, sur le bras septentrional du lac, le **lac d'Überlingen** : deux villages sur pilotis du néolithique et des débuts de l'âge du bronze y ont été reconstitués.

Non loin d'Unteruhldingen, **Birnau** a

Voiliers au clair de lune sur le lac de Constance.

la plus belle **église baroque** de la région. **Überlingen** est également connue pour le maître-autel de sa **cathédrale** gothique et pour son **hôtel de ville**, témoin d'une longue et riche histoire.

Constance

Constance (Konstanz, 78 000 habitants), à l'extrémité occidentale du lac, fut au XVe siècle le siège du 16e concile œcuménique qui prononça l'élection du pape Martin V, unique pape allemand, mais aussi envoya au bûcher l'hérétique Jean Hus. La vieille ville est remarquable par ses maisons historiques, les fresques qui ornent la **maison du Haut Port** (Haus zum Hohen Hafen), la **maison du Sacristain** (Haus zum Kunkel) et la **maison Haute** (Hohes Haus), immeuble de cinq étages datant de 1294.

Parmi les hauts lieux qu'on rencontre autour du lac de Constance, il faut noter l'**île de Mainau** avec sa végétation tropicale exubérante, et sa grande sœur l'**île de Reichenau**, avec ses trois églises médiévales. La station climatique de **Wasserbourg**, avec sa charmante vieille ville, sont situées sur une ancienne petite île rattachée à la terre ferme en 1720.

Radolfzell, située sur le **lac de Zell**, partie nordique de l'Untersee, réserve aux visiteurs toute une gamme d'équipements thermaux et sportifs. Sur la **presqu'île de Mettau**, on pratique surtout le sport thérapeutique et les cures, mais il y a aussi un parc ornithologique.

De Radolfzell, il est aisé de gagner la rive suisse du lac par Constance; on arrive alors à **Kreuzlingen**. A droite, on trouve le **musée Napoléon** à **Arenenberg**. A gauche, vers le sud, on traverse une série de petites villes charmantes : **Münsterlingen**, **Romanshorn**, **Arbon**, **Rorschach** et **Altenrhein**, sur le delta de l'ancien cours du Rhin.

Environ 40 bateaux de la flotte Blanche (Weisse Flotte) organisent des services réguliers et des excursions. Il existe un service «bateau et vélo». Des bacs relient Constance et Meersbourg, Friedrichshafen et Romanshorn. Le dernier-né est le *Hohentwiel*, paquebot à aubes et musée flottant.

Lancement du premier zeppelin à Friedrichshafen.

DE CONSTANCE A BALE

Cette partie du Rhin dite **Hochrhein** (haut Rhin) possède une grande richesse en architecture urbaine. La première ville est **Stein am Rhein**, exemple classique de cité historique établie autour d'un pont. Mentionnée pour la première fois en l'an 1001, elle est l'une des villes médiévales les mieux conservées de Suisse. Remarquable est la partie de la ville située sur la rive droite, avec ses maisons bourgeoises à fenêtres en encorbellement ornées de fresques qui entourent la romantique **place du marché** et le somptueux **hôtel de ville** (1539). La basilique à colonnes de l'ancienne **abbaye bénédictine Saint-Georges** date des débuts de l'époque romane, ainsi que la maison de l'abbé, donnant sur le Rhin, avec des peintures murales d'Ambroise Holbein. Elle abrite un musée.

Sur le Klingenberg couvert de forêts, le **château de Hohenklingen**, du XIIe siècle, domine la cité et le Rhin, avec ses bateaux de plaisance blancs et les vestiges de fortifications romaines sur l'autre rive.

Schaffhouse

Schaffhouse (Schaffhausen, 34 000 habitants) n'a rien à envier à Stein. Fenêtres à encorbellement et façades ornées de peintures, dans la vieille ville très bien entretenue, témoignent de la prospérité passée de la capitale du canton du même nom. Les fresques qui ornent la **maison du Chevalier** (Hus zum Ritter) font partie des peintures de style Renaissance tardif les plus importantes de Suisse.

L'emblème de la cité est le **belvédère Munot**, qui domine la vieille ville à l'est, structure défensive en forme de donjon érigée entre 1564 et 1585 d'après les principes de construction tirés du *Traité des fortifications* d'Albrecht Dürer. Il offre une vue superbe et est le théâtre de nombreuses festivités estivales. A ne pas manquer non plus, l'ancienne **abbaye bénédictine de Tous-les-Saints** (Allerhei-

Pages précédentes : le mardi gras à Bâle.

ligen), qui a été transformée en musée, et l'église abbatiale du XIe siècle, construite dans le sévère style cistercien.

Schaffhouse doit aux célèbres **chutes du Rhin** sa prospérité depuis le XIe siècle, compte tenu du fait qu'il y avait une interruption entre la navigation supérieure, au-dessus des chutes, et la navigation inférieure, au-dessous. Il fallait donc transborder toutes les marchandises à cet endroit. Près de Neuhausen, à 4 km au sud-ouest de Schaffhouse, les eaux du Rhin tombent d'une hauteur de 22 m sur 150 m de largeur au sommet, par-dessus un bloc de calcaire jurassique. Quatre rochers calcaires séparent la cascade en plusieurs bras. L'érosion a peu de prise sur cette roche dure et résistante.

C'est du **château de Wörth**, sur la rive droite, qui abrite un restaurant, qu'on a la plus belle perspective sur les chutes du Rhin. C'est également le point de départ des promenades en bateau jusqu'au bloc rocheux intermédiaire, entreprise qui peut paraître hasardeuse mais ne présente aucun danger.

De Waldshut à Rheinfelden

Légèrement en aval de Schaffhouse, les deux bourgs de **Waldshut** (avec ses maisons à colombage et à toit en forte saillie) et **Tiengen** (où le comte de Sulz construisit un château au XVIe siècle) attirent eux aussi des flots de touristes à la belle saison. Les habitants de Waldshut célèbrent leur *Chilby-Fest* le troisième dimanche d'août, et ceux de Tiengen leur *Schwyzertag* le premier dimanche de juillet. Ces deux fêtes populaires ont pour origine les querelles avec les Suisses à l'époque médiévale.

L'emblème de Tiengen, ancien centre de la région du **Klettgau**, est la **tour des Cigognes** (Storchenturm) du XVe siècle, coiffée d'un toit en bois original. Ne manquez pas non plus d'aller visiter l'**église baroque** avec son puissant clocher, œuvre de Peter Thumb (1753), ainsi que le sobre **château du landgrave de Sulz** (1499). Les principales curiosités de Waldshut sont rassemblées dans la Kaiserstrasse, entre les deux portes de la cité (XIIIe siècle) : les maisons des corpo-

Pont sur le Rhin à Bâle.

rations richement décorées et l'**hôtel de ville** datant de 1770.

La cité médiévale de **Laufenbourg**, caractérisée par ses tours, est un des endroits les plus attrayants de cette partie du Hochrhein. Les deux villes de Laufenbourg, la ville suisse, sur la rive sud, et la ville allemande, sur la rive nord du fleuve, sont reliées par un pont en pierre.

Le pont sur le Rhin de **Bad Säckingen** (15 000 habitants), vieux de plus de quatre cents ans, a 200 m de longueur; c'est le pont couvert en bois le plus long d'Europe. On y jouit d'une vue superbe sur la ville et sur l'**église Saint-Fridolin**, l'une des plus somptueuses églises baroques de la région. Bad Säckingen a été célébrée par Victor von Scheffel dans son poème *le Trompettiste de Säckingen*, dont elle a gardé la **Scheffelhaus**, maison dans laquelle vécut le poète en 1850 et 1851, et le **château de Schönau**, appelé aussi château du Trompettiste, situé au bord du Rhin. De nos jours, le château est transformé en musée qui abrite de nombreux objets

préhistoriques trouvés dans la vallée du Hochrhein, ainsi que la plus vaste collection de trompettes d'Europe.

La ville badoise de **Rheinfelden** doit son existence à la première centrale hydroélectrique mise en service en Europe (1868). Sur la rive opposée, du côté suisse, il y a également une ville qui porte le nom de Rheinfelden, connue comme station thermale.

Bâle

Bâle (Basel), deuxième ville de Suisse avec ses 182 000 habitants, est nichée à l'intérieur du triangle que délimitent trois pays, la France, l'Allemagne et la Suisse, là où le Rhin forme un coude vers le nord. Six ponts relient les deux Bâle, la Grande (Gross-Basel), sur la rive gauche, et la Petite (Klein-Basel), sur la rive droite, où sont concentrés les complexes industriels, tandis que Gross-Basel présente un dédale de ruelles médiévales bordées de belles maisons historiques.

Sa situation a fait rapidement de Bâle un centre de commerce, ce dont témoigne toute une série de fiers monuments. Sur la rive gauche, la **cathédrale**, à la fois romane et gothique, domine la vieille ville. La majeure partie de l'édifice date du XIIe siècle. Ses murs sont en pierre rouge des Vosges et elle a un toit aux couleurs brillantes. Du double cloître construit sur des murs de fondations de style roman émane un charme particulier. Derrière la **cathédrale**, la **Pfalz**, terrasse qui surplombe le Rhin de 20 m de hauteur, offre une belle vue sur le fleuve et sur la **Forêt-Noire**. De là, on est également très bien placé pour observer les bacs de la cathédrale, qui se laissent propulser sans moteur, par le simple jeu du courant.

Autres curiosités à ne pas manquer non plus à Bâle, l'**hôtel de ville** aux peintures multicolores, construit en style gothique flamboyant bourguignon (1504-1521) sur la place du marché, et la **porte de Spalen** (Spalentor, 1370) considérée comme la plus belle porte médiévale de Suisse.

Le **musée des Beaux-Arts**, quant à lui, abrite la plus vaste collection de tableaux de toute la Suisse.

A gauche, maisons à colombage à Stein am Rhein, en Suisse. A droite, musicien d'une fanfare.

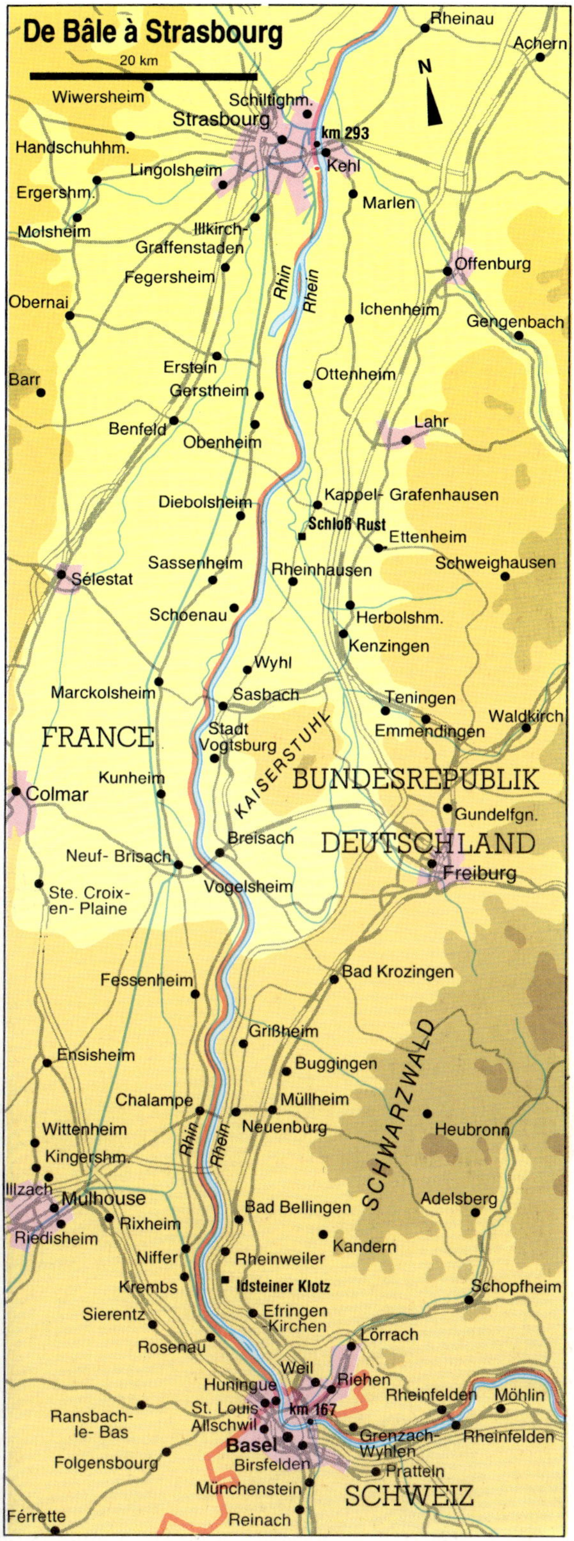

DE BALE A STRASBOURG

Trois pays se rencontrent autour du Rhin, et pourtant ce couloir entre Bâle et Strasbourg, encadré par les **Vosges** et la **Forêt-Noire**, forme une unité variée, tant sur le plan géographique que culturel. Les descendants des Alamans, qu'ils soient helvétiques, alsaciens ou germaniques, parlent une même langue et vivent dans une contrée marquée par une culture commune. Les villes les plus importantes sont Bâle, Fribourg et Strasbourg; néanmoins, il serait dommage de ne pas s'attarder un peu à Mulhouse, Colmar et Brisach.

Mulhouse

Mulhouse, deuxième ville d'Alsace (120 000 habitants), est située au point de rencontre de la région vallonnée du **Sundgau** et de la vallée rhénane. Après avoir fait partie de la Confédération helvétique au XVIe siècle, elle s'est toujours sentie attirée du côté des Suisses et n'est passée à la France qu'en 1798. Une salle de l'**hôtel de ville** rappelle ses relations privilégiées avec les confédérés. A part ce très bel édifice Renaissance datant de 1552, on ne trouve à Mulhouse que peu de témoins du passé. En revanche, le **musée de l'Automobile** mérite une visite, avec ses 600 voitures anciennes en provenance de tous les pays du monde, parmi lesquelles plus de 100 Bugatti.

Ceux qui préfèrent les trains n'auront qu'à aller à **Dornach**, faubourg de Mulhouse, ils ne seront pas déçus. Le **musée du Chemin de fer** expose des locomotives et des wagons datant de 1844, et les tout derniers modèles.

Colmar

Colmar, troisième ville d'Alsace (67 000 habitants), est située aux confins de la vallée de Munster, au pied des Vosges, et

Pages précédentes : les toits de Strasbourg vus de la cathédrale. Ci-contre, une coiffe pour le carnaval.

de la plaine d'Alsace. Elle est beaucoup plus riche en monuments historiques que Mulhouse. Dans cette ville mentionnée dès 823 par les chroniqueurs de l'époque sous le nom de Columbarium, l'histoire est omniprésente. Elle fut élevée au rang de ville libre impériale en 1226 par l'empereur Frédéric II et conquise par la France en 1672-1673. L'ancienne **Douane**, importante construction datant de 1480, et un grand nombre d'élégantes maisons patriciennes témoignent de la prospérité passée de la cité. Signalons parmi ces dernières la **maison Pfister** (1537) avec sa ravissante galerie de bois et ses fresques dues à Bockstorffer, la **maison Adolphe** (1350), plus vieille maison bourgeoise de Colmar, ainsi que la **maison des Têtes** (1609), dont la façade est ornée d'une centaine de têtes sculptées. A ne pas manquer non plus, au n° 30 de la rue des Tanneurs, la **maison de Bartholdi**, où vécut Auguste Bartholdi, auteur du *Lion* de Belfort et de *la Liberté éclairant le monde*. Cette maison abrite un beau mobilier et de nombreux souvenirs du sculpteur.

En flânant dans le quartier des Tanneurs, on peut admirer de nombreuses maisons à colombage. Autre promenade qui ne manque pas de charme, la **Petite Venise**, quartier pittoresque sur la **Lauch**, emblème de la ville. Le **musée d'Unterlinden** occupe l'ancien couvent des Dominicains construit du XIIIe au XVIIIe siècle, avec le fameux retable d'Isenheim qui domine le maître-autel. Ce retable peint par Matthias Grünewald de 1512 à 1515 est l'une des œuvres les plus marquantes de la peinture allemande.

Colmar recèle encore bien d'autres curiosités, parmi lesquelles l'**église des Dominicains** qui date des débuts de l'époque gothique (XIIIe siècle); c'est l'un des exemples les plus parfaits de l'architecture dominicaine; elle contient le célèbre tableau de Martin Schongauer, enfant de Colmar, *la Vierge au buisson de roses* (1473); la **cathédrale Saint-Martin** (1230-1370) qui possède de belles sculptures, ainsi que l'ancien **corps de garde** (1575) avec son portail Renaissance et une jolie loggia richement décorée.

Vignobles en terrasse dans le Brisgau.

Fribourg-en-Brisgau

Fribourg-en-Brisgau (Freiburg im Breisgau, 180 000 habitants) a également de nombreux monuments, des ruelles et de petits coins romantiques; elle est le siège de la deuxième université allemande par l'ancienneté, fondée en 1457. La «capitale» de la Forêt-Noire, située à environ 30 km du Rhin, a réussi à rebâtir sa vieille ville, entièrement détruite par la Seconde Guerre mondiale, avec un art consommé. Le charme du centre est encore accentué par ce qu'on appelle les *Böchle*, ruisselets qui courent à travers les rues et les ruelles; destinés jadis à fournir l'eau nécessaire en cas d'incendie, ils donnent aujourd'hui à la ville une atmosphère de fraîcheur et de calme. On a banni toute circulation automobile du centre de Fribourg.

La **cathédrale** (Münster) de cette ville vieille de plus de huit cent cinquante ans, construite du début du XIIe siècle au XVIe siècle, a été miraculeusement épargnée par les bombes, ainsi que la place qui l'entoure. De ce chef-d'œuvre gothique rayonne une harmonie parfaite, avec la tour haute de 115 m surmontée d'un coq en pierre. L'historien suisse Carl J. Burckhardt la considérait comme *«la plus belle tour de la chrétienté»*. Pour avoir la vue la plus impressionnante sur cette œuvre architecturale exceptionnelle, il faut la contempler de l'escalier qui monte à la plate-forme de la tour. On passe ensuite devant la cloche baptisée Hosannah (1258) qui pèse cinq tonnes; enfin, arrivé sur la plate-forme, on a une vue panoramique : au sud de la place de la Cathédrale, le regard est attiré par le **Rote Kaufhaus** (magasin Rouge), construction en gothique tardif datant de 1532 et entièrement restaurée en 1953; à gauche de ce bâtiment se trouve la **maison Wenzinger** ou maison du Beau-Coin (Haus zum Schönen Eck) entièrement dessinée en style baroque (1761) par Christian Wenzinger, qui s'érigea ainsi son propre monument commémoratif; au nord s'élève la **maison aux Grains** (Kornhaus) reconstruite dans son style d'origine (XVe siècle), et à l'est enfin la **maison de la Garde** (1733).

Le musée de l'Automobile de Mulhouse.

La cathédrale conserve de véritables trésors, tel le retable du maître-autel, peint par Hans Baldung Grien entre 1512 et 1516, de superbes vitraux du XIVe siècle dans les bas-côtés et le triptyque de Hans Holbein le Jeune dans la chapelle absidale dite de l'**Université**.

De la place de la Cathédrale, la Herrengasse mène à la Schwabentor, porte du XIIIe siècle reconstruite en 1954, centre de l'ancien quartier bourgeois d'**Oberlinden** qui a conservé de nombreuses maisons patriciennes. On trouve un charme particulier à l'ensemble formé par la **fontaine de la Vierge** (Marienbrunnen), un tilleul âgé de deux cent cinquante ans et le **Bären** (l'Ours), la plus vieille auberge d'Allemagne, déjà ouverte en 1311.

Le **musée des Augustins**, établi dans un ancien couvent d'ermites augustins, dans la Salzstrasse (rue au Sel) conserve les collections d'art et d'histoire de la ville et de cette partie de la Bade dite haute Bade ; à proximité se trouvent le quartier dit de l'**Insel** (l'Ile) ou **Schneckenvorstadt** (faubourg des Escargots), ancien quartier réservé à l'artisanat et aux corporations et fermé sur lui-même, l'ancien **hôtel de ville** Renaissance, entièrement reconstruit selon l'original du XVIe siècle, et l'**église gothique Saint-Martin**, place de l'Hôtel-de-Ville, ainsi que l'ancienne **université** des XVIIe et XVIIIe siècles dans la Bertholdstrasse.

Brisach

Au bord du Rhin, au sommet d'un rocher de basalte abrupt, se dresse **Brisach** (Alt-Brisach veut dire Vieux-Brisach ; Neu-Brisach se trouve en Alsace), à 80 m au-dessus du Rhin dans un site pittoresque. Cette ancienne forteresse impériale n'a cessé d'être une pomme de discorde entre l'Autriche et la France. Brisach, ville frontière avec l'Alsace, est surtout connue pour sa **cathédrale** (Münster) et la Cave centrale des coopératives viticoles de la Bade, le plus vaste complexe viticole d'Europe.

La ville, détruite à 80 % pendant la guerre, a été entièrement reconstruite. La **cathédrale Saint-Étienne**, mi-romane,

Ci-dessous à gauche, la place du marché de Schaffhouse ; à droite, paysan des montagnes suisses. Ci-contre, les chutes du Rhin à Schaffhouse.

mi-gothique, se dresse au point culminant de la cité; elle la domine de ses deux tours et de son chœur en saillie. A l'intérieur, on peut admirer le magnifique autel sculpté par un maître inconnu qui a signé son œuvre des initiales H. L. (1523-1526), un jubé en gothique tardif et des fresques datant de 1490 environ du peintre Martin Schongauer, qui est mort à Brisach en 1491.

Ville impériale en 1275, Brisach est passée à la France de 1648 à 1697, puis de 1703 à 1713; détruite par les Français en 1793, elle fait partie du Bade-Wurtemberg depuis 1805. Brisach est le point le plus occidental du massif volcanique du **Kaiserstuhl**, qui se dresse comme un îlot sur la plaine du Rhin. C'est là que poussent les vignes du Kaiserstuhl. Ce paysage se caractérisait par des vignobles en terrasses et des chemins qui s'enfonçaient dans les couches molles de lœss; malheureusement, un remembrement dans les années soixante-dix l'a détruit en grande partie.

Les charmants villages viticoles méritent un détour et un bon repas arrosé d'un vin du Kaiserstuhl. Citons ici, parmi beaucoup d'autres, **Ihringen**, **Endingen** et **Burkheim**. D'ailleurs, on a le choix entre de nombreuses excursions dans la plaine du Rhin, les régions vinicoles et fruitières des pentes des montagnes, tant du côté badois que du côté alsacien, telles la **route du Vin de Bade** (Badische Weinstrasse) et la **route du Vin d'Alsace**.

Strasbourg

Strasbourg (257 000 habitants), «capitale de l'Europe» depuis 1949, est une ville à la fois paisible et cosmopolite, au confluent de l'**Ill** et du Rhin. La vieille ville, en excellent état de conservation, occupe une île formée par deux bras de l'Ill. La capitale de l'Alsace comptait au XVIe siècle parmi les villes libres les plus riches d'Europe. Elle a fait partie du Saint Empire jusqu'en 1681, année où elle fut conquise par Louis XIV en temps de paix, puis devint en 1871 la capitale de l'Alsace-Lorraine, province de l'empire d'Allemagne; elle est redevenue française après la Grande Guerre.

La vieille ville de Strasbourg vue des tours de la cathédrale.

L'édifice le plus spectaculaire, et le plus typique de l'époque allemande, est la **cathédrale** (Münster) en grès rouge des Vosges qui domine de toute sa hauteur le centre de la vieille ville. Les éléments les plus anciens, les fondations et une partie de la crypte, sont des débuts de l'époque romane (XIe siècle). Le chœur et le transept datent du XIIe siècle et du début du XIIIe. Puis le gothique s'imposa vers 1250. De cette époque datent la nef et les bas-côtés. La tour du Nord (142 m), due, de même que toute la façade, à Erwin de Steinbach, fut commencée en 1339 et achevée en 1439. La façade ouest est imposante avec ses portails aux riches décorations et la rosace gothique qui surmonte le portail principal. L'intérieur aussi foisonne de chefs-d'œuvre : vitraux des XIIe, XIIIe et XIVe siècles, sculptures célèbres, tel le *Pilier des anges* (1230-1240) dans le croisillon sud. Il ne faut pas manquer d'admirer l'horloge astronomique dont la caisse, haute de 18 m, a été réalisée entre 1570 et 1574. Le mécanisme n'a été ajouté que deux cent soixante-dix ans plus tard.

En face de la tour du Nord se trouve la **maison Kammerzell** (transformée en restaurant), finement décorée de belles sculptures sur bois. Elle se compose d'un rez-de-chaussée de pierre, en gothique tardif (1467) et de trois étages à colombage de 1589. La **pharmacie du Cerf**, en face du portail principal de la cathédrale, fut construite en 1567 à la place d'une autre pharmacie ouverte depuis 1268.

Face au côté sud de la cathédrale, le **palais Rohan** (1728-1742), ancienne résidence des cardinaux-évêques de la dynastie des Rohan, mérite une visite. Outre sa décoration intérieure, il abrite un **musée des Beaux-Arts**, un **musée des Arts décoratifs** et un **musée d'Archéologie**. Le **musée de l'Œuvre Notre-Dame** (du XIVe au XVIe siècle), en face du palais Rohan, est consacré à l'histoire de la construction de la cathédrale.

Parmi les nombreux monuments de la ville, citons encore l'**ancien hôtel de ville** (1582-1585), place Kléber, et la superbe **maison des Tanneurs** (1651), restaurée avec beaucoup de soin, au cœur du quartier des Tanneurs.

Le portail ouest de la cathédrale de Strasbourg.

DE KEHL A LUDWIGSHAFEN

Le **pont de l'Europe**, long de près de 250 m, a été construit en 1960; il relie **Strasbourg**, sur la rive gauche du Rhin, à **Kehl**, chef-lieu de canton de la Bade méridionale (30 000 habitants), sur la rive droite. Pour Strasbourg, Kehl devint au XVIIe siècle une tête de pont sur la rive opposée. C'est ainsi que le petit village de pêcheurs devint un port fluvial.

Karlsruhe

A l'opposé de bien des villes vénérables qu'arrose le Rhin, telle **Rastatt**, où se trouve le **château du margrave Louis-Guillaume de Bade** (1700-1707) et son **Musée historique**, **Karlsruhe** (270 000 habitants), sur la rive droite, est une ville jeune. C'est seulement en 1717 que le grand-duc Charles-Guillaume de Durlach fit construire à cet emplacement sa nouvelle résidence qu'il baptisa Karls Ruhe, «le Repos de Charles». Sous l'influence de l'architecte baroque Frédéric Weinbrenner, Karlsruhe se développa et devint une ville de garnison et une ville administrative dont les rues tracées en éventail autour du château et bordées d'édifices somptueux obéissent parfaitement à l'inspiration baroque.

La **place du Marché**, occupée en son centre par une pyramide de grès qui abrite la dépouille mortelle du fondateur de la ville, est bordée d'immeubles à façades néoclassiques. Les musées présentent un grand intérêt, en particulier le **musée des Enfants**, installé dans l'**Orangerie**, le **musée de la Bade** (Badisches Landesmuseum), dans lequel est réunie la collection de trophées du margrave Louis-Guillaume de Bade, ainsi que le **musée des Beaux-Arts** (Staatliche Kunsthalle).

A partir de Karlsruhe, la vallée du Rhin dispense surtout ses charmes sur la rive gauche, où commence la **route du Vin**, au pied du **massif de la Haardt** qui est la partie la plus orientale de la **forêt Palatine**. Un climat doux favorise la culture des fruits et surtout de la vigne.

Landau

Ses maisons typiquement françaises empêchent **Landau** de nier ses relations avec le pays voisin. Elle a été au centre des tiraillements qui ont opposé la France et l'Allemagne à propos de cette partie de la rive gauche du Rhin. La ville, fondée en 1262 par un comte allemand, passa à la France en 1648, après la guerre de Trente Ans, et fut remaniée selon les goûts du Grand Siècle. En 1814, elle passa aux mains des Bavarois, revint à la France après la Première Guerre mondiale et appartient définitivement à l'Allemagne depuis 1935.

Non loin de Landau, près d'**Annweiler** dans le **Palatinat**, le **château de Trifels** se dresse, romantique, au sommet des montagnes de grès rouge de la Haardt. En 1193, Richard Cœur de Lion fut enfermé entre ses murs par l'empereur Henri VI. Il est intéressant de noter qu'on retrouve la même histoire concernant l'emprisonnement de Richard Cœur de Lion, au retour de la croisade, à Dürnstein, sur le Danube, en Autriche; la légende de sa libération est également la même : son page Blondel finit par retrouver le roi grâce à sa chanson préférée qu'il allait chanter sous les murailles de tous les châteaux.

Mais il arriva aussi au château de Trifels de servir de «coffre-fort» à la dynastie des Staufen, qui y entreposèrent les joyaux impériaux, couronne, sceptre et globe. Malheureusement, la restauration de la forteresse entreprise au XIXe siècle a détruit presque tout l'héritage authentiquement médiéval.

Neustadt

La **route du Vin** mène à **Neustadt**, à 30 km du Rhin. Impossible de s'y méprendre, Neustadt an der Weinstrasse (Neustadt-sur-la-Route-du-Vin) est la métropole du vin du Palatinat. Si la **collégiale gothique**, avec ses deux tours dissemblables, est le symbole de la ville, c'est à coup sûr le vin qui occupe la première place dans la vie des habitants : il est difficile en effet de faire le compte des tavernes, caves et comptoirs de vin

Pages précédentes : un vieux moine s'en va aux champs. Ci-dessous, une récolte prometteuse.

de Neustadt. Mais c'est surtout au milieu de l'exubérance colorée de l'automne que les fêtes des vendanges donnent à la ville son véritable cachet; à cette occasion ont lieu tous les ans l'élection de la «reine du Vin» et le plus grand défilé de vignerons de toute l'Allemagne.

De pittoresques villages viticoles se groupent autour de Neustadt, tels **Diedesfeld** et surtout **Hambach**. Dans le **château fort de Kästenburg**, au-dessus du village, a été écrit un chapitre de l'histoire allemande. Le 27 mai 1832, une foule de plus de 20000 patriotes revendiqua *«Einheit, Gerchtigkeit und Freiheit — unité, justice et liberté»*, selon le modèle de la Révolution française, pour les États libres réunis. Ce «festival de Hambach», revendication énergique de libéralisme en Allemagne, déclencha des résolutions du parlement tendant à limiter la liberté de la presse et la liberté de réunion. Il s'ensuivit également toute une série de poursuites. On peut à juste titre le considérer comme un événement capital dans la montée des revendications qui prépara la révolution de 1848.

Deidesheim et Bad Dürkheim

Le centre touristique de la route du Vin est **Deidesheim**, petite ville nichée au milieu des coteaux ensoleillés qui appartiennent déjà au **massif de la Haardt** moyenne. La place du Marché est dominée par l'**église Saint-Ulrich**, édifice gothique du XVe siècle. L'hôtel de ville a cent ans de moins; on y a ajouté plus tard un majestueux perron. Beaucoup plus tôt, dès le XIIe siècle, l'**auberge Zur Kanne** était le lieu idéal où déguster un petit verre.

La route qui longe le **massif de la Haardt** arrive ensuite à **Bad Dürkheim**, belle ville qui a su combiner la viticulture avec les activités d'une ville d'eaux. Dès la fin du XVIe siècle, les sources salines auxquelles la ville doit sa réputation de station thermale depuis cent cinquante ans ont été exploitées pour le sel, denrée recherchée à l'époque. A la périphérie de la ville a lieu chaque automne la foire à la Saucisse, fête dont l'origine remonte à 1417 et qui est presque aussi célèbre que l'Oktoberfest de Munich.

Le château de Karlsruhe.

Les ruines grandioses de l'**abbaye de Limburg** s'élèvent au-dessus de la ville, avec la tour-escalier gothique demeurée en bon état. L'édifice, fondé par Conrad II en 1025 et agrandi à plusieurs reprises, était conçu dans le style roman. Il fut la première résidence des Saliens et le premier «coffre-fort» des joyaux impériaux. Mais le couvent tomba en ruine dès le XVIe siècle : il fut détruit, pillé et finalement exploité en tant que carrière de pierres. La forteresse voisine de **Hardenburg** subit un destin similaire : le château initial construit au XIIIe siècle formait un vaste ensemble au XVIe siècle. En 1692, les Français le firent sauter et les restes furent réduits en cendres pendant la Révolution française, lorsque toute la région était passée à la France.

Spire

On revient à présent vers le Rhin et vers l'un des hauts lieux de l'architecture romane, **Spire** (Speyer, 44 000 habitants). Elle a la plus vaste des trois cathédrales impériales rhénanes. Les Celtes avaient déjà établi une colonie à cet endroit, Novo Magius, mais le nom actuel de la ville est d'origine franconienne, Spira. Lorsque, en 1030, Conrad II posa la première pierre de la cathédrale qui domine la cité, il marqua en même temps le début de l'ascension de Spire, qui allait devenir ville impériale, puis ville libre impériale.

La **cathédrale**, avec sa nef principale voûtée, marquait une nouvelle orientation dans le domaine architectural, et seule celle de Cologne, qui n'a été achevée qu'au XIXe siècle, la surpasse par les dimensions. Quant à la crypte, elle contient l'une des collections les plus impressionnantes de tombeaux médiévaux : huit empereurs et rois, trois impératrices et deux chanceliers impériaux y dorment de leur dernier sommeil. On ne s'étonnera donc pas que Spire se soit trouvée au cœur de la vie politique. Il s'est tenu 50 diètes dans ses murs, parmi lesquelles la célèbre diète de 1529 qui abolit les droits des luthériens. Lorsque, à la suite de cette mesure, les partisans de la religion réformée quittèrent

Les marchandes des quatre saisons sont toujours prêtes à rire.

l'assemblée en signe de protestation, on leur donna le nom de «protestants».

La chute de Spire se produisit brutalement à la Pentecôte 1689, lorsque les troupes françaises envahirent la ville et la mirent à sac, profanèrent les tombeaux des empereurs et jetèrent les ossements à tout vent. En 1900 seulement, on redécouvrit les sarcophages intacts de Conrad II, Henri III et Henri IV, et on confia les objets funéraires au **musée de la Ville**. Les restes des fières fortifications furent rasés en 1792. Sur 70 tours, on n'en voit plus qu'une, l'**Altpörtel**, à l'extrémité de la Maximilianstrasse, construction élancée aux proportions harmonieuses, coiffée d'un toit pointu.

Spire est fière de son **musée du Vin** dans lequel on peut voir des tonneaux en bois artistement ouvragés, des coupes et le vin le plus vieux du monde (prétend-on), un vin romain réduit à l'état de masse sombre dans son flacon d'origine. A ne pas manquer non plus, le **bain des Juifs**, datant de 1130, l'**église de la Trinité** et l'**hôtel de ville**, tous deux du XVIIIe siècle.

Heidelberg

On franchit une fois de plus le Rhin. Sur la rive droite, **Heidelberg** n'est pas arrosée par le Rhin mais par le **Neckar**, à 20 km du confluent. Si Heidelberg est depuis si longtemps le symbole du romantisme allemand, elle le doit à sa situation incomparable dans cette vallée encaissée, serrée entre les versants couverts de forêts et dominée par les ruines majestueuses de son château. La tradition estudiantine, qui remonte à 1386, joue un rôle marquant aussi dans la symbolique de la ville. La bibliothèque de l'université abrite le *Grand Manuel de chant de Heidelberg*, qui est certainement le plus important manuscrit du Moyen Age encore existant.

De la terrasse du **château**, on jouit d'une vue superbe sur le Neckar, le **Vieux Pont** et la ville. Cet énorme ensemble date du XIIIe siècle, époque à laquelle il ressemblait plutôt à une forteresse flanquée de nombreuses tours. Au fil du temps, les princes électeurs y ont ajouté de nouvelles ailes, en ont détruit

Coucher de soleil derrière la cathédrale de Mayence.

d'anciennes ou les ont transformées. De même, les guerres du XVIIe siècle laissèrent de profondes cicatrices.

Les bâtiments les plus significatifs sont l'**église du Saint-Esprit**, datant de la Renaissance, le **Friedrichsbau** et le **Ruprechtsbau**; cependant la fierté du château est l'**Ottheinrichsbau**, très jolie construction italianisante de 1557. Bien qu'en partie détruit par la foudre en 1764, ce bâtiment contribue autant à la célébrité du château que l'énorme tonneau d'une capacité de 221 726 l. Il était gardé par un nain, Perkeo, bouffon de la cour, dont on voit le visage en bois peint à côté du tonneau. On dit qu'il doit son nom au fait qu'il répondait : *« Perche no? — Pourquoi pas? »* chaque fois qu'on lui proposait un verre de vin; il aurait même vidé le tonneau!

En revenant vers le Rhin, on traverse **Schwetzingen**, célèbre pour son **château** baroque dont le théâtre rococo accueille des festivals, et pour ses asperges. La vie de la cour connut un deuxième lustre à Schwetzingen sous le prince électeur Charles-Théodore.

Mannheim

Quelques kilomètres seulement séparent Schwetzingen de **Mannheim** (300 000 habitants), premier port fluvial du Rhin supérieur. Dès 766, il est fait mention d'un modeste village de pêcheurs à cet endroit. Au Moyen Age, la ville prit de l'extension grâce aux péages perçus sur la navigation intérieure, mais sa configuration actuelle ne date que du XVIIe siècle. Elle se caractérise par un plan en forme de jeu d'échecs tracé autour de l'énorme **château baroque grand-ducal**, devenu l'**université**. La **Friedrichsplatz** est bordée de constructions de style Art nouveau d'une rare homogénéité.

La ville industrielle de **Ludwigshafen** (160 000 habitants) s'est installée sur la rive opposée, ville jeune encore qui fut à l'origine une excroissance de Mannheim. Son essor a débuté avec la construction du port, à la suite de travaux de rectification du Rhin, et s'est accéléré en 1865 avec la fondation du complexe chimique B.A.S.F. La population de Ludwigshafen ignore presque le chômage.

Vue de la ville impériale de Spire.

DE MANNHEIM A MAYENCE

Peu après **Mannheim**, le *Land* de **Hesse** pousse ses frontières jusqu'à la rive droite du fleuve qui, à présent, est de plus en plus fréquenté par de lourdes péniches. Quel contraste avec les 2400 ha du **Kühkopf**, le plus vaste parc naturel de Hesse et, en même temps, le plus vaste terrain marécageux vierge d'Europe. Ce parc, fondé en 1829 par suite de la régularisation du Rhin, débute aux environs de **Stockstadt**. Les étendues de prairies inondées et de bois de saules blancs, paradis naturel pour les oiseaux aquatiques, sont peuplées de colonies de hérons gris et de diverses espèces de grèbes et de canards, au milieu d'une région industrielle à la population dense.

Worms

Sur la rive opposée, on est immédiatement attirés par l'ancienne ville impériale de **Worms** (74000 habitants), qui fait encore partie intégrante de la Rhénanie-Palatinat. Le site est occupé depuis plus de six mille ans, ce qui fait de Worms l'une des villes les plus anciennes d'Allemagne et des plus marquantes sur le plan historique. Déjà connue à l'époque romaine sous le nom de Civitas Vangionum, elle fut choisie par les Burgondes comme capitale entre 413 et 436, et, deux ans plus tard, c'est là que la reine Brunehilde fit ériger sa résidence. Sous les Carolingiens, Worms était le siège du palais royal. En 1122, le concordat de Worms mit fin à la querelle des investitures. L'importance de la ville ne fit que croître sous les empereurs saliens et sous les Hohenstaufen. Elle devint l'une des villes importantes du Moyen Age et fut le siège de nombreuses diètes d'empire, jusqu'au jour où les Suédois la réduisirent en cendres au cours de la guerre de Trente Ans.

Bien qu'il ait été détruit à de nombreuses reprises, ce haut lieu du roman a réussi à conserver des témoins de son âge d'or, parmi lesquels la **cathé-**

Pages précédentes : de jolis chapeaux de paille. Ci-dessous, le vin nouveau est servi dans des cruches de terre cuite.

drale, qui date des XIe et XIIe siècles, est le plus significatif. Ce chef-d'œuvre de l'architecture romane de Rhénanie a été construit sur les murs du forum romain et consacré en 1181. La riche décoration des portails, la crypte des Saliens et le maître-autel baroque de Balthasar Neumann, les nombreuses œuvres sculptées et peintes, de style roman et gothique, ne sont que quelques-uns des trésors que possède la cathédrale de Worms.

Dans la **collégiale Saint-André** toute proche, basilique à piliers datant du XIe siècle, on peut admirer l'unique cloître en style gothique tardif encore en bon état. Sa voisine, l'**église Saint-Magnus**, dont la premièrc pierre a été posée au IXe siècle, sert de temple protestant depuis 1521, l'année même où Martin Luther, convoqué à la diète de Worms, refusa d'abjurer sa doctrine et prépara ainsi la scission de l'Église. L'édit de Worms mit Luther au ban de l'empire et ordonna la destruction de ses écrits. Un monument grandiose, qui groupe douze personnages, célèbre le grand réformateur et commémore cet événement capital dans l'histoire de l'Allemagne.

On traverse la **porte Saint-André**, érigée en 1906, pour atteindre le plus ancien cimetière juif d'Europe, appelé **Heiliger Sand** (Saint-Sable). Tout comme la Judengasse (rue aux Juifs), le Judenbad (bain des Juifs) et la synagogue, il rappelle que Worms abritait une communauté juive dans ses murs dès le XIe siècle.

Au nord de la **porte Raschid** se dresse l'**église Notre-Dame** (Liebfrauenkirche), joyau de l'architecture gothique, au milieu de vignobles. A l'ombre de ses murs vénérables pousse les vignes du cru le plus célèbre d'Allemagne, le *Liebfrauenmilch* (lait de Notre-Dame). Ce nom apparaît pour la première fois en 1687 dans un récit de voyage anglais et il s'emploie de nos jours pour désigner d'autres variétés de vin doux en provenance de régions voisines, mais aussi de régions plus éloignées. L'**église baroque de la Trinité** (1709-1725) se niche, elle aussi, au milieu des vignobles qui produisent le *Liebfrauenmilch*.

Pont moderne sur le Rhin.

Alzey-sur-Selz

Située à 20 km du Rhin, **Alzey-sur-Selz** a vécu à l'ombre de l'illustre ville impériale de Worms, bien que sa fondation se perde dans la nuit des temps. Dès 400 av. J.-C., les Celtes construisirent un village fortifié sur un gué de la **Selz**, agrandi et transformé en castel par les Romains. On dit que Volker d'Alzey, le ménestrel de la *Chanson des Niebelungen*, y est né et y a vécu, mais on n'en a pas de preuve, même si une fontaine du **marché aux Poissons** rappelle son souvenir.

Les toits de ce pittoresque chef-lieu de canton sont dominés par le **château du comte palatin**, dont la construction a commencé en 1126; au cours de l'histoire agitée de toute cette région, il a été transformé et complété à plusieurs reprises. En 1902, les architectes l'ont entièrement modifié selon l'idée qu'ils se faisaient d'une forteresse médiévale.

La crypte de l'**église Saint-Nicolas** contient une *Mise au tombeau*, magnifique groupe sculpté en pierre datant de 1430. Dans le **musée de la Ville**, on peut voir la plus vieille bière du monde, dont le moût a été préparé sous le règne de l'empereur Constantin Ier, au Ve siècle de notre ère.

Grâce au climat dont jouit la vallée du Rhin, ce triangle défini par Worms, Mayence et Alzey se flatte d'une tradition viticole vieille de plus de deux mille ans. Les hauts lieux de la viticulture rhénane sont les petites cités les plus chaudes d'Allemagne, qui jusqu'à la régularisation du fleuve, au XIXe siècle, donnaient directement sur le Rhin, **Oppenheim** et **Niederstein**. C'est à Niederstein qu'on trouve le fameux **Sironabad**, sources et bains romains. Comme partout dans les régions vinicoles, il se passe rarement un dimanche sans fête, entre juin et octobre, dans l'un ou l'autre des villages de Hesse rhénane.

Mayence

Depuis toujours, tous les chemins ici mènent à **Mayence** (Mainz, 186 000 habitants), ancienne ville résidentielle des princes de l'Église. La ville s'élève en

Les usines B.A.S.F., au bord du Rhin (tableau de Robert Stieler).

face du confluent du **Main** et du Rhin; elle a connu une puissance exceptionnelle au Moyen Age, en alliant pouvoir temporel et pouvoir spirituel.

La **cathédrale** en est restée le symbole éclatant; elle a fêté en 1975 son millième anniversaire. Au Xe siècle, l'archevêque Willigis était à la fois prince électeur et chancelier du Saint Empire romain. La veille de la consécration, la cathédrale fut détruite par un incendie, et ce fut son successeur, l'évêque Bardo, qui consacra en 1036 l'église actuelle, édifice massif qui a subi de nombreux changements au cours des siècles, à la suite d'incendies, de pillages et de transformations. Ainsi, la tour caractéristique en forme d'escalier ne date que du XVIIIe siècle, après que la tour gothique qui la précédait eut été détruite par la foudre. L'intérieur de la cathédrale est un véritable musée. On y trouve par exemple des vitraux gothiques du XIIIe siècle, des monuments funéraires de la Renaissance et des stalles de chœur d'époque baroque.

Le centre de la ville entoure aujourd'hui encore la cathédrale; mais Mayence n'a gardé son visage ancien que dans l'Augustinerstrasse et les petites ruelles adjacentes où se serrent étroitement églises, maisons à colombage et édifices néoclassiques. La vieille ville est dominée par l'**église Saint-Étienne** avec ses vitraux modernes, œuvres de Marc Chagall.

L'éclat de la pompe princière d'autrefois se reflète surtout dans les résidences seigneuriales, tels le **palais Schönborn**, résidence du prince électeur, et l'**Osteiner Hof**; mais on le retrouve également dans le **Nouvel Arsenal** et surtout, bien entendu, dans le **château des Électeurs**, qui abrite de nos jours le **Musée romain germanique**.

Un musée est consacré à l'enfant le plus illustre de Mayence, Johannes Gutenberg, le **musée de l'Imprimerie**, qui porte son nom. C'est Gutenberg qui, au milieu du Xe siècle, inventa l'imprimerie en mettant au point un système de caractères mobiles en métal et établit ainsi la réputation de l'**université** de Mayence, qui porte son nom, l'une des plus anciennes d'Allemagne.

Le port marchand de Mannheim.

DE MAYENCE A COBLENCE

Voici qu'on retrouve Mayence, porte de la Rhénanie romantique, celle qu'ont chantée les poètes d'Allemagne et d'ailleurs. Mayence, symbole de la puissance passée de cette région bénie des dieux, creuset de culture, berceau de l'imprimerie; Mayence, la Ville dorée.

Le nom de cette ville est d'origine celtique. Il y eut un dieu de la Lumière appelé Mogon, mais les traces les plus anciennes remontent à l'époque romaine. Moguntiacium fut la capitale romaine de la Germanie supérieure. Les premières fouilles portent la date de 38 av. J.-C.; c'est la raison pour laquelle, depuis 1962, Mayence fait partie des villes bimillénaires d'Allemagne — deux mille ans d'existence à l'un des sites névralgiques du pays.

La Seconde Guerre mondiale a durement éprouvé la ville : Mayence n'était plus qu'un champ de ruines. Mais on ne perdit ni espoir, ni courage, et tout fut reconstruit. *« Allons, allons, petite, tout ça va s'arranger »*, clamait souvent Ernst Neger, le maître couvreur chantant, dans une chanson de carnaval qui exprime aussi beaucoup sur l'âme de la ville.

Pages précédentes : la boucle du Rhin autour du rocher de la Lorelei. Ci-contre, vue du Rhin en automne.

En 1825, Johann Ignatz Weitzel, dans ses récits de voyages, écrit : *« Oui, je me plais bien dans cette région, comme toujours. Les gens du Rhin sont toujours prêts à rire, ils savent jouir de la vie et ils l'aiment. »* Un peu plus loin, il ajoute : *« De caractère, ils sont proches des Français. »* D'ailleurs, ils auraient très bien pu devenir français. En 1793, Georg Forster, écrivain lui aussi et partisan de la Révolution, avait demandé officiellement à Paris d'annexer Mayence et toute la rive gauche du Rhin à la république. Cette démarche lui valut le bannissement. A Mayence, on préférait attribuer à l'effet du vin cette joie de vivre; du reste, on montre, au centre de la ville, près du ministère de la Justice, la colonne romaine du sénateur Davitius Victor, datant du IIIe siècle, décorée de grappes de raisin et de feuilles de vigne sur le côté.

En 742, Boniface, premier évêque et apôtre de l'Allemagne, choisit Mayence pour y établir sa résidence. La ville prit de l'extension et de l'importance, même après l'incendie qui détruisit encore une fois la cathédrale en 1080; elle devint en 1254 la capitale de la Ligue des villes rhénanes. On reconstruisit la cathédrale, qui est maintenant l'une des plus belles églises romanes de la vallée du Rhin, avec celles de Worms et de Spire.

Imprimerie et viticulture

Comme si elle cherchait à faire contrepoids à une si lourde tradition médiévale et chrétienne, Mayence devint la ville des médias. Et pas seulement parce qu'elle est le siège de la Z.D.F., deuxième chaîne de télévision allemande, mais parce qu'elle est le berceau de Johannes Gutenberg. Car c'est bien lui qui eut l'idée de se servir d'une presse à vin pour fabriquer des livres, pour produire tout un volume *« sans l'aide d'un roseau, d'un stylet ou d'une plume, et avec une merveilleuse unité, une merveilleuse proportion, une merveilleuse harmonie de caractères et de lettres»*. Plus de gens purent lire la Bible. Le Moyen Age fermait ses portes.

Il y a au moins sept villes qui, comme Mayence, revendiquent l'honneur d'être le berceau de l'art de la typographie. Il est certain que Gutenberg avait déjà travaillé sur ses caractères mobiles à Strasbourg, où il a vécu pendant des années, chassé de chez lui par des querelles de corporations. Mais c'est Mayence qui a été la première ville à voir sortir un ouvrage de sa presse. Et c'est dans le **musée Gutenberg** de Mayence qu'on peut voir l'une de ses 200 célèbres *«Bibles à 42 lignes»* datant de la période située entre 1452 et 1455. L'inventeur n'a guère tiré profit de cet exploit : à peine l'affaire se révéla-t-elle rentable que son compagnon et associé Fust la reprit à son compte; mais c'est lui, Gutenberg, qui garda la gloire : cinquante ans après son invention, il y avait plus de 8 millions de livres imprimés, et pas seulement des bibles en latin.

C'est à Mayence qu'on avait trouvé ce moyen de répandre la vérité. *In vino veritas*... Cette vérité qui se cache au fond d'un verre de vin, on la connaissait depuis longtemps ici et, en 1850, le jeune Christian Adalbert Kupferberg ajouta à la *veritas* du vin allemand le tempérament fougueux de son voisin champenois : sous des voûtes romaines et médiévales de la Mayence dorée, il fonda la fameuse cave dans laquelle il produisit le vin pétillant et généreux appelé *Sekt* par les Allemands, le *Kupferberg Gold*, l'or de Kupferberg.

Toute promenade à travers Mayence ressemble à une excursion à travers les siècles, des pierres romaines du vieil arc de l'**aqueduc** qui date du Ier siècle apr. J.-C. au **quartier baroque** qui réunit les bâtiments administratifs du gouvernement du *Land* de **Rhénanie-Palatinat**, dont Mayence est la capitale. Au milieu de ces bâtiments se dresse le **Glockenbaum** (l'arbre aux Cloches) gentiment surnommé par les initiés le «Réveil des Fonctionnaires». On passe devant la **tour en bois** du XIVe siècle où, en 1802-1803, fut exécuté le chef des brigands Schinderhannes, ainsi que devant

Vue de Mayence.

le monument élevé à la mémoire de Gutenberg. Si, par mégarde, on s'est perdu en chemin, il suffit d'observer le pavement de la Ludwigstrasse : un rail de laiton serti dans les pavés indique qu'on se trouve à 50° de latitude nord.

Wiesbaden

Juste en face, sur la rive opposée du fleuve, se trouve **Wiesbaden** (280 000 habitants), capitale du *Land* de **Hesse**, qui, depuis 1926, est arrosée directement par le Rhin. Cette année-là, les communes de **Biebrich**, **Schierstein** et **Mayence-Kastell** ont été incorporées à la ville de Wiesbaden, qui possède maintenant, elle aussi, une magnifique promenade en bordure du fleuve.

Wiesbaden a connu la célébrité grâce aux eaux chaudes qui jaillissent de son sol et qui continuent à en faire une ville thermale : de ses 26 sources jaillissent 2 millions de litres d'eau chaude par jour. Les Romains en exploitaient déjà certaines, les **sources de Schützenhof**, de l'**Adler** et des **Kochbrunnen** qui, à elles seules, fournissent près d'un demi-million de litres d'eau par jour à la température de 66 °C, venant d'une profondeur de 2 000 m. Ce sont elles aussi qui donnèrent son premier nom à la ville : Aquae Mattiacae, d'après la tribu des Mattiaciens. Lorsque le *limes*, cette ligne de fortifications élevée par les Romains en vue de se protéger des incursions des Germains, fut détruit, les Romains perdirent leur ville thermale dont le nom même disparut. En revanche, l'eau, elle, demeura. L'érudit Eginhard, biographe de Charlemagne, cite cet endroit en 829 dans les termes suivants : *« Castrum quod moderno tempore Wisibada vocatur »* — la place forte qu'on appelle aujourd'hui Wisibada, les « Bains dans les prés ».

Cependant la proximité de Mayence la Dorée n'a pas réussi à la ville riche en eaux qui lui faisait face : un de ses souverains, l'archevêque comte d'Eppstein, Siegfried III, fit détruire en 1242 la ville qu'il n'arrivait pas à conquérir. A partir de cette date, Wiesbaden est réduite à la fonction de résidence de repos des

La fontaine du Mardi-Gras, à Mayence.

Nassau; mais elle est assez importante tout de même pour être l'objet de toutes les querelles qui marqueront les années suivantes et pour servir d'enjeu dans toutes les guerres. Le seul élément qui survécut à toutes ces années agitées, c'est l'eau. A partir de 1810, année où fut construit l'**établissement thermal** (Kurhaus) de Wiesbaden, le monde entier vint y prendre les eaux.

En 1814 et 1815, Goethe y séjourna lui aussi, et voici ce qu'il nota à propos de *«cette station aux eaux salutaires»* : *«La terre, le ciel et les gens sont différents. Tout ici est d'une nature enjouée et je m'y sens mieux de jour en jour.»*

La ville telle qu'on la voit maintenant est un produit du XIXe siècle, un très beau produit, du reste. Elle est ornée de splendides édifices ouverts au public, la **chapelle grecque** (culte orthodoxe russe) d'inspiration byzantine sur le Neroberg, dont la construction a commencé en 1849, diverses autres églises, le **château** qui date de 1841, le **nouvel hôtel de ville**, de 1888, et le **Théâtre allemand** (1894-1902). Les derniers ont été édifiés à l'époque impériale, à la fin du XIXe et au début du XXe siècle. La ville a également un monument à la mémoire de Guillaume Ier. Quant à la **Wilhelmstrasse**, avec ses façades aristocratiques, la population de Wiesbaden la fait remonter à un souverain de la dynastie des Nassau et non à un des empereurs Hohenzollern. Et lorsque, en 1907, on procéda aux travaux d'agrandissement de l'ancien établissement thermal, on n'oublia pas de rappeler les origines de Wisibada; ainsi peut-on lire les mots *«Aquis Mattiacis»* écrits en lettres capitales sur le portique devant la grande salle des pas perdus surmontée d'un dôme.

Le Rheingau

Par l'intermédiaire d'un de ses héros, Thomas Mann exprime l'enthousiasme qui l'anime lorsqu'il parcourt cette région bénie, le **Rheingau**, tant à cause de son climat particulièrement clément, que de la qualité de son sol, de ses nombreuses villes et localités et de sa popula-

Les tours et les clochers de l'église du Marché, à Wiesbaden.

tion enjouée. Pour lui, qui n'est pourtant pas un enfant du pays, c'est un coin privilégié, l'un des endroits les plus délicieux du monde civilisé. *« Ici, dans cette région protégée du vent par ses collines et favorisée par une bonne exposition au soleil de midi, s'épanouissent des bourgs aux noms évocateurs dont la résonance fait rire le cœur des bons buveurs — Rauenthal, Johannisberg, Rüdesheim, ainsi que la vénérable petite cité dans laquelle j'ai vu le jour il y a quarante ans. »*

C'est là que le **Massif schisteux rhénan** s'incline vers le fleuve qui, après avoir formé un coude, coule vers l'ouest de Mayence à Bingen et offre l'ardoise de ses versants à la caresse du soleil. Empruntons au guide Johnson, le livre d'or des vins et des vignobles, les quelques mots qu'il consacre au Rheingau : *« La meilleure région vinicole du Rhin. »* Une fois que les amateurs de vin britanniques eurent découvert cet endroit, le *Riesling* du Rheingau est devenu pour eux synonyme de vin blanc du Rhin, et il l'est resté. Ils le baptisèrent *Hock*, leurs lèvres anglaises se refusant à prononcer le nom de la petite ville où ils en tombèrent amoureux pour le restant de leurs jours, Hochheim.

Hochheim se trouve sur le **Main**; elle est séparée du reste du Rheingau par Wiesbaden. C'est la première de cette série de localités aux noms évocateurs dont parla Thomas Mann, et pour commencer la petite cité où son héros, Felix Krull, vit le jour : **Eltville** (16000 habitants), qui doit sa réputation à ses vins mousseux. Ce nom à consonance française vient en réalité du latin. Elle s'appelait Alta Villa dans les temps anciens. C'est peut-être un commencement de preuve de la capacité des Romains à fabriquer le vin et à le savourer. Eltville a une **église paroissiale** gothique du XIVe siècle et un **beffroi** du XVe qui faisait partie du château fort des archevêques.

Puis les villages se suivent, tous plus charmants les uns que les autres : **Oestrich** avec son **église catholique** datant du XIIe siècle et la vieille grue en bois (Hölzerne Kran) du XVIe siècle

A gauche, la Drosselgasse, à Rüdesheim; à droite, le monument de Niederwarld, la Germania.

devenue le symbole de la cité; **Winkel** avec sa **maison Grise** (Graue Haus) qui est sans doute la première maison d'habitation en pierre d'Allemagne et la **maison Brentano** qui date de 1751 et renferme des œuvres de Goethe et des poètes romantiques allemands; **Hattenheim**, avec l'**abbaye d'Eberbach** située à 4 km du village; cette ancienne abbaye de cisterciens date des XIIe et XIVe siècles et n'a rien perdu de son caractère médiéval. C'est là, et non pas en studio, qu'a été tournée une grande partie du film *le Nom de la rose*, mais cet ancien monastère est beaucoup plus connu encore pour son vin. Les moines apportaient jusqu'aux rives du Rhin le vin fermenté dans leurs propres caves et les chargeaient à bord de leurs propres bateaux, sans être assujettis aux frais de douane qui plus est, et la réputation de leur monastère s'étendit rapidement à travers tout le pays. Réputation et bâtiments médiévaux ont survécu au temps, et même à l'occupation française. Au cours de son histoire, le monastère d'Eberbach servit tantôt d'étable à moutons, tantôt de maison de fous. De nos jours, il a presque retrouvé sa vocation d'origine, ou plus précisément une de ses vocations d'origine : il est le siège de l'administration des domaines du *Land* de Hesse, devenue célèbre par les ventes aux enchères des vins impériaux.

Johannisberg domine toute la région. Ce petit village qui trône dignement au milieu des vignobles fut également un monastère à l'origine, puis le monastère se transforma en **château** au XVIIIe siècle; plus tard, Napoléon Ier l'offrit en cadeau, et par la suite l'empereur d'Autriche le donna au prince de Metternich pour le remercier de ses bons offices. Du reste, il appartient toujours à la famille Metternich. Tous les ans, le vin de Johannisberg qui n'a pas été mis dans les célèbres bouteilles laquées rouge et jaune est transformé en *Sekt* (vin champagnisé) et il contribue à donner un éclat féodal à bien des tables bourgeoises — avec l'appellation *Fürst von Metternich.*

Puis on passe à **Geisenheim** (12 000 habitants), avec la **cathédrale du**

Tonneaux dans une cave.

Rheingau (Rheingauer Dom), église paroissiale catholique fondée au VIIIe siècle, et son institut de recherche sur la viticulture, l'horticulture et la culture des fruits; c'est également un centre d'essai sur les croisements de ceps.

Rüdesheim

On arrive enfin à **Rüdesheim** (10 000 habitants) où le *Riesling* célèbre des triomphes plus ou moins louables dans les nombreuses caves et tavernes de la Drosselgasse. Il ne faut surtout pas manquer de visiter le **musée du Rheingau**. Quatre forteresses assuraient jadis la surveillance et la protection de la *« route du commerce »*; on peut encore voir les ruines de trois d'entre elles, la **Niederburg**, la **Vorderburg** et la **Mittelburg**. L'**église paroissiale** du XVe siècle est également intéressante à visiter, ainsi que de nombreuses maisons patriciennes et bourgeoises datant des XVIe, XVIIe et XVIIIe siècles.

On peut prendre également un téléphérique pour monter sur le **Niederwald**, plateau boisé qui domine la ville, et au sommet duquel se dresse la fameuse *Germania*, statue colossale en bronze érigée au XIXe siècle afin de commémorer l'unité allemande. En comptant le socle monumental, l'ensemble mesure 37,60 m. L'imposante *Germania* reçoit chaque année plus de 2 millions de visiteurs. Inaugurée en 1883, elle veille depuis cette date aux destinées du Rhin. Pour couler la statue, l'empereur Guillaume Ier fit don des anciens canons prussiens, d'un poids total de 225 t. Tout le monde y trouva son compte : les constructeurs du monument obtinrent du métal, les fabricants d'armes, de nouvelles commandes, et l'empereur, des canons modernes.

S'il n'avait pas plu à verse le jour de l'inauguration du monument, il n'y aurait rien à voir sur le Niederwald. En effet, les anarchistes avaient préparé une bombe destinée à faire sauter en même temps la dame de bronze, l'empereur et toute sa suite. La mèche fut allumée, mais elle s'éteignit sous les trombes d'eau. Empereur et monument survécu-

Brume matinale sur les collines du Rheingau.

rent, le premier jusqu'en 1888, le second jusqu'aujourd'hui. Seules victimes de cet attentat manqué, les conspirateurs eux-mêmes, qui furent pendus haut et court à Halle.

Le coude du Rhin tout entier appartient encore au Rheingau, y compris **Assmannshauser**, petite localité de 1200 habitants où, sous les versants du **Höllenberg** (mont des Enfers), pousse un cru qui donne un vin rouge doux, très agréable au goût, seul vin rouge du Rheingau situé sur la rive droite du Rhin.

En revanche, sur la rive gauche, entre Bingen et Mayence, se trouve **Ingelheim** (19000 habitants), ancien palais impérial de Charlemagne, souvent qualifiée de *« ville du Vin rouge »*. Le vin d'Ingelheim a toujours été célèbre; c'est à cause de lui, dit-on, que la ville a été annexée par Lothaire III le Germanique.

Il reste malheureusement peu de traces du palais de Charlemagne; de même, l'époque à laquelle Ingelheim jouait un rôle important dans les affaires officielles est révolue depuis longtemps. L'un des derniers événements dont la ville ait été le théâtre a été le congrès royal d'Ingelheim du 30 décembre 1105, lorsque les évêques coalisés de Mayence, Worms et Cologne renversèrent l'empereur Henri IV. L'un des enfants les plus illustres d'Ingelheim, Sébastien Münster, cosmographe du XVIe siècle, relate dans ses chroniques : *« Ils lui ôtèrent la couronne de la tête, le jetèrent à bas du trône et lui volèrent tous les insignes impériaux. »*

Bingen

Bingen (24000 habitants) se niche au confluent de la **Nahe** et du Rhin, en face de **Bingerbrück** dominée par une **forteresse** érigée au XIXe siècle dans le style médiéval. Le **château de Klopp**, construit au XIIIe siècle sur les fondations d'un ancien castel romain bâti à un point névralgique, est occupé actuellement par des bureaux de l'administration. La plupart des constructions de Bingen datent du XIXe siècle. Mais plus encore que le château de Klopp et que le Drusus-

Le confluent du Rhin et de la Nahe à Bingen.

brücke, premier pont sur la Nahe, qui fut jeté par le Romain Drusus, ce qui attire à Bingen, c'est le **Binger Loch** (trou de Bingen), gorges que le Rhin a creusées afins de traverser la montagne, et la **tour aux Souris** (Mäuseturm), symbole de la ville.

Il va de soi que cette tour des XIIIe et XIVe siècles ne tire pas son nom des petits rongeurs, toutes les chroniques éclairées sont d'accord sur ce point, mais du *Maut*, le péage que les bateliers devaient payer à cet endroit. D'aucuns, en revanche, prétendent que cette appellation vient du mot *mausen*, qui signifie « guetter » ; or la tour jouait certainement aussi le rôle de tour de guet. On avance enfin que l'arme des mousquetaires (le *Muskete*) aurait pu donner son nom à la tour : elle servait d'arsenal à la famille Ehrenfels... Cette variété d'interprétations incline à accorder crédit à celle de Sébastien Münster et à ses récits sinistres concernant le tristement célèbre archevêque Hatto de Mayence.

Au Binger Loch commence le Rhin romantique proprement dit, invention du début du XIXe siècle. Ce fut surtout grâce à deux inventions anglaises, la gravure sur acier et la navigation à vapeur, que le Rhin souleva à partir de cette époque un vif engouement. Cette époque, paradoxalement, fut aussi celle du grand développement industriel. Ainsi donc, l'engouement pour le Rhin correspondait à la rencontre de deux phénomènes antinomiques, le progrès technique et économique et le romantisme nostalgique. En 1817, le *Caledonia* fut le premier bateau à vapeur qui vogua sur le Rhin et, en 1825, le Binger Loch fut franchi pour la première fois par un autre vapeur, le *Rijn* ; puis, en 1830-1832, on élargit le passage à coups d'explosif afin de l'ouvrir à la nouvelle circulation fluviale. Plus tard, les chemins de fer vinrent y ajouter leurs voies, sur les deux rives, et il se passa un autre phénomène étrange : tout en modifiant l'aspect de la vallée du Rhin, on s'ingéniait à construire l'entrée des tunnels à l'image des forteresses médiévales et à restaurer les châteaux forts en ruine ! Ce fut surtout le souci de l'aristocratie prussienne car

La tour aux Souris, près de Bingen.

après le congrès de Vienne, la Prusse avait annexé la vallée du Rhin, contre son gré d'ailleurs, du moins au début; elle aurait préféré se voir attribuer la Saxe. C'est ainsi que les nobles prussiens se mirent en devoir de parer la vallée du Rhin à la mode du passé.

Le **château de Rheinstein** fut le premier monument à être restauré en 1825 selon cette nouvelle conception. Il fut construit par le prince Frédéric-Louis de Prusse.

Le **château de Reichenstein**, à quelques kilomètres en aval du précédent, ancien repaire de chevaliers brigands, fut restauré par le général von Barfuss à partir de 1834. Cette année-là également, la petite ville de **Niederheimbach** vendit les ruines de la **forteresse de Sooneck** aux fils du roi Frédéric-Guillaume III de Prusse; les travaux de restauration furent interrompus à plusieurs reprises, mais elle finit par être inaugurée en 1862, sous le roi de Prusse Guillaume Ier, qui allait devenir empereur d'Allemagne en 1871. Les Hohenzollern caressaient le projet de s'en servir à la saison de la chasse; or Guillaume Ier vint en tout et pour tout deux fois au Sooneck.

Faute de tomber entre les mains de la noblesse ancienne, certaines propriétés échurent à l'aristocratie nouvelle, les barons de l'industrie. L'un d'entre eux, Hugo Stinnes, fit restaurer une partie du **Heimburg**, connu aussi sous le nom de **château de Hoheneck**, qu'il transforma pour en faire sa propre résidence.

Autrefois, les bateliers qui tenaient à ne pas perdre leur bateau et leur chargement dans les rapides du Binger Loch avaient intérêt à opérer un transbordement sur des petites embarcations ou sur des charrettes, au choix. Ce fut la vocation de la ville de **Lorch** (9000 habitants). On a retrouvé des preuves de l'existence, au XIVe siècle, de deux grues chargées de ces transbordements, pour le cas où l'on préférait adopter la solution de la *« route du commerce »* très fréquentée qui traversait la **vallée de la Wisper** et rejoignait Rüdesheim au sud. Sa situation privilégiée a fait aussi très tôt de cette petite ville un objet de

Une péniche passe au pied du château de Katz.

convoitise. C'est ainsi que le **château de Nollig**, datant du XIVe siècle, qui faisait partie des fortifications de Lorch à l'origine, a été progressivement transformé en forteresse à la fin du Moyen Age.

A quelques kilomètres au nord de Lorch se trouve **Kaub** (1 500 habitants), petite cité médiévale entourée de remparts qu'on peut parcourir à pied, avec les restes du **château de Gutenfels**, du XIIIe siècle. Cette forteresse fut également reconstruite à la fin du XIXe siècle, en 1888. Mais si elle était restée longtemps intacte, après 1805, Napoléon Ier la fit vider de tout son contenu, puis il fit démolir les parties en bois et enfin raser les murs en ruine. Cependant, à Kaub, le nom de Napoléon Ier évoque un tout autre événement : c'est à la retraite de l'empereur des Français qu'on pense! Mais on pense avant tout au prince Blücher von Wahlstadt, appelé *«maréchal En-Avant»*, comme on l'a écrit à l'époque sur un monument élevé à la mémoire du héros des guerres de Libération sur la rive gauche du Rhin, la «rive française».

C'est à cet endroit que, le 31 décembre 1813, Blücher franchit le Rhin... Voilà ce que les enfants apprennent à l'école. En réalité, il attendait bien au chaud à l'auberge Zur Stadt Mannheim (A la Ville de Mannheim), son quartier général, pendant qu'au dehors son infanterie, et surtout les pionniers russes, construisaient le pont qui fut achevé le jour de l'an à dix heures du matin. La cavalerie, les hussards et l'artillerie purent continuer à pourchasser les Français qui, depuis Bacharach, s'étaient défendus tant bien que mal. Blücher franchit donc le Rhin à son tour. Quant aux bateliers, aux vignerons et aux commerçants qui avaient été forcés de prêter leur concours, ils furent condamnés à réparer les dégâts, car pendant que les pionniers travaillaient à la construction du pont, vers quatre heures du matin, celui-ci fut arraché par les flots, et les Russes obligés de le reconstruire. Pour cela, ils pillèrent la ville de son bois, ainsi que le relata un batelier du nom de Kaufmann, dans son journal : *«Il ne resta plus une seule porte aux*

Un moment de repos.

étables et aux maisons, plus un seul volet aux fenêtres et plus une seule hache dans tout le village.» L'histoire oublia les volets, et les citoyens n'eurent pas droit à un monument. Seul Blücher se dresse là, depuis 1894, les pans de sa capote flottant au vent et l'index pointé vers l'horizon.

Bacharach

Le plus beau joyau de toute la région ne se trouve ni sur la rive droite ni sur la rive gauche, mais au milieu des flots; c'est le **château de Pfalzgrafenstein**, avec ses innombrables tourelles et encorbellements, et ses toits couverts de tuiles grises, baptisé gentiment par l'homme de la rue : palais de Kaub. C'était jadis une tour de péage, au même titre que la tour aux Souris, bâtie par Louis Ier de Bavière pour faire payer le passage aux bateliers. *«En aval du Rheingau, là où les rives du fleuve perdent leur sourire enjoué, où la montagne et les rochers semblent défier le monde avec leurs forteresses en ruine perchées sur les versants, et d'où émane une splendeur plus grave et plus sauvage, c'est là que se niche la ville ancienne et sombre de Bacharach, tel un mythe terrifiant des temps passés.»*

C'est en ces termes que commence le conte de Heinrich Heine intitulé *le Rabbi de Bacharach*. Tout le monde ne partagera pas le jugement de l'écrivain, et **Bacharach**, après tout, n'est pas aussi ancienne que l'écrit Heine un peu plus loin. Son nom viendrait du latin Bacchi Ara : l'autel du dieu Bacchus. Cette interprétation ne satisfait pas non plus tout le monde. Tout ne vient pas des Romains en Rhénanie! Les ruines gothiques de la **chapelle Saint-Werner**, de couleur rouge sang, dominent la localité. Mais elles sont elles-mêmes dominées par le **château de Stahleck**, datant du XIIe siècle, qui, de nos jours, sert de centre de jeunesse.

Bacharach (2500 habitants), jolie petite cité bien connue pour ses vins, a encore des remparts en bon état, des maisons à colombage dont les plus anciennes datent du XIVe siècle — ainsi qu'une **égli-**

Kaub vue des coteaux.

se protestante en roman tardif du XIIIe siècle ; l'**église paroissiale Saint-Nicolas** a été construite au XVIIe siècle.

« A Bacharach il y avait une sorcière blonde — Qui faisait mourir d'amour tous les hommes à la ronde. » C'est ainsi que Clemens von Brentano, paraphrasé ici par Guillaume Apollinaire, parla pour la première fois de la fameuse Lorelei du Rhin. Cette superbe sirène avait jadis élu domicile sur le rocher qui porte son nom. S'il est vrai qu'à cet endroit les bateliers étaient exposés à un danger durant toutes ces années, c'était bien dû aux remous causés par les rochers et les trous profonds du lit du fleuve dans lesquels vivaient alors les saumons tant convoités. Depuis lors, les touristes ont remplacé les saumons et, arrivés au kilomètre 554, ils entonnent la *Lorelei* de Silcher, sur le célèbre poème de Heinrich Heine, les Français dans la traduction faite par l'auteur lui-même (*« Je ne sais ce que cela veut dire... »*). Tout ici est voué à la belle sirène.

Oberwesel (4 500 habitants) est dominée par le **château de Schönburg**, dont l'origine remonte au Xe siècle. Il a été restauré et abrite actuellement un hôtel-restaurant. Ce n'est que l'un des attraits de cette magnifique petite cité ancienne et romantique. Et cette fois, ce ne sont plus ni les Prussiens ni les fortunes des barons de l'industrie qui ont redonné son lustre à cet endroit que Victor Hugo décrit comme *« la plus admirable carrière de pierre de l'Europe »*, mais un Américain au nom prédestiné de Rhinelander (littéralement : natif de Rhénanie), qui œuvra pour le plus grand bien de la patrie de ses aïeux.

Oberwesel est encore ceinte de remparts circulaires qui ont été construits aux XIIIe et XIVe siècles et comptent 16 tours de garde (il y en avait 21 à l'origine). L'**Ochsenturm** (tour des Bœufs) date des XIVe et XVe siècles. L'**église Notre-Dame**, église paroissiale catholique, possède entre autres trésors de belles orgues baroques et un maître-autel de cette époque.

Sankt Goarshausen (1 700 habitants) s'est baptisée elle-même *« la ville de la Lorelei »* et en face, dans le bourg qui

Boppard vue du fleuve.

porte le nom de l'ermite d'Aquitaine, **Sankt Goar** (3 500 habitants), on montre même la maison natale de la sirène…

Le voyage se poursuit le long du Rhin ; on traverse de petites villes charmantes et on passe devant de magnifiques châteaux, tels le **château de Katz** (le Chat) et celui de **Maus** (la Souris), deux anciennes résidences de chevaliers : le nom du premier dérive de celui de la famille qui régnait sur les lieux à l'époque, les Katzenelnbogen, qui l'ont donné à un petit bourg très ancien situé sur le versant, et le nom du second, évidemment, découle du premier.

Puis, un peu plus loin, on passe de nouveau au-dessous de deux châteaux, ceux des frères ennemis **Sterrenberg** et **Liebenstein**, dont l'origine remonte au XIIe siècle, éloignés l'un de l'autre d'une portée de flèche, ce qui leur fut fatal, même après leur réconciliation : ils voulurent se réveiller mutuellement au moyen d'une flèche lancée de leur arc, mais au moment où l'un ouvrit sa fenêtre pour tirer, l'autre tira et tua net son frère.

Puis vient **Boppard** (18 000 habitants), belle petite ville de couleur gris ardoise, avec ses remparts médiévaux, l'**église catholique Saint-Séverin**, des XIIe et XIIIe siècles, et l'**église des Carmélites**, édifice gothique du XIVe siècle. On découvre alors juste devant soi le **château de Stolzenfels**, du XIIIe siècle, restauré par Frédéric-Guillaume IV à l'époque où il était encore prince héritier de Prusse ; on traverse **Braubach** et on passe devant le **château fort de Marksburg**, qui date du XIIIe siècle, seule forteresse des bords du Rhin qui n'ait subi aucune restauration. Elle était tout indiquée pour devenir le siège de l'Association des châteaux forts allemands.

Coblence

Juste en face de Stolzenfels, la cité de **Lahnstein** (19 000 habitants) a été fondée il y a des siècles au confluent de la **Lahn** et du Rhin, dominée par le majestueux **château fort de Lahneck**, du XIIIe siècle. C'est là que prenait fin la juridiction des évêques de Mayence.

Une invitation vraiment allemande pour les assoiffés.

Le château suivant, **Ehrenbreitstein**, dépendait déjà des archevêques de Trèves. Le fleuve qui coule au pied de la forteresse n'est autre que la **Moselle**, et la cité qui s'établit au confluent prit le nom de Confluentes, devenu aujourd'hui Koblenz, **Coblence** en français (114 000 habitants). Le gouverneur Drusus avait déjà éprouvé le besoin de préserver le site en y établissant un camp en 9 av. J.-C. et Coblence est restée une ville militaire jusqu'à nos jours. Elle a été le lieu de ralliement de l'armée de Condé fidèle au roi Louis XVI en 1792, avant d'être le chef-lieu du département de Rhin-et-Moselle de 1798 à 1813. Revenue à la Prusse en 1815, elle fut puissamment fortifiée et, en 1870, son camp retranché pouvait accueillir 200 000 hommes. Elle abrite à présent le IIIe corps de l'armée allemande.

Jusqu'à la fin de la Seconde Guerre mondiale, l'empereur Guillaume Ier, monté sur un cheval de bronze, se dressait sur un vaste piédestal face aux flots au Deutsches Eck (Coin allemand), à la pointe de l'angle formé par le confluent du Rhin et de la Moselle; il ne reste plus que le socle vide, devenu officiellement le mémorial de l'unité allemande.

Estrade fleurie à l'occasion des fêtes des vendanges.

La charmante vieille ville groupée autour de l'**église Saint-Castor** (IXe-XIIe siècle) et de l'**église Notre-Dame** (Liebfrauenkirche), du XIIe au XVe siècle, a été très bien restaurée, et à grands frais, au cours des dernières années. Elle réserve une agréable promenade à pied, du **Vieux Château fort** au bord de la Moselle, qui abrite actuellement les archives de la ville, au **palais des princes électeurs** sur le Rhin.

En région rhénane, ce qui n'est pas l'œuvre des Romains est dû en général à un évêque. Celui qui a fait bâtir le **château de Coblence**, Clemens Wenceslas, fut le dernier prince électeur de Trèves et, malgré ce titre, il quitta les rives de la Moselle pour s'installer sur le Rhin. La construction de son palais s'acheva juste avant la Révolution, en 1786, de sorte qu'il n'en profita guère. En 1794, les Français occupèrent la ville avant que Clemens Wenceslas ait pu réaliser son rêve : la construction d'une nouvelle ville néoclassique à côté de l'ancienne.

Les Français ne s'emparèrent du **château d'Ehrenbreitstein** qu'en 1799. C'est à cet endroit stratégique que, vers la fin du Xe siècle, un certain Erembert ou Ehrebrecht avait érigé un château fort d'où l'on pouvait surveiller à la fois la Moselle et le Rhin. Le site intéressa les princes voisins et, dès 1020, le château fort d'Ehrenbreitstein devint la propriété du souverain de Coblence, l'archevêque Poppo de Trèves. Au cours des siècles, on hissa jusqu'à elle les armes et les armements imaginés par les stratèges et les fabricants, mais jamais les Français ne réussirent à s'en emparer par la force; ils se résignèrent à en faire le siège afin d'affamer les habitants. En 1801, ils firent sauter la place forte invincible à l'aide de 15 t d'explosif, mais en 1815, les Prussiens la reconstruisirent. Ehrenbreitstein survécut encore à trois guerres, celle de 1865 contre l'Autriche, celle de 1870 contre la France et celle de 1914. Puis on finit par se rendre compte qu'une telle place forte pouvait encore servir de point de vue… et de mémorial, qui rappellerait à tous le souvenir des périodes de guerre.

585

CHATEAUX ROMANTIQUES

Le XIIe siècle fut marqué par une véritable passion pour les forteresses. Tout seigneur, temporel ou spirituel, se devait d'ériger son château dans la charmante vallée du Rhin. C'est la raison pour laquelle il n'existe pas d'autre vallée au monde où l'on trouve réunies 31 forteresses, ou ruines de forteresses, sur une distance d'à peine 60 km. A l'époque, les propriétaires de châteaux faisaient payer un droit de douane à tous ceux qui voulaient ou devaient traverser leur territoire, par la route et par le fleuve.

Plus d'un site se révéla une véritable mine d'or pour son propriétaire, aussi les querelles se multiplièrent-elles entre gentilshommes : les châteaux changèrent de mains, certains furent détruits, abandonnés en ruine par les nouveaux maîtres, rebâtis ou restaurés. Mais les mariages, les dons, les morts naturelles et les morts violentes eurent aussi leur influence sur le destin de ces majestueuses constructions.

Pendant plusieurs siècles, les seigneurs réussirent à mener une vie confortable, souvent grâce aux ressources que procuraient les péages. Mais au XVIIe siècle, Louis XIV voulut à tout prix mettre fin à ce système de droits de douane. En 1689, il déclara à ses généraux : *« Détruisez, démolissez, arrangez-vous pour devenir vous-mêmes les maîtres suprêmes du Rhin... »* Cette année-là, presque tous les châteaux de la vallée du Rhin furent incendiés. Beaucoup ont été reconstruits. Les ruines des autres ont pris une allure romantique.

Le **château de Klopp**, situé sur la rive gauche du fleuve au-dessus de **Bingen**, a probablement été construit sur une tour de garde romaine. Il fut habité successivement par les rois francs, les archevêques de Mayence, l'armée suédoise d'occupation. En 1639, il devint la propriété du comte de Weimar, puis il fut détruit par les Français en 1689; on le reconstruisit mais on le fit sauter ensuite. De nouveau reconstruit de 1875 à 1879, il abrite aujourd'hui le **Musée historique** de la ville de Bingen.

Pages précédentes : le château de Pfalzgrafenstein. Ci-contre, le château de Stolzenfels.

Entre 1208 et 1220, l'archevêque de Mayence fit ériger une place forte au-dessus du Rhin. Durant les guerres, c'est entre ses murs qu'on cachait les trésors de la cathédrale de Mayence. Aujourd'hui, les ruines de l'ancienne **forteresse d'Ehrenfels** contemplent du haut de leur versant, sur la rive droite du Rhin, la tour de guet dressée au milieu du fleuve. La **tour aux Souris** (Mäuseturm) fut également construite par l'archevêque de Mayence, à la même époque. C'est de cette tour que les gardes tiraient sur toute personne qui refusait de payer le péage. Après sa destruction, elle fut reconstruite en 1865 et sert maintenant de tour de signalisation.

Un chevalier du nom de Gerhard von Bingen fut sans doute le premier bailli qui dépouilla les pèlerins et les marchands au **château de Reichenstein** (sur la rive gauche du Rhin, au-dessus de **Trechtingshausen**). Le château fut détruit et rebâti à plusieurs reprises. Après avoir été incendié par les Français en 1689, il fut encore une fois reconstruit vers 1900.

Sur la rive gauche du Rhin, près de **Niederheimbach**, se dressent deux forteresses, **Sooneck** et **Heimburg**. Toutes deux datent des XIIe et XIIIe siècles. La vie dans leur château parut-elle monotone aux chevaliers? Ou manquèrent-ils d'argent? Toujours est-il que ces nobles seigneurs se métamorphosèrent en chevaliers brigands. La Ligue des villes rhénanes fit détruire le château de Sooneck sur l'ordre d'Arnold Walpode. Après sa reconstruction, le roi Rodolphe de Habsbourg ordonna de mettre de nouveau le feu au repaire des chevaliers brigands; puis on le rebâtit de 1344 à 1355, et il fut incendié une fois de plus en 1689 par les Français. Le prince Frédéric-Guillaume de Prusse fit reconstruire Sooneck en 1834. Quant au château de Heimburg, on en commença la construction en 1295 sur l'ordre de l'archevêque de Mayence, et il fut, lui aussi, détruit par les Français en 1689.

Le **château de Nollig** se dresse sur la rive droite du Rhin; il domine la vallée à 125 m d'altitude, près de **Lorch**. Après une histoire fertile en rebondissements, on entreprit vers 1939 la reconstruction des donjons et d'une tour d'habitation.

Vers 1200, l'archevêque de Cologne fit ériger le **château fort de Fürstenberg**, près de **Rheindiebach**, sur la rive gauche. Conquis par le roi Adolphe de Suède pendant la guerre de Trente Ans, il fut mis à sac par les Français en 1689.

Sur la rive gauche également, près de **Bacharach**, se dresse le **château fort de Stahleck**, transformé en auberge de jeunesse. C'est là qu'eut lieu au XIIIe siècle le mariage secret de la belle Agnès von Stahleck avec Heinrich le Guelfe.

Près de **Kaub** se dresse, au milieu des flots, tel un vaisseau de pierre (situation idéale pour percevoir les droits de douane), le **château fort de Pfalzgrafenstein**, qui date du XIIIe siècle. Le roi Frédéric-Guillaume II de Prusse s'y installa avec son état-major et, durant la nuit de la Saint-Sylvestre 1813, Blücher fit jeter un pont sur le Rhin à cet endroit.

Le **château fort de Gutenfels** domine la petite cité du sommet de la colline; il fut lui aussi très endommagé au cours de la guerre de Trente Ans.

Le plus beau des châteaux forts construits par Schönburg au XIe siècle sur la rive gauche du Rhin est celui qui porte son nom, au-dessus d'**Oberwesel**. Les Suédois le prirent en 1639, puis les Français en 1689. Un Américain du nom de Rhinelander racheta les ruines du **Schönburg** au XIXe siècle et le fit rebâtir. Actuellement, il abrite un centre international pour la jeunesse.

En 1393, le comte Johann III de Katzenelnbogen fit construire le **château de Katz** sur la rive droite afin de prélever les droits de péage sur le Rhin. Ce château est resté longtemps propriété des princes de Hesse, puis les Français le firent sauter en 1805 et, à la fin du XIXe siècle, on le reconstruisit. Aujourd'hui, le château de Katz, qui se dresse au-dessus de **Sankt Goarshausen**, abrite un centre de vacances.

Rheinfels, situé près de **Sankt Goar** sur la rive gauche, est l'une des places fortes les plus imposantes du Rhin moyen. Construite en 1245 par le comte Dietrich III de Katzenelnbogen, elle fut détruite par les Français en 1797. En 1845, le prince Guillaume de Prusse en racheta les ruines.

Le château de Katz (le Chat).

Sur la rive droite, au-dessus de Wellmich, se dresse le **château fort de Thurnberg**, baptisé par le comte de Katzenelnbogen tout simplement **Maus** (Souris). Construit en 1355, détruit en 1806, il fut rebâti entre 1900 et 1906.

Opposés par des querelles constantes, les propriétaires des **châteaux de Sterenberg** et de **Liebenstein** avaient fait construire un mur élevé entre eux. Le langage populaire baptisa ces deux forteresses «les Frères ennemis».

Au-dessus de **Braubach**, à 150 m d'altitude sur la rive droite du Rhin, **Marksburg** offre l'image d'une forteresse médiévale en parfait état de conservation. On ignore la date exacte de sa construction. Elle passa aux mains des comtes de Katzenelnbogen au XIIIe siècle, puis devint successivement propriété des princes de Hesse et de Prusse. En 1899, l'empereur Guillaume II fit cadeau du château de Marksburg à l'Association pour la préservation des châteaux forts allemands.

Du haut de **Stolzenfels**, on jouit d'une vue superbe sur le Rhin et les environs de **Coblence**, par-dessus les toits de la petite ville de **Kapellen**. Les Romains avaient déjà établi un castel à cet endroit. En 1242, l'archevêque de Trèves commença à le restaurer, et une fois de plus, les Français le mirent à sac en 1689.

En face de Coblence, sur la rive droite, se dresse l'imposant **château fort d'Ehrenbreitstein**. Il est fort probable qu'un premier château fort y fut construit dès 630. Fondée au Xe siècle, la place forte fut agrandie au XVe siècle. Détruite par les Français vers 1800, elle fut reconstruite par les Prussiens entre 1815 et 1832.

On construisit au XIIIe siècle près de **Lahnstein** le **château fort de Lahneck**, au confluent de la **Lahn** et du Rhin, afin de prélever les droits de péage. Détruit par les Français en 1689, le château fut rebâti en 1860.

De l'ancien **château fort de Hammerstein**, sur la rive droite, qui date du Xe siècle, il ne reste que des ruines romantiques et sinistres qui dominent le fleuve à la hauteur de **Rheinbrohl**, ancien camp romain relié au *limes*.

Promenade en paquebot.

Sur la rive gauche du Rhin, **Rheineck**, près de **Bad Breisig**, partagea le destin de nombre de ses voisins : la place fut détruite et reconstruite plusieurs fois. Érigée au XIe siècle, elle fut conquise en 1151 par le roi Conrad III, qui la détruisit quelques années plus tard. L'archevêque de Cologne la fit reconstruire en 1165, puis Rodolphe de Habsbourg, en 1282, en fit de nouveau un champ de ruines. Le prince électeur de Cologne, cette fois, en assura la reconstruction, si bien que les Français purent la mettre à sac une fois de plus en 1689. Elle a été reconstruite dans son aspect actuel par Moritz von Bethmann-Hollweg en 1831.

Arenfels, sur la rive droite, au-dessus de **Bad Hönningen**, fut érigé par le comte d'Isenburg en 1260. Après avoir changé plusieurs fois de propriétaire, le château fort fut restauré et transformé en château, puis rasé en 1689. Le comte de Westerholt-Gysenberg racheta les ruines au XIXe siècle et fit rebâtir le château en style néogothique par Ernst Friedrich Zwirner, architecte de la cathédrale de Cologne.

D'après les chroniques de l'époque, le **château fort de Dattenberg**, sur la rive droite, était la propriété d'un certain chevalier Werner von Dadenberg. Puis il passa tour à tour aux mains de l'archevêque de Cologne, de la famille Nassau-Weiburg, et plus tard de la famille royale de Prusse. Il fut détruit en 1689. Dattenberg, situé entre **Leubsdorf** et **Linz**, a été transformé en foyer scolaire.

Également situé à proximité de Linz, sur la rive droite, **Ockenfels** a été le fief de plusieurs chevaliers. Après avoir été détruit, le château fut rebâti entre 1925 et 1927 seulement.

Sur la rive gauche du Rhin, il ne reste du **château de Rolandseck** que l'arc de Roland (Rolandsbogen), envahi par le lierre. Lorsque l'empereur Henri IV menaça l'archevêque Frédéric Ier, celui-ci fit construire ce château fort que l'empereur réussit néanmoins à endommager. Au milieu du XIIe siècle, l'édifice fut remis en état par l'archevêque Arnold Ier pour être de nouveau détruit vers 1300, puis reconstruit et agrandi en 1328. En 1474, Charles le Téméraire en fit la conquête. Mais avant de quitter les lieux, les troupes du Téméraire y mirent le feu; il n'en resta que l'arc de la fenêtre, qui, un beau jour, s'effondra dans le Rhin et donna son nom aux ruines. La reconstruction a été effectuée par les soins du poète Ferdinand Freiligrath.

Sur la rive droite, les ruines d'une ancienne forteresse célèbre sont visibles de très loin : le **Drachenfels**. Elle fut construite par l'archevêque Frédéric Ier de Cologne entre 1101 et 1132. Arnold Ier la fit agrandir et, au cours de la guerre de Trente Ans, elle fut conquise par Adolphe de Suède. Ce fut l'archevêque Ferdinand qui entama le travail de destruction en 1642 et les Français l'achevèrent. Il n'en reste plus que des ruines romantiques près de **Königswinter**.

L'archevêque de Cologne commença en 1210 la construction de **Godesburg**, sur la rive gauche, au-dessus de **Bad Godesberg**. Par la suite, plusieurs propriétaires se chargèrent de l'agrandir. Lorsque l'archevêque de Cologne passa au protestantisme, à l'époque de la Réforme, il se retrancha derrière ses murs puissants.

A gauche, l'Öchsenturm (tour des Bœufs), près d'Oberwesel; à droite, vue sur le château fort de Rheinstein.

GOETHE

CROISIÈRE SUR LE RHIN

Vers sept heures du soir, le paquebot *Britannia* embarque les passagers pour une croisière de quatre jours et quatre nuits, sur près de 800 km, de Bâle à Rotterdam. Le *Britannia* est un des grands paquebots de luxe de la compagnie allemande de navigation sur le Rhin de Cologne à Düsseldorf, couramment appelée la K.D. (Köln-Düsseldorf). Fondée en 1826, elle possède 25 paquebots, dont 17 servent aux excursions d'une journée sur le Rhin, le Main et la Moselle; les 8 autres sont de grandes unités possédant des cabines et réservées aux croisières de plusieurs jours.

On peut se procurer les billets dans toutes les grandes agences de voyages. Les paquebots qui assurent les croisières dans les quatre pays n'acceptent que les marks, mais ils ont tous un bureau de change à bord. On y trouve aussi des boutiques de souvenirs, un bar, un restaurant, une salle de lecture et une salle de télévision, un salon panoramique et un pont solarium; quelques-uns ont également un sauna et une piscine chauffée. Lorsqu'ils descendent le Rhin, ils filent à une vitesse moyenne de 14 nœuds, soit environ 26 km/h. Ceux qui remontent le fleuve, de Rotterdam à Bâle, sont plus lents; leur moyenne est de 16 km/h.

Bâle

La croisière sur le Rhin commence à **Bâle**; l'embarquement se fait au quai dit Elsässer Rheinweg. Les passagers sont attendus en fin d'après-midi. Dès leur arrivée à bord, ils prennent possession de leur cabine. Le fleuve, à cet endroit, fait preuve d'une certaine agitation. Un peu plus tard, il devient au contraire nonchalant, lorsque son lit s'élargit. Près de Bâle, dans le **Dreiländereck** (le triangle des Trois Pays), à l'endroit où les frontières de la Suisse, de la France et de l'Allemagne se rejoignent sur les rives

Pages précédentes : un paquebot au nom célèbre. Ci-contre, sur le pont près de la Lorelei.

du fleuve, se dresse le **monument de la Trinité**.

Il est recommandé de parcourir la ville de Bâle avant d'embarquer. L'**hôtel de ville** aux vifs coloris, construit dans le style gothique tardif de Bourgogne (XVIe siècle), se trouve **place du Marché** (Marktplatz). De là, un escalier romantique conduit au faubourg de **Spaten**, avec la **porte de Spaten** datant de 1370.

Mais il ne faut pas oublier de revenir au *Britannia* avant qu'il ne lève l'ancre! L'équipage a préparé un buffet impressionnant. Vers quatre heures du matin, tout le bâtiment se met à vibrer, les lits, les cabines, y compris les passagers. Il s'agite, s'éloigne du quai, fait un demi-tour savant au milieu des vagues et de l'écume et se met à tanguer bravement en direction du large... autrement dit de Strasbourg. Au petit jour, la vedette de la douane amène à bord un fonctionnaire en uniforme vert, chargé d'un épais porte-documents noir; d'un bond, il est sur le pont. Sans un bruit, comme il est arrivé, il repart bientôt et disparaît discrètement, happé par la brume.

Strasbourg

L'arrivée à **Strasbourg** se fait dans le courant de l'après-midi. Cette ville vénérable a plus de deux mille ans d'âge, autant que Mayence. Le *Britannia* est obligé d'emprunter un canal jusqu'à Strasbourg parce qu'à cet endroit le Rhin n'est pas navigable. Il faut passer plusieurs écluses, car le niveau du Rhin baisse de 258m entre Bâle et Rotterdam. A Strasbourg, un autocar attend les passagers pour leur faire faire le tour de la ville et leur permettre de voir ce qu'il y a de plus intéressant, monuments, églises, rues et places. Le couronnement de cette promenade, c'est évidemment la visite de la **cathédrale**. Le soir, on a le temps de découvrir la métropole alsacienne de sa propre initiative. On peut aller faire un tour dans la **Petite France** (facile à trouver car elle est bien signalisée), l'ancien **quartier des tanneurs** avec ses ruelles moyenâgeuses, ses pittoresques maisons à colombage et les ponts couverts sur l'**Ill**.

Le lendemain, le *Britannia* lève l'ancre dès trois heures du matin. Un petit déjeuner copieux et varié est servi à partir de sept heures.

Ceux qui désirent prendre l'autocar pour aller de **Spire** à **Heidelberg** doivent déjeuner très tôt. Du reste, personne ne veut manquer la visite de cette célèbre ville universitaire et de son **château**, bien que Heidelberg ne soit pas arrosé directement par le Rhin, mais par un de ses affluents, le **Neckar**.

La visite de la ville se fait en autocar (avec explications en plusieurs langues, bien entendu), à partir du **château**, qui a, dans sa cave, le plus grand tonneau de vin du monde dont la contenance exacte est de 221726 l. De la terrasse du château, on a une vue superbe sur toute la ville et ses environs.

Rüdesheim

L'après-midi, le bateau jette l'ancre à **Rüdesheim**. Un autocar emmène les passagers au splendide **monastère d'Eberbach**, ensemble médiéval en excellent état, transformé en coopérative vinicole d'État. Après une visite à travers les cours et les bâtiments impeccablement restaurés, on a droit à une dégustation de vin aux chandelles dans la cave obscure. Les innombrables fûts à vin noircis par le temps, comme l'explique le maître de chai, ne servent plus.

Revenu à l'air libre, les joues rouges et l'humeur joyeuse, on reprend l'autocar qui retourne vers le fleuve à travers des coteaux couverts de vignobles. De retour au bateau, on a le choix entre plusieurs occupations : rester à bord du *Britannia*, enfiler des vêtements secs et boire un bon café dans le paisible salon panoramique; ou bien visiter le **musée des Instruments de musique mécaniques** de **Siegfried**, puis flâner à travers la petite ville de Rüdesheim, sans oublier la Drosselgasse et ses tavernes. Le dîner qui attend les passagers à bord compte environ huit plats; après quoi la journée se termine par une soirée dansante.

Le troisième jour de croisière, on entre pour une journée entière en communion avec le Rhin historique. Le fleuve serpente autour du **Rheingau**; dans cette région privilégiée, plus de 20 millions de bouteilles de vin sont remplies tous les ans pour le plus grand plaisir des palais délicats.

On franchit le **Binger Loch**, qui fut jadis un défilé particulièrement dangereux, gardé par la **tour aux Souris** (Mäuseturm). C'est alors une succession de forteresses massives, de châteaux fabuleux, de rochers mystérieux qu'on frôle pour ainsi dire, et qu'on admire sous un angle unique : **Rheinstein**, **Sooneck**, **Stahleck**, **Kaub**. En passant sous le fameux rocher de la Lorelei, les haut-parleurs du *Britannia* entonnent la plainte de Henri Heine : *«Ich weiss nicht, was soll es bedeuten... — Je ne sais ce que cela veut dire...»*, selon la traduction du poète lui-même. Puis on laisse la Lorelei derrière soi, et le voyage continue : les **châteaux forts de Katz** et de **Maus** (le Chat et la Souris), les «Frères ennemis» **Liebenstein** et **Sterrenberg**, le **Marksburg**, le **Stolzenfels**.

Coblence

A **Coblence**, la **Moselle** rejoint le Rhin, en provenance de la gauche. Le **Deutsches Eck** (le Coin allemand) se dresse à l'angle, au-dessus des eaux, tel un avertissement sinistre. En face du monument national allemand, sur la rive droite, la **forteresse d'Ehrenbreitstein** est accessible l'été par télésiège. La rive droite est bordée de végétation sur 18 km. En août, entre Braubach et Coblence, a lieu le festival du Rhin en Flammes (*Rhein in Flammen*), feu d'artifice estival très impressionnant. Mais les légendes imprègnent encore ces lieux : le **Rheineck**, le **Drachenfels** sont des lieux d'excursion privilégiés, ainsi que des localités célèbres : **Andernach**, **Bad Breisig**, **Bad Hönningen**, **Bad Honnef**, **Rhöndorf**, **Bad Godesberg**.

Cologne

L'après-midi, le paquebot jette l'ancre à Cologne qu'on visite au pas de course. On fait le tour de la ville, de ses églises romanes et de ses trésors artistiques, sans oublier une pensée pour l'eau de Cologne... En guise de conclusion, une promenade à travers la vieille ville, en bordure du Rhin, visite de la **cathédrale** et du **Musée romain-germanique** avec ses mosaïques de Dionysos, du **musée Wallraf-Richartz**, consacré à l'art moderne, ou du **musée Ludwig** entre la cathédrale et le Rhin.

Düsseldorf

Puis le *Britannia* repart pour **Düsseldorf**. Là aussi, la visite de la ville se fait la nuit; on franchit la **Düssel**, la Kö — l'élégante Königsallee (allée du Roi) —, de vieilles ruelles tortueuses bordées d'innombrables tavernes. Les passagers qui sont encore tentés par une bonne bière ou qui ont envie de goûter aux plaisirs de la vie nocturne de la grande ville en ont le temps après le dîner : le bateau ne lève l'ancre qu'à trois heures du matin. Au début de la matinée, l'équipage fait ses adieux, quelques minutes encore et le bateau sera arrivé à destination.

Après Düsseldorf, on passe entre **Krefeld** à gauche et **Duisbourg** à droite, Duisbourg avec son port fluvial, le plus grand d'Europe, et la région de la Ruhr qui s'étend très loin vers l'est. La physionomie du Rhin a bien changé : finie la vallée resserrée et romantique; le fleuve s'étale, les horizons reculent, le paysage est plat, couvert de pâturages où paît le bétail; ici et là, maisonnettes et bourgs isolés se cachent derrière les digues.

Rotterdam

Une fois passé la frontière néerlandaise, le Rhin s'appelle le **Waal**. On monte sur le pont respirer l'air du large. Ou est-ce seulement un fruit de l'imagination?

Enfin **Rotterdam** est en vue : de vastes bassins et des installations portuaires grandioses, des navires imposants. Au cours de l'après-midi, on accoste au quai du boulevard de la Meuse (Maas Boulevard); les passagers quittent lentement le *Britannia*. Sur le quai, des camionnettes et des étals pleins de fleurs fraîches, de linge frais, de pain frais accueillent les passagers. On reprend pied sur la terre ferme où un taxi commandé du bateau attend. On traverse la ville où règne une vive animation, pour aller à la gare ou à l'aéroport. Le train arrive à Francfort à minuit.

LE RHIN A PIED

Le randonneur n'a pas à craindre les mauvaises surprises sur les chemins qui longent le Rhin : ils sont plats et bien entretenus. Mais on ne retrouve pas partout les charmes qui caractérisent le fleuve. Une végétation touffue et humide encombre souvent les berges, le Rhin coule, lent et presque monotone, le halètement lancinant des moteurs diesel coupe le silence de la nature. Il s'agit donc avant tout de bien choisir son trajet.

De Rastatt à Worms

Les hauts lieux de la traversée badoise, de Rastatt à Worms, sont les villes : Rastatt, Karlsruhe, Spire, Mannheim et Worms. C'est ce qu'on appelle la route des Résidences, qui débute par les résidences badoises et semble remonter le temps, celles des débuts du Saint Empire romain germanique, au début du Moyen Age. C'est également un sentier à travers l'histoire. **Baden-Baden** et **Rastatt** au charme nostalgique, **Karlsruhe** devenue le centre de la vallée du Rhin supérieur ont été toutes trois les résidences des souverains badois. On y trouve également les témoignages du soulèvement des années 1848-1849. C'est Rastatt qui a été le théâtre du premier acte de la révolution de 1848. Son château abrite d'ailleurs une exposition permanente qui donne un aperçu complet de l'époque.

Pour rejoindre le Rhin en partant de Rastatt, il faut suivre la **Murg**. A cet endroit, la rive gauche est française jusqu'à **Lauterbourg**. La rive droite, elle, est encombrée d'un réseau inextricable de voies d'eau, ce qui oblige à se munir d'une bonne carte au 1/50 000 indiquant les digues, les sentiers et les ponts.

A **Karlsruhe**, chacun trouvera le logement qui convient à ses goûts et à ses moyens. Le **château** du XVIIIe siècle et ses dépendances forment un ensemble imposant. Le symbole de la ville est la **Pyramide** qui se dresse au centre de la place du Marché.

Les promeneurs tranquilles des rives du Rhin.

La prochaine étape est **Germersheim** avec ses agréables tavernes. Puis **Spire**, étape relativement courte qui permet un arrêt prolongé dans cette ville. Celle-ci comptait autant d'habitants il y a mille ans qu'aujourd'hui. Les tours de Spire annoncent de loin la **cathédrale** impériale des XIe et XIIe siècles. Le **musée du Palatinat**, non loin de la cathédrale, donne un aperçu de l'histoire et de la culture de cette région. Le **musée du Vin** qui s'y intègre ne peut qu'éveiller l'appétit et la soif, et l'envie de déguster les spécialités du *Land* du Palatinat.

Sur le chemin de Mannheim, on peut faire un arrêt à **Schwetzingen**, pour son **château** et son parc. Il s'y tient chaque année un festival estival de musique.

Puis vient **Heidelberg**, sur le **Neckar**, qui mérite qu'on s'éloigne un peu du Rhin pour sa vieille ville et son château.

La **résidence des princes électeurs Palatins**, à **Mannheim**, fait faire quelques pas dans le passé. Après les destructions occasionnées par la guerre contre les Français, le prince électeur Charles-Philippe transféra sa résidence de Heidelberg à Mannheim en 1720. La jeune ville en profita pour prendre son essor et devint bientôt le centre culturel de l'Allemagne du Sud-Ouest. Peintres et sculpteurs suivirent les architectes. L'école musicale de Mannheim imposa un nouveau style, avec Johann Stamitz et surtout Wolfgang Amadeus Mozart. Il ne faut pas hésiter à faire une halte pour assister à un concert dans la **Roseraie** (Rosengarten). Après un détour par le **château**, la tour de la Télévision et le confluent du Neckar, on reste sur la rive droite du Rhin : la rive gauche est occupée par les usines B.A.S.F. En revanche, l'**île de Friesenheim** invite à déguster les poissons du **restaurant Dehus**, non loin du **pont de Sandhofen**.

Puis, après avoir traversé ce village de pêcheurs, sur la rive gauche, on suit cette même rive pour arriver, très rapidement d'ailleurs, à **Worms**. La plus ancienne ville impériale d'Allemagne a été le théâtre de 100 diètes. La liste des événements qui s'y sont passés est longue, jusqu'à l'édit de Worms qui envoya Martin Luther en exil, en 1521.

Une promenade ombragée.

Le Rhin romantique

La randonnée de Rüdesheim à Bonn est plus longue que la précédente. Les chemins qui suivent le fleuve en évitant les grand-routes sont courts. Les sentiers de randonnée suivent la topographie de la région; ce sont de véritables sentiers de montagne (*Rheinhöhenwege*) signalés sur les panneaux par un R majuscule, qui serpentent de chaque côté du fleuve et traversent souvent des vallées latérales avant de gravir la hauteur suivante.

Hasenbach, **Feuerbach**, **Wellmicher Bachtal**, tels sont les noms de ces vallées transversales qui coupent les collines en bordure du Rhin. Nombreux sont les panoramas bien connus qui, vus avec les yeux du randonneur, prennent une dimension nouvelle : **Kaub**, le **Pfalz**, **Gutenfels**. De là-haut, ils paraissent plus pittoresques et plus imposants. Vu de là, le Rhin est tout simplement impressionnant. Comment rester insensible au spectacle de la vallée encore plongée dans la brume au petit jour, d'où émerge le bruit crépitant des bateaux qui sillonnent le fleuve, et la vision lointaine du Rhin qui serpente entre deux berges abruptes? Ce n'est pas du haut du **rocher de la Lorelei** qu'on a la plus belle vue! Celle que réserve le versant de **Dörrscheid** n'est-elle pas plus naturelle?

Aussitôt après **Boppard**, les hauteurs qui surplombaient le fleuve tendent à s'abaisser, le paysage s'adoucit. Après avoir traversé le lieu de pèlerinage qu'est **Kamp-Bornhofen**, on ne tarde plus à arriver au confluent de la **Lahn**, avec la ville de **Lahnstein**, formée de deux quartiers distincts. Avant d'arriver à Coblence, on peut encore faire une halte bienfaisante à l'ombre du **château de Lahneck**, tour pentagonale du XIIIe siècle qui domine le confluent.

Coblence a deux monuments souvent célébrés par les patriotes allemands : la **forteresse d'Ehrenbreitstein** et le **Deutsches Eck** — le Coin allemand. De chacun d'eux, on a une vue incomparable sur l'autre, tandis que, dans les deux cas, on peut suivre la fusion du Rhin et de la **Moselle**. Savoir s'il est vraiment nécessaire que le monument élevé

A gauche, maison à colombage à Rhens; à droite, saint Boniface, apôtre de la Germanie et archevêque de Mayence.

à la gloire de Guillaume II se dresse à cet endroit n'a plus aucune importance.

Une fois passé Coblence, le Rhin perd une partie de ses surprises — et il faut fermer les yeux devant le complexe industriel du bassin de **Neuwied**. Il est vrai que le regard et l'esprit ont été gâtés depuis le début de la randonnée; on ne trouve donc plus rien de vraiment sensationnel jusqu'à **Andernach**. Mais si l'on suit l'ancien chemin de halage le long duquel les bateliers, autrefois, faisaient tirer leurs embarcations pour remonter le courant, ou les sentiers qui longent le fleuve, le paysage semble glisser comme une scène tournante : les **Siebengebirge** (Sept Montagnes), pittoresques et couronnées de châteaux forts, le **Drachenfels**, ruines qui servent de décor à certains opéras, et au-dessous, les villes d'**Unkel**, **Bad Honnef**, **Rhöndorf**, **Königswinter**, des façades dignes de livres d'images, des villages rhénans qui, grâce au fleuve, se sont étendus par-derrière et continuent donc à lui offrir une physionomie agréable faite de terrasses, de petits ports et d'allées ombragées.

Les noms des localités qui précèdent **Bonn** éveillent des échos politiques. **Rhöndorf** reste intimement liée à la personnalité de Conrad Adenauer. Le **Petersberg**, sur lequel se dresse le nouvel hôtel d'accueil du gouvernement allemand, a été le siège des hauts commissaires alliés, après la Seconde Guerre mondiale.

A partir de **Mehlem**, il est recommandé de suivre les chemins qui longent la rive gauche et traversent les villes. Ils sont très bien entretenus par les jardiniers municipaux. On a plaisir à s'y promener, la randonnée est facile et agréable, les randonneurs ne sont pas gênés par la circulation routière. Hôtels et restaurants, tels le **Dreesen**, promettent des plaisirs gastronomiques, tout en rappelant certaines rencontres politiques. Jusqu'à **Bundeshaus**, le chemin court le long du Rhin.

Entre Rüdesheim et Bonn, toutes les localités sont équipées pour recevoir les voyageurs. Toutefois, il est recommandé de prévoir dès midi l'étape du soir et de réserver un logement par téléphone.

Les premiers rayons du soleil.

LE RHIN A BICYCLETTE

Suivre le cours du Rhin à bicyclette est une aventure pleine d'attrait, car il y a beaucoup à voir sans qu'on soit obligé de pédaler dur. Pour bien des trajets le long de ce fleuve, on peut même dire que c'est le seul moyen de locomotion qui permet de jouir du paysage et de l'atmosphère si particulière à la région, sans fatigue excessive. Les distances sont trop grandes pour la randonnée à pied; quant à l'automobile, les chemins les plus beaux lui sont interdits.

Les sources du Rhin

Même sans être particulièrement sportif, on peut facilement accéder aux sources du Rhin à bicyclette, dans le **massif du Saint-Gotthard**. En Suisse, les chemins de fer s'insinuent dans les régions les plus invraisemblables et ils se chargent volontiers des bicyclettes. On peut prendre le train jusqu'au **col de l'Oberalp**, à 2044 m d'altitude; là, on suit la vallée du Rhin en aval jusqu'au-delà de **Coire**. Là se trouve le point de départ d'une des plus belles randonnées à bicyclette qu'on puisse imaginer : des chemins plats aménagés sur les digues qui longent le Rhin, et sur lesquels circulent peu de voitures, ou même pas du tout, et, compte tenu des conditions idéales, très peu de cyclistes également. De là aux environs du **lac de Constance**, on peut parcourir 50 km en jouissant d'un panorama de montagnes grandiose sans se fatiguer.

On peut tout à fait qualifier aussi de romantique le Rhin supérieur, ce tronçon de la vallée qui va de **Constance** à **Bâle**. La tâche du cycliste ici est moins aisée : il ne trouvera pas partout des routes ni des chemins praticables le long des rives, et il sera obligé, çà et là, de pousser sa bicyclette sur les hauteurs à travers lesquelles le fleuve lui-même a dû creuser son lit. On trouve heureusement de bonnes cartes qui indiquent les chemins à suivre, les détours et les côtes

Route au sommet de la digue.

à éviter, ou qui empêchent de se fourvoyer dans une voie qui ne mène nulle part.

Recherchez sur les cartes les vieux ponts de bois couverts qu'on trouve en abondance entre la Suisse et l'Allemagne près des petites villes et qui servent souvent de charmants postes de douane; ils sont très beaux et très typiques de la région. Le plus long d'entre eux, et peut-être le plus célèbre aussi, est celui de **Säckingen**. Comme il est interdit à la circulation automobile, il représente un véritable privilège pour les cyclistes : quoi de plus romantique que de rouler d'une rive à l'autre sur les madriers du vieux pont de bois au crépuscule, au rythme assourdi des roues?

Les frontières sont grandes ouvertes aux cyclistes comme aux randonneurs, à condition qu'ils ne transportent pas de marchandises. Bien souvent, lorsqu'on longe le Rhin à bicyclette, sur des chemins tranquilles interdits aux voitures, on traverse presque sans s'en apercevoir ces frontières riantes qui ne sont indiquées que par un panneau.

Bâle

A Bâle, le Rhin supérieur change de direction, il vire vers le nord. Sur la rive gauche, la rive française, les cyclistes amateurs de vitesse seront au paradis. Des routes isolées courent le long de la digue, qui elle-même suit tantôt le **grand canal d'Alsace**, tantôt le Rhin. Pour apercevoir l'eau de temps en temps, il faut grimper sur la digue. Ces routes ne conviennent certainement pas au cycliste peu entraîné. On se demande vraiment si l'on se trouve dans cette Europe dont la densité de population est élevée.

De l'autre côté, sur la rive allemande du Rhin, on trouve les routes habituelles qui relient les villages entre eux, et parfois même des chemins qui longent directement le fleuve. Mais il n'est pas rare que ces chemins tranquilles et attirants conduisent à des presqu'îles formées par des bras du Vieux Rhin. Le cycliste débouche soudain sur une sorte de cap au bout duquel il trouve un tas de graviers, et il n'a plus qu'à faire demi-tour.

Des cygnes sauvages.

Mannheim

A partir de la frontière franco-allemande, de **Lauterbourg** aux environs de **Mannheim**, la rive gauche offre de nouveau des conditions de circulation idéales aux cyclistes. En général, les chemins ne donnent pas directement sur le fleuve car la digue, qui porte souvent à son sommet une bonne route plate et asphaltée, est souvent séparée du fleuve par un terrain couvert d'une végétation un peu folle, dit «surface d'inondation» du Vieux Rhin et qui est déclaré réserve naturelle. Il arrive qu'on roule sur la digue comme à travers une forêt enchantée, dans un univers quasi vierge, accompagné du coassement des grenouilles, du gazouillis d'oiseaux rares et où, de temps en temps, la sirène d'un bateau trahit la proximité de la grande voie d'eau.

Pour jouir du paysage typique des vignobles rhénans de la région, sans se jeter dans la cohue du Rhin moyen, le mieux est d'emprunter le tronçon de **Worms** à **Bingen** par la **Hesse** rhénane. On retrouve déjà la montagne, mais le fleuve, les villes, les routes et les vignobles ont encore assez de place pour ne pas se bousculer les uns les autres. Ici, on quitte provisoirement la rive du Rhin et on monte l'une des routes asphaltées qui courent au milieu des vignobles. Dès qu'on a passé **Oppenheim**, on découvre l'**Odenwald**. Le soleil scintille sur les vastes plaines du **Ried** hessois.

Mayence

A partir de **Mayence**, on entre pour de bon dans le véritable Rhin romantique allemand. Dans la vallée resserrée, les cyclistes n'auront aucun mal à reconnaître leur chemin. Il y a peu de place entre les versants abrupts et le fleuve. Des pistes cyclables sont tracées par intermittence : on peut y rouler à l'écart de la grand-route, sans être gêné par la circulation automobile, et on jouit d'une vue dégagée sur la rive opposée : sur les bateaux et les châteaux forts, sur les rapides du fleuve et les îles. Lorsqu'une piste cyclable prend fin, on revient sur la grand-route, en attendant la suivante.

Une route sans voitures.

Les cyclistes retrouveront d'excellentes conditions de circulation sur le Rhin inférieur. Entre **Düsseldorf** et **Emmerich**, les chemins de digue se déroulent sur des kilomètres; on n'a aucune difficulté à s'orienter et on peut se consacrer au spectacle du ballet des nuages, des grasses prairies et de l'animation qui règne sur le fleuve, large et imposant à cet endroit.

Aux Pays-Bas, malheureusement, les choses se compliquent. Non pas par manque de routes cyclables le long du fleuve, mais parce qu'on a du mal à distinguer le Rhin véritable. Le fleuve se divise en réseau inextricable de bras naturels, de bras morts et de canaux artificiels. On a le choix entre une infinité de chemins de digue qui mènent tous à la mer du Nord. Il est utile, aux Pays-Bas, de respecter le vent, car il souffle souvent de la mer. Au lieu de lutter contre lui, mieux vaut prendre le train à **Hoeck van Holland** avec tout son équipement et remonter ensuite le Rhin depuis la mer, sur l'autre rive, avec le vent dans le dos.

Il ne faut pas non plus hésiter à prendre un bac chaque fois que l'occasion s'en présente; ils sont très nombreux sur le Rhin. On y trouve le calme et la paix, ce qui n'est pas le cas sur les rampes des grands ponts. Les véhicules motorisés y sont relativement peu nombreux et, avec un peu de chance, on découvre un de ces petits bacs réservés aux piétons et aux cyclistes. A Bâle, ce sont des bateaux maintenus par des cordes qui sont actionnés uniquement par le courant et dirigés à l'aide d'une rame.

Avant de s'embarquer sur un bac, les cyclistes peuvent faire une petite halte au soleil (s'il est du voyage) et se reposer un peu. Il y a toujours un kiosque ou une auberge à proximité de l'embarcadère, où l'on trouve une glace ou quelque chose à boire. Là, sur la rive, l'air transporte des senteurs d'eau et de vent du large. Le bac démarre, chacun cherche une petite place confortable contre le bastingage et passe le peu de temps que dure la traversée à voir, à entendre, à sentir le Rhin.

Montures et cyclistes se reposent.

DE COBLENCE A COLOGNE

En aval de Coblence, le Rhin s'élargit, la région prend alors le nom de **bassin de Neuwied**. Il ne reste rien du premier pont sur lequel Jules César franchit le fleuve en 55 av. J.-C., près d'**Urnütz**, entre Weissenthurm et **Neuwied**.

Le nom de cette ville de 60 000 habitants laisse entendre qu'il y eut jadis un **Altwied** (Vieux Wied), château qu'on découvre en effet un peu plus loin. Quant à celui qui s'élève au milieu d'un parc magnifique, il fut construit entre 1706 et 1756 sur le modèle de Versailles. A ne pas manquer surtout, la salle municipale de la **Herrnhuter Brüdergemeinde** (1783-1785), l'**église des Mennonites** (1768) et les ruines du **château fort d'Altwied** datant du XIIe siècle, dans le quartier du même nom. La construction de Neuwied commença en 1648, dès la fin de la guerre de Trente Ans. Afin d'inviter des gens à s'établir dans la ville nouvelle qu'il voulait fonder en ces temps de disette, le comte de Wied ne leur offrit pas seulement la terre fertile de la vallée en terrasses. En 1653, il les libéra du servage, leur donna le droit de pratiquer librement leur religion et leur fit don du terrain à bâtir, à condition toutefois qu'ils respectent ses principes d'urbanisation. C'est la raison pour laquelle la ville a gardé un plan strict. A **Enders**, l'un des vieux quartiers de Neuwied, on peut voir des restes des anciens **remparts**, des maisons à colombage, l'ancien **hôtel de ville** et une **chapelle** datant de 1622. Sur la rive gauche, donnant directement sur le fleuve, se dresse la centrale nucléaire de Mülheim-Kärlich, mise hors service par décision de justice en 1988.

Andernach

A hauteur d'**Andernach**, les rives rocheuses se resserrent à nouveau pour former la trouée d'Andernach. Ici aussi, le romantisme fait partie du paysage, là où Ernst Moritz Arndt (1769-1860) découvrit depuis Breisig *« un spectacle à nul autre pareil, la superbe porte rocheuse qui donne l'impression d'avoir été sculptée directement dans la montagne »*, avec des sommets arrondis, des ruines de châteaux forts, le Rhin en amont et Andernach en arrière-plan.

« De ma fenêtre, j'ai une vue splendide qui me transporte d'enthousiasme », écrivit aussi Victor Hugo (1802-1885). **Andernach** (28 000 habitants) fut construite sur le site de la place forte romaine Antunnacum et fut une ville royale sous Charlemagne. La ville a été si convoitée au cours de son histoire, à cause de sa situation favorable sur le bord septentrional du bassin, qu'une de ses batailles défensives est même devenue une légende rhénane : la saga des mitrons qui, en allant porter le pain chez les clients au petit jour, découvrirent l'ennemi venu de Linz aux portes de la ville. Comme ils n'avaient pas d'armes, ils usèrent d'un stratagème ingénieux : ils jetèrent un grand nombre de ruches d'abeilles par-dessus les murs de la ville. Depuis, les abeilles ont disparu, et pour convaincre les sceptiques, il ne reste plus que deux sculptures rongées par le

Pages précédentes : façades de maisons à encorbellement à Coblence.

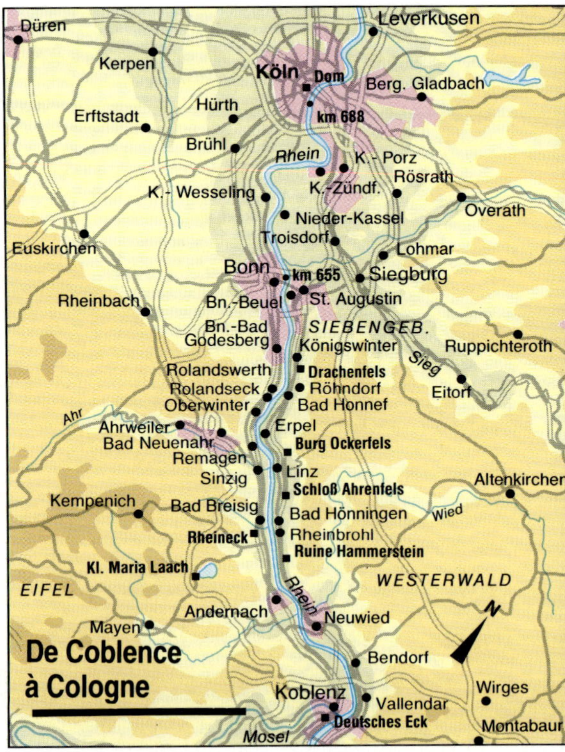

temps dans la **porte du Rhin** et intitulées *les Mitrons*. Les remparts de la ville, qui datent de la fin du Moyen Age, sont en bon état de conservation, ainsi que des portes majestueuses et la **tour-donjon** de 1448, indestructible avec ses murs de cinq mètres d'épaisseur. La **cathédrale** d'Andernach, comme on appelle là-bas l'**église Notre-Dame** (Liebfrauenkirche), en style roman du XIIIe siècle, est également bien conservée. Cependant le symbole de la ville, qu'on distingue de très loin, se dresse sur la berge, dans le quartier de **Namedy**; c'est une vieille grue datant du XVIe siècle. Elle est pivotante et fonctionne manuellement au moyen de deux grandes roues de transmission placées à l'intérieur. Cette grue, encore en service en 1911, aidait à décharger les bateaux et à porter à bord les pierres ponces et les meules de moulin. L'**hôtel de ville** du XVIe siècle et l'**église paroissiale** protestante (Pfarrkirche) des XIVe et XVe siècles méritent aussi une visite.

Weissenthurm et Andernach, situées toutes deux sur la rive gauche, sont d'excellents points de départ pour une excursion à **Maria Laach**, monastère de bénédictins au bord du **lac** du même nom, qui fut fondé en 1093 par le comte palatin Henri II; il est célèbre par son église abbatiale romane à six tours. Les moines servent de guides, extrêmement compétents d'ailleurs. Cet édifice unique occupe une situation de choix dans le paysage aride de l'Eifel. On y trouve un restaurant et des boutiques de souvenirs.

Les roches volcaniques de ce secteur oriental de l'**Eifel** ont toujours été la bénédiction des habitants de la **vallée du Brohl** : de tout temps, elles leur ont apporté du travail, et elles leur en apportent encore de nos jours. On y pratique toujours l'extraction de la pierre ponce : le tuf local, qui sert à la construction des maisons, mais surtout le trass, pierre ponce plus légère et plus étanche quand elle est réduite en poudre, mélangée au calcaire et employée comme ciment. Les Romains du reste ne l'ignoraient pas. Mais au cours des siècles, c'est vers la Hollande qu'ont été expédiées les plus grandes quantités de trass, afin de construire et de renforcer les digues, ce

Le Deutsches Eck (Coin allemand), confluent du Rhin et de la Moselle.

qui assura la prospérité de la ville de **Brohl** (25 000 habitants). En 1786, un visiteur étonné écrivait : *« Dans le village de Broel, un chariot de trass coûte quatre florins et demi, et arrivé en Hollande, il en coûte vingt-huit. »* Telles furent les marges bénéficiaires qui firent de simples meuliers des « barons du trass » ; c'est ainsi qu'on les appelait souvent. Même le transport de la pierre était une bonne affaire pour eux : il suffisait de laisser les barges chargées du précieux fret descendre le fleuve au fil du courant ; en revanche, les frais de halage pour le retour étaient élevés ; il fallait payer une douzaine de chevaux, plus les haleurs nécessaires, ainsi que les grues.

En face, là où la vallée est encore assez large, se trouve **Leutesdorf** (2 000 habitants), village entouré de vignobles, et l'un des seuls de la vallée à ne pas être séparé du fleuve par la route. Il ne faut pas hésiter à prendre une collation arrosée de vin dans cette localité calme, épargnée par la circulation, avec ses jolies maisons à colombage des XVIe et XVIIe siècles et une très belle église baroque. L'**église de pèlerinage Sainte-Croix** (Heiligkreuz) date du XVIIe siècle.

Puis les rives se rapprochent et une île se dessine au milieu du Rhin, portant un énorme rocher sur lequel se dressent les ruines du **château fort de Hammerstein** (XIe siècle). On trouve mention de Leutesdorf dès 775, dans une liste attestant que la ville fut donnée en cadeau par Charlemagne. Quant à Hammerstein, on dit qu'il daterait de Charles Martel (*Hammer* veut dire marteau), mais cette version est contestable. Incontestable en revanche est la bataille de Hammerstein, en 1020 : le comte de Hammerstein épousa Irmingard, sa proche parente. Aucun homme d'Église ne pouvait tolérer pareille situation, et comme, en outre, l'évêque de Mayence avait des litiges de frontières avec le comte, il discrédita celui-ci auprès du pape et de l'empereur. La forteresse fut assiégée ; le pape annula le mariage, mais personne ne réussit à séparer le couple. Hammerstein a une **église romane** du XIIe siècle et le **Burgmannshof** du XVIe siècle.

A gauche, moment de repos sur la berge ; à droite, une organisatrice d'une fête locale.

Le second château qui faisait l'admiration du poète Arndt était le **Rheineck**, perché sur un rocher à 182 m d'altitude au-dessus de **Bad Breisig** (6500 habitants), à quelques kilomètres en aval de Hammerstein, sur la rive gauche. Bad Breisig possède trois sources thermales qui lui ont donné le droit de porter ce nom. On y trouve un joli parc entourant l'établissement thermal et de vieilles maisons intéressantes à voir (XVIIe et XVIIIe siècles). L'**église Saint-Victor** date du XIIIe siècle et l'**église Sainte-Marie** du XVIIIe siècle.

Le **Rheineck** occupe une situation pittoresque au-dessus du **Vinxtbach**; ancien château fort des comtes palatins, il devint propriété de l'archevêque de Cologne dès le XIIe siècle. Un membre de la famille de banquiers Bethmann-Hollweg le racheta en 1832 et le fit restaurer.

A ce niveau de la vallée, sur la rive droite, on est en train de reconstituer la première tour du *limes* qui marqua la frontière de l'empire romain, ensemble de fortifications, de murs, de palissades et de tours qui s'étirait jusqu'au Danube et à Vienne, en Autriche. **Rheinbrohl** (4000 habitants) dépendait encore de Rome; le *limes romanum* commençait juste à la sortie du village, mais **Bad Hönningen** (6000 habitants) se trouvait de l'autre côté de la frontière. Ce site a sans doute déjà été occupé par une bourgade dans laquelle se pratiquait le commerce avec les Romains, par-dessus le fossé limitrophe. En 1813, la ville commença à prendre de l'importance parmi les villages viticoles et fluviaux des environs, grâce à la découverte de l'« air piquant » qui jaillit du sol et qu'on n'avait pas encore identifié comme du gaz carbonique. La ville ne tarda pas à faire le commerce de l'eau gazeuse et Bad Hönningen, avec sa source carbonatée des Trois-Rois, est devenue la station thermale la plus riche en production d'acide carbonique d'Allemagne.

Elle est dominée par le **château d'Arenfels**, dont l'origine remonte à 1259. Arenfels se dresse au milieu d'un océan de cépages; il fut restauré à partir de 1849 par l'architecte de la cathédrale

Vue de Coblence.

de Cologne, Zwirner, qui transforma ce château fort en édifice d'une beauté très romantique, avec ses pignons en gradins, ses tourelles et ses créneaux; il compte 365 marches et 365 fenêtres, 60 portes à vantaux, 12 cages d'escalier, 7 tours, 4 portails et 1 000 m² d'ardoises sur les toits. Après avoir servi de restaurant, le château a été complètement abandonné.

Là où l'**Ahr** se jette dans le Rhin et où celui-ci prend la direction de l'est, le romantisme rhénan cède la place au romantisme de l'Ahr. Nombreux furent les randonneurs et les poètes du XIXe siècle, tel Gottfried Kinkel (1815-1882), qui remontèrent la vallée de l'Ahr, passèrent par **Neuenahr** et **Altenahr** pour aller jusqu'à **Blankenheim** et aux sources du fleuve, à 89 km à l'intérieur de l'**Eifel**. Aujourd'hui encore, l'Ahr, une des «filles» du Rhin vouée au vin, est célèbre pour son *Spätburgunder* (bourgogne tardif). A ceux qui en ont abusé, il ne reste qu'à adopter le remède des anciens : *« Pour se guérir d'avoir bu trop de vin rouge, il faut boire du vin blanc »*, telle est la règle que les moines de la vallée de l'Ahr ont découverte depuis longtemps et que nous a transmise Kinkel. Si ce remède se révèle sans efficacité, il reste toujours l'eau minérale de la source qui jaillit près de Neuenahr.

Le confluent de l'Ahr et du Rhin, près de **Bad Kripp**, est le dernier confluent naturel sur la rive gauche. Son aspect change d'une crue à l'autre, car chacune apporte son contingent de graviers et de terre. La surface d'inondation qui lui est réservée s'appelle le «Mille d'Or», et la ville qui s'est installée derrière, légèrement en hauteur, **Sinzing** (14 000 habitants); c'est l'ancienne Sentiacum, comme elle s'appelait encore en 762; mais le site était habité dès l'époque celtique, car il jouissait d'une situation favorable au commerce, à l'exploitation et à la défense militaire, tout en dominant le Mille d'Or, ce qui la mettait à l'abri des crues du Rhin. L'**église Saint-Pierre**, probablement consacrée en 1241, est située, comme la ville, sur la hauteur. De nos jours, la source d'eau minérale de Sinzig porte loin au-delà des frontières la réputation de cette petite ville.

Une boutique de souvenirs.

Le **musée local** est installé dans le **château** qui fut érigé au XIXe siècle sur les remparts d'une forteresse du XIVe siècle ceinte de douves remplies d'eau.

Linz

En face de l'embouchure de l'Ahr, sur la rive droite du Rhin, s'élève **Linz** (6 000 habitants), *« la ville rhénane haute en couleur »*, comme disent volontiers ses habitants. Elle s'est constituée autour de l'**église Saint-Martin**, de style roman tardif, et offre un ensemble de jolies maisons à colombage d'époques différentes bien entretenues, entre les deux portes, celle du Rhin (Rheintor) et la porte Neuve (Neutor), vestiges des fortifications qui furent démolies en 1861. Autrefois, Linz s'enorgueillissait de ses remparts. Mais, en 1365, afin de rabattre l'arrogance des citoyens de Linz, l'archevêque de Cologne, qui y possédait une résidence d'été, fit ériger en pleine ville une forteresse dotée d'un donjon puissant, pour leur rappeler à tout moment qui commandait en ce lieu. Que firent les habitants de Linz ? Ils n'étaient point paresseux, et ils se mirent à construire un hôtel de ville en face de la forteresse, en plein centre également, qui est le plus ancien hôtel de ville toujours en fonction de la Rhénanie-Palatinat. Le **château des princes électeurs** a été équipé ces dernières années en vue du tourisme. Il abrite maintenant un restaurant dans lequel on peut prendre un repas à la manière médiévale, une salle de torture et, sous les combles, une boîte de nuit, le Castello.

Du haut du **Kaiserberg** (178 m), avec son **église de pèlerinage** néogothique, on a de nouveau une vue plongeante sur le Rhin et sur l'Ahr. On peut être certain que tout ce qui a résisté au temps, autour de Linz, est ancré sur du basalte : les tours de la ville, la digue du chemin de fer et la prospérité de la communauté entière. Ici, tout comme en face, on vit de l'héritage du volcanisme.

Du **Dattenberg**, à quelques kilomètres de Linz, seul le nom indique l'endroit où se trouvait la montagne (*Berg*) de basalte, remplacée par une profonde cuvette.

Girouettes sur les toits d'ardoises.

Remagen

L'**Erpeler Ley**, rocher abrupt qui se dresse en face de **Remagen**, est un bel exemple de formation rocheuse en forme de pilier, à 140 m au-dessus du Rhin et de la jolie localité d'**Erpel**. Les ruines sinistres du fameux **pont Ludendorff** de Remagen (1916-1918) semblent monter la garde, avec quatre piles, deux de chaque côté. Cet endroit est un lieu de pèlerinage pour les anciens combattants venus des États-Unis. Les Allemands défendirent avec acharnement ce pont de chemin de fer, puis l'ordre fut donné de le faire sauter. Le 7 mars 1945, les charges d'explosif étaient posées et prêtes à être allumées. Et puis, comme par miracle, le pont resta debout dix jours encore. Les troupes alliées, empruntant ce passage inespéré, passèrent sur la rive droite. On a installé à l'extrémité du pont, sur la rive droite, le **musée de la Paix** qui rappelle cet épisode de la guerre; en outre, on peut acheter le pont… par fragments sertis dans la résine, en guise de souvenir.

Remagen (14 000 habitants), le Rogomagus celto-romain, possède une jolie promenade le long du Rhin, à côté de vestiges romans peu connus comme le chœur de la **basilique Saint-Pierre-Saint-Paul**, la **Pfarrhoftor** en face, porte dont on n'a pas fini d'interpréter les sculptures. Mais il ne faut pas négliger pour autant d'aller visiter l'**église Saint-Apollinaire**, qui s'élève sur une colline près de la ville et d'où l'on a une vue superbe sur la vallée du Rhin. L'endroit n'a guère changé depuis 1849 : l'**église de pèlerinage** néogothique a été construite par Zwirner, architecte de la cathédrale de Cologne, de 1839 à 1857; les fleurons trahissent clairement son style. Elle est aussi belle à l'extérieur qu'à l'intérieur, qui est entièrement couvert de fresques de l'école nazaréenne à la manière romane. L'édifice ressemble maintenant à un écrin, ce qui est d'ailleurs sa vocation : l'église est un reliquaire destiné à abriter la tête de saint Apollinaire qui, d'après la légende, aurait été apportée à Cologne en 1146 en même temps que les ossements des rois mages. Mais le petit

Les vendanges du Riesling.

bateau jeta l'ancre devant Remagen et il lui fut impossible de repartir avant que Rainald von Dassel, l'archevêque de Cologne, se résigne à se séparer d'une partie du chargement. Il choisit les reliques d'un saint inconnu, Apollinaire, ce qui valut à celui-ci la célébrité.

Unkel

Toujours sur la rive gauche, en aval de Remagen, on arrive bientôt à la dernière hauteur qui domine le Rhin. Là se dresse, sur le versant du **Roddenberg** volcanique, le **Rolandsbogen**, autre symbole romantique, «ruine» artistement stylisée datant du XIXe siècle. Les autres édifices construits à la même époque entre Remagen et **Oberwinter**, le **château de Marienfels** et la **maison Ernich**, résidence de l'ambassadeur de France, étaient destinés à servir d'habitations somptueuses. L'**arche de Roland**, elle, n'avait qu'une valeur sentimentale.

C'est là qu'autrefois l'archevêque de Cologne avait fait ériger la **forteresse de Rolandseck**, pour qu'elle serve de bastion à l'électorat de Cologne. Elle eut un destin mouvementé; la dernière destruction date de la guerre de Trente Ans. Puis le lierre envahit ses murs, et avec lui les légendes s'y inscrivirent : on dit que Roland, le neveu de Charlemagne, y aurait passé le reste de ses jours en captivité, dans une profonde affliction; au-dessous de lui, dans le couvent de l'**île de Nonnenwerth**, était enfermée Hildegard, la fiancée qu'il pouvait seulement voir. Elle était entrée au couvent en recevant la fausse nouvelle de sa mort... Cette histoire convenait parfaitement au goût du XIXe siècle, et l'**arche de Roland**, par laquelle il jetait des regards mélancoliques au couvent, demeura un lieu de pèlerinage. Lorsqu'en 1839, peu après Noël, une tempête hivernale fit tomber dans la vallée ce qui restait de la fameuse fenêtre, Ferdinand Freiligrath (1810-1876), poète célèbre à l'époque, lança une souscription en vers et, en 1840, le fameux Zwirner, qui travaillait depuis un an déjà à Remagen, reconstruisit l'arche de Roland. Et si, de là-haut, on ne voit pas le couvent du Nonnenwerth, du

Maisons à colombage.

moins a-t-on une vue impressionnante sur le fleuve et les **Siebengebirge** (Sept Montagnes) en face.

Quelques années plus tard, en 1856, une somptueuse gare de chemin de fer fut érigée : à l'époque, le futur empereur Guillaume Ier voulait se faire construire une villa donnant directement sur une voie ferrée. La gare est toujours debout, bien qu'elle soit devenue un lieu de rencontre à l'usage des notabilités de l'art, de la politique et du grand monde, avec un atelier, une salle d'exposition et une salle de concert. C'est en fait ce qu'elle avait toujours été : pas seulement une simple gare où les trains s'arrêtaient, mais un endroit où les puissants de ce monde pouvaient se rencontrer; ainsi y vit-on la reine Victoria et Simrock, Guillaume Ier et Franz Liszt. De la terrasse néoclassique de la gare, on pouvait voir Unkel et Bad Honnef dans la vallée, et être vu également d'en bas.

Au moment où l'arche de Roland s'écroula, Freiligrath vivait à **Unkel** (3 500 habitants). Il possédait un «belvédère sur le Rhin», son **Strolchenburg**, qui ouvrait directement sur la Promenade, l'actuelle **maison Freiligrath**, au coin de la Pützgasse.

Aujourd'hui encore, on fait la fête plus qu'on ne travaille à Unkel, mis à part les gastronomes. Cette jolie localité est surtout animée en automne, à l'époque des vendanges et des festivités qui les accompagnent, variantes bien arrosées des fêtes d'actions de grâces qui marquaient la fin des récoltes. Les amateurs de vin et les amoureux du Rhin y viennent en foule; Beethoven y a participé lui aussi plus d'une fois. On dit qu'un jour où il ne pouvait pas payer son repas, il passa une nuit en prison dans la **Tour**, à l'extrémité sud des anciens remparts de la ville. Actuellement la Tour est couverte d'un toit et on la voit de très loin.

Les Sept Montagnes

Un peu en aval encore se trouve **Bad Honnef**, la «Nice rhénane», selon le mot d'Alexander von Humboldt; elle marque le point extrême des **Siebengebirge**.

Façades baroques et couleurs pastel.

Il était une fois, raconte la légende, sept géants qui aidèrent à percer la barre de rochers derrière laquelle les eaux du Rhin s'accumulaient en formant un lac. Aussitôt l'ouvrage achevé, ils secouèrent la terre de leurs pelles, de sorte qu'il resta les Sept Montagnes. En réalité, la limite septentrionale du Massif schisteux rhénan compte plus de 40 sommets, dont beaucoup ont un nom qui leur est propre : Geisberg, Schallenberg, Kuckstein, Ennert, Stenzelberg... Il est plus probable que les *Sieben* viennent des *Siefen*, les innombrables petits ruisseaux qui dévalent ici les pentes. Le **Drachenfels** (321 m) n'abrite pas, ou n'abrite plus de dragon. Son nom vient plutôt du trachyte que les Romains arrachaient déjà à ses flancs.

A l'époque où Alexander von Humboldt découvrit les Siebengebirge et dit de cette contrée qu'elle était *« l'une des plus belles du monde »*, les carrières de pierre étaient encore en exploitation : trachyte, andésite, latite et basalte. C'est là que sculpteurs et tailleurs de pierre venaient chercher tout ce dont ils avaient besoin pour les croix, les chambranles de fenêtre et les linteaux, pour les rebords des trottoirs, les pierres en gros et en détail et la pierraille nécessaire aux nouvelles voies de chemin de fer.

On dit que, avant qu'il soit livré aux marteaux et aux pics, le **Wolkenburg**, comme son nom l'indique, atteignait les nuages. Du **Finkenberg**, dans les environs de **Beuel**, il ne reste plus aujourd'hui que le nom, pas même le mont; et la destruction de la montagne se serait propagée indéfiniment si les riverains du Rhin romantique n'avaient fondé une association pour la protection des Siebengebirge en 1869. En 1971, le conseil de l'Europe y ajouta un brevet supplémentaire, de sorte que depuis cette date surtout, les Siebengebirge sont particulièrement bien surveillées et entretenues. C'est le paradis des randonneurs, pour lesquels un réseau de sentiers pédestres a été tracé; ils trouvent en outre le repos et un regain de forces dans cette région qui est le plus ancien site naturel protégé d'Allemagne.

Une tempête se prépare.

De Bad Honnef à Heisterbach

Bad Honnef (21 000 habitants) est *« l'un des coins les plus délicieux et les plus ensoleillés »*, de l'avis d'Ernst Moritz Arndt. A l'abri du vent, la ville jouit d'un microclimat et possède une source du Dragon (Drachenquelle), ce qui fait d'elle à la fois un lieu de villégiature et une station thermale.

Conrad Adenauer, le premier chancelier de l'Allemagne fédérale de l'après-guerre, habitait à quelques kilomètres de là, à **Rhöndorf**. Et c'est probablement pour cela qu'il a choisi la ville voisine de Bonn comme capitale fédérale, et non Francfort, par exemple, qui eût été plus indiquée. La **maison** d'Adenauer à Rhöndorf s'élève sur un versant d'où elle domine le village; elle a été conservée intacte après sa mort et contient de nombreux souvenirs personnels du chancelier, grand amateur de roses, y compris son célèbre couvre-chef à carreaux.

Un sentier pédestre conduit de Rhöndorf au **Drachenfels** à travers les vignobles. Sa situation privilégiée et la proximité des grandes villes et des autoroutes ont fait de ce mont le symbole des Siebengebirge, et l'un des sites les plus visités de la vallée du Rhin; on l'appelle parfois aussi *« la plus haute montagne de Hollande »*. Mais les randonneurs qui suivent ce chemin sont à l'écart de la foule... jusqu'au sommet.

De là, on peut atteindre **Königswinter** (3 500 habitants), au pied du Drachenfels, par un sentier et un chemin de fer à crémaillère, puis longer la « vallée du Rossignol » de la chanson, passer sous le **Drachenburg**, château construit par un authentique baron, baron de la finance de surcroît, de 1882 à 1884. Contrairement aux nombreux châteaux de la région, érigés sur les restes d'un château fort médiéval, celui-ci est un édifice entièrement neuf, de style ancien, *« mélange dionysiaque de kitsch et de candélabres »*, comme il fut qualifié à l'époque. Depuis 1972, des manifestations culturelles y sont organisées.

Depuis le Rhin, on distingue très nettement les plaies béantes des anciennes carrières de basalte au-dessus

Une terrasse sous la pluie.

d'**Oberkassel**, la lave incandescente solidifiée quasi instantanément en forme de piliers. C'est à cet endroit que fut découvert en 1914, au pied de la Rabenley, un couple humain inhumé il y a seize mille ans. Non seulement ce sont les restes humains les plus anciens de la vallée du Rhin, mais aussi les plus anciens *Homo sapiens*, à la différence de l'homme de Néanderthal qui semble être un rameau humain divergent et plus primitif, brusquement éteint sans être parvenu au niveau de ces derniers.

Enfin, **Oberdollendorf**, village bâti sur le versant de la montagne, possède depuis cent ans les vignobles les plus septentrionaux d'Allemagne, groupés autour de **Sankt Laurentius**. Le village est dominé par le **Petersberg** où l'on a construit, dans un site pittoresque, l'ancien et le nouvel hôtel du gouvernement fédéral. Il y avait déjà un hôtel au sommet du Petersberg avant la Première Guerre mondiale, et bien avant encore, un couvent de moines augustins, moines qui furent remplacés par des cisterciens; mais au bout de trois ans seulement, en 1192, ceux-ci allèrent s'installer dans la **vallée de Heisterbach** toute proche où ils construisirent leur **monastère** dont il ne reste plus que les ruines splendides du chœur. Après l'invasion des Français, l'abbaye fut dédiée à la «déesse Raison»! En 1809, elle fut vendue comme carrière de pierres, pierres qui descendirent le Rhin sur des bateaux à voiles pour servir à la construction des berges du canal du Rhin à la Moselle.

C'est à cet endroit que se situe l'humble début de la fameuse histoire du moine de Heisterbach : un jeune moine, obsédé par de nombreux doutes, se promène à travers ce paysage rocheux, plongé dans de profondes réflexions, et lorsqu'il frappe de nouveau à la porte du monastère, trois cents ans se sont écoulés et personne ne le reconnaît. Soudain, au cours d'un office, le moine relit le verset familier expliquant que, pour Dieu, mille ans ne sont pas plus longs qu'une journée, et ses doutes s'envolent.

Quelques kilomètres en aval on retrouve la plaine et l'eau avec un joyau roman, **Beuel**, aux environs de Bonn.

A gauche, l'enseigne d'une taverne; à droite, la Drosselgasse, à Rüdesheim.

La double **église Saint-Clément**, à **Schwarzrheindorf**, consacrée en 1151, fut construite selon le modèle des chapelles privées des rois germaniques. Une ouverture octogonale relie l'église supérieure à l'église inférieure, rappelant toutes deux la mémoire de Charlemagne et de son palais impérial d'Aix-la-Chapelle dans lequel les nobles prenaient place dans la partie supérieure de l'église. Les peintures murales de l'église inférieure ne furent découvertes qu'en 1845, et celles de l'église supérieure en 1868. On s'empressa de les dégager de leur gangue et c'est à elles que la petite église doit l'essentiel de sa célébrité.

Bad Godesberg

Sur la rive gauche, le relief s'est aplani depuis plus longtemps déjà; les collines se sont éloignées du fleuve et montent la garde au-dessus de la plaine où l'homme s'est établi depuis des lustres. Les vestiges du **château médiéval de Godesburg**, érigé par les archevêques de Cologne en 1210, se dressent autour du donjon à 122 m d'altitude. Politiquement, la station thermale de **Bad Godesberg** relève de Bonn depuis 1969, mais elle a réussi à garder son nom qui est Bonn-Bad Godesberg et non Bad Bonn. S'occuper de sa santé devient monotone à la longue; aussi Godesberg, à l'instar de Wiesbaden, est-elle devenue une ville de plaisirs dès la fin du Moyen Age. Le parc, avec sa source thermale dite **Draitschbrunnen**, se vit doté d'un casino et d'un théâtre. En 1780 commença la construction de la **Redoute**, établissement thermal de luxe avec salle de réception et salle de bal destinées à distraire les grands de ce monde malades du cœur et de l'âme. Les travaux furent achevés en 1820.

Ceux dont les quartiers de noblesse se limitaient à l'esprit allaient s'amuser au pied du Godesburg, dans l'auberge **Zur Lindenwirtin Ännchen**, rendez-vous des étudiants, qui fut la plus célèbre auberge de la ville dès 1646. En 1976, elle a été transférée dans de nouveaux murs, pour éviter de gêner la circulation routière. C'est à présent la circulation qui la gêne.

Le chancelier Adenauer chez lui, à Rhöndorf.

Muffendorf est un village inconnu de bien des habitants de la région, alors qu'il suffit d'aller au sommet de la colline pour l'atteindre. Le vieux centre, avec ses nombreuses maisons à colombage groupées autour de la **commanderie des chevaliers de l'Ordre teutonique**, édifice baroque devenu la résidence de l'ambassadeur de Belgique, reste silencieux face à ses voisins affairés.

Bad Godesberg a moins souffert des bombardements aériens de la Seconde Guerre mondiale que bien d'autres villes. C'est une des raisons pour lesquelles la cité a pris un caractère nettement résidentiel, ainsi d'ailleurs que la partie sud de Bonn, et qu'elle est recherchée, surtout par les diplomates.

La politique de l'après-guerre apporta plus de changements à Bonn et à Bad Godesberg que n'importe quelle réforme précédente. Le 1er septembre 1948, le conseil parlementaire se réunit dans le **musée Alexandre-König** (chercheur en biologie) épargné par les bombes, en compagnie des poissons et des batraciens, des mammifères et des oiseaux empaillés. Le 8 mai de l'année suivante fut votée la constitution de la république fédérale d'Allemagne, par 200 voix contre 176, qui faisait de Bonn la capitale provisoire de la nouvelle république.

Bonn

Bonn (287 000 habitants) est une ville qui compte plus de deux mille ans d'histoire. Avant 1794, elle avait déjà servi de résidence aux archevêques électeurs de Cologne et fait l'expérience du pouvoir et de la domination. Plus tard, à partir de 1818, les **châteaux de Clemensruhe** et de **Poppelsdorf**, du XVIIIe siècle, ainsi que la résidence du **Hofgarten**, ont accueilli l'**université rhénane Frédéric-Guillaume**, fondée en 1786.

Le centre politique de Bonn s'est installé au sud de la ville, tourné vers Bad Godesberg et **Plittersdorf**. Il vit dans un état de tension perpétuelle, surtout si on le compare à l'image de l'ancienne ville résidentielle, peuplée d'un grand nombre de retraités. On trouve partout des traces de cet équilibre précaire.

Le Rhin près de Bonn avec, en arrière-plan, le château de Drachenfels

Bonn passe pour être la ville administrative qui a la plus forte proportion de veuves de fonctionnaires — et aussi de chiens.

Mais l'essor qui a suivi la promotion de Bonn n'est pas toujours facile à suivre. Ainsi, on dit qu'un étudiant a besoin d'un semestre de plus qu'ailleurs pour mener à bien ses études. On perd du temps à attendre derrière le passage à niveau, par exemple, car à Bonn le chemin de fer traverse la ville et la gare, construite en 1885, se trouve en plein centre. Bonn a malgré tout gardé une certaine unité, entre son Hofgarten et sa gare (devenue célèbre depuis vingt-cinq ans grâce aux *Points de vue d'un clown*, de Heinrich Böll). La résidence officielle du président de la République était la **villa Hammerschmidt**, dans l'allée Adenauer, où s'élève aussi le **palais Schaumburg**, achevé en 1977, qui abritait la chancellerie fédérale, et le **musée zoologique Alexandre-König**. Le **Parlement fédéral** et la **chambre des Députés**, dans la Görrestrasse, étaient déjà devenus les symboles de la ville.

Les racines historiques de Bonn et les édifices datant de son âge d'or — la collégiale (Münster), les châteaux et l'hôtel de ville — se trouvent groupés tous ensemble sur une superficie réduite, au milieu du quartier commercial. Dès l'an 11 av. J.-C., une légion romaine établit son camp sur le site de Bonn, et cinquante ans plus tard, ce camp devint une place forte, mentionnée par Tacite sous le nom de Castra Bonnensis. Au IIIe siècle, deux officiers romains, Cassius et Florentius, y subirent le martyre pour s'être convertis à la foi chrétienne ; ils furent enterrés à l'endroit où s'élève actuellement la tour octogonale de la collégiale, haute de 92 m et située à la croisée du transept. Selon la légende, ce serait sainte Hélène, mère de Constantin le Grand, qui aurait fait construire la première église à cet endroit, pour servir de mausolée aux deux martyrs chrétiens. Vers 1050, sur les murs d'une basilique carolingienne, on édifia la **collégiale Saint-Cassius-Saint-Florentius**, symbole de la ville, qui est restée un havre de paix et de méditation. La présence d'un

Manifestation sur la place du Marché, à Bonn, devant la statue de Beethoven.

cloître roman entourant un jardin prouve qu'elle fut à l'origine une église abbatiale.

A proximité de la collégiale se dresse depuis 1845 la **statue de Ludwig van Beethoven** (1770-1827), perchée sur un socle élevé face au somptueux bâtiment de la **Poste principale**, qui est une ancienne résidence aristocratique. En dépit de tous les déploiements de force et de toute la publicité faite autour des personnalités politiques, aucune d'elles n'a réussi à supplanter l'illustre musicien, enfant du pays, dans l'esprit et le cœur des habitants de Bonn. Les visiteurs auront plusieurs fois l'occasion de le rencontrer dans sa ville natale. La **maison natale de Beethoven** (Beethovenhaus), au n° 20 de la Bonngasse, est devenue un lieu à la mémoire du grand homme. Il réunit un musée, des archives et un buste en marbre de Beethoven placé dans sa chambre natale. Un peu plus loin, on le retrouve, plus grand que nature cette fois, avec cette physionomie bien connue, ombrageux, renfrogné, le front strié de rides, l'air furieux et décidé, qui n'a rien à voir avec le bâtiment du centre des Impôts en face de lui, mais doit être plutôt provoqué par la présence derrière son dos de la Beethovenhalle, salle de concert futuriste, construite de 1957 à 1959.

Le cœur de Bonn est resté la **place du Marché**, avec son hôtel de ville baroque construit en 1737 d'après les plans de Michael Leveilly. Les jolies couleurs pastel de la façade éclairent la place. Au cours de deux visites importantes qu'ils ont faites aux citoyens de Bonn, et partant, aux citoyens de toute la république fédérale, le général de Gaulle et le président Kennedy ont parlé du haut de son escalier extérieur monumental. Durant le festival d'été (*Bonner Sommer*), la place est réservée à des manifestations culturelles; sinon, elle est occupée par le marché quotidien.

On peut encore trouver des traces de l'âge d'or de la ville au-delà de ses limites. Sur le **Kreuzberg** (l'une de ses deux montagnes, l'autre étant le **Venusberg**) s'élève une petite **chapelle** de pèlerinage datant de 1628. En 1746, le

Dans le Hofgarten de Bonn.

prince électeur Clément-Auguste confia à l'illustre Balthasar Neumann des travaux de transformation. L'addition d'une aile et d'un escalier fit de cette modeste chapelle un véritable joyau. Derrière se trouve la **forêt de Kottenforst**, qui a été aménagée dans le but de servir de terrain de chasse aux princes. La chasse à courre nécessitait de longs chemins dégagés, des laies à travers la forêt, ce qui détermine aujourd'hui encore la physionomie du paysage. Tout le reste a disparu, y compris le **pavillon de chasse Herzogsfreude** (la Joie du Prince) de 1854, comprenant une centaine de pièces, qui fut démoli sur l'ordre de l'armée d'occupation française.

Deux monuments de la fin de l'époque médiévale ont été préservés par le temps : le **château d'Augustusburg** et le **pavillon de chasse Falkenlust** à **Brühl**, entre Bonn et Cologne. Pendant près d'un demi-siècle, de 1725 à 1768, les artistes les plus célèbres de l'époque ont travaillé à la construction du château de Clément-Auguste, et lorsque l'édifice (le plus somptueux de la vallée du Rhin) fut achevé, le prince n'était plus de ce monde. Il avait rendu l'âme en 1761. La cage d'escalier de Balthasar Neumann est l'une des plus belles qu'on puisse trouver. Il est célèbre dans le monde entier. Le gouvernement donne dans ce château des réceptions auxquelles il confère une pompe aristocratique.

Au nord de Bonn, avant de pénétrer dans la ceinture industrielle qui entoure Cologne, on traverse, sur la rive droite, la **Siegaue**, large estuaire qui marque le confluent de la **Sieg** et du Rhin. Le relief ici est si plat qu'on a donné le nom de **Bergheim** au petit village situé au haut d'un talus, dans la boucle d'un méandre de la Sieg. En face se trouve une série de collines en forme d'arc de cercle; c'est le pays des *Kappesboore*, nom qu'on donne aux paysans à cet endroit. Le sol est fertile et le pays bien protégé, de sorte que la plaine du Rhin et les pentes boisées de la **vallée de la Swist** sont devenues des terres maraîchères. La vigne de jadis a été remplacée par des fruits et des légumes, en particulier des choux blancs et des choux-fleurs.

Le monument à Ostermann, à Cologne.

COLOGNE

En disant adieu au Rhin romantique, on arrive à la ville qui peut être considérée comme l'apogée du voyage le long du Rhin : **Cologne** (près de 1 million d'habitants). Cette capitale romaine, la plus grande cité rhénane (et l'une des plus grandes d'Allemagne), est aussi l'une des plus belles.

Le train traverse lentement le quartier de Deutz, sur la rive droite du Rhin et passe sur le pont d'acier imposant qui porte son nom. Au premier plan s'étendent les berges du Rhin, avec les façades colorées des maisons à pignons pointus de la vieille ville de Cologne, et les tours de la cathédrale se dressent, fières et puissantes, au-dessus de ce labyrinthe de ruelles où se concentre l'histoire de la ville.

Un peu plus loin, en aval du fleuve, on distingue à travers le treillis d'acier du pont de Deutz la silhouette unique en son genre du pont Saint-Séverin, qui repose sur un seul pilier. Lentement se rapproche l'édifice sacré de style gothique le plus significatif, le projet architectural le plus ambitieux qui ait jamais été conçu et réalisé en Allemagne, jusqu'au moment où, finalement, le train s'arrête à 200 m à peine du portail principal de la cathédrale, au cœur de cette ville tentaculaire.

Au printemps 1945, il ne restait de la ville presque que des ruines, à tel point que les troupes alliées déclaraient, non sans ironie, qu'il valait peut-être mieux la reconstruire ailleurs et d'une manière différente. Seule la cathédrale continua à dresser fièrement ses 157,38 m au milieu des décombres; elle n'en avait pas moins été sévèrement touchée. Une maison, devant laquelle passait tous les ans le défilé du carnaval, suspendit de nouveau un panneau *« Fenêtre avec vue »* sur la façade; au-dessous, on avait ajouté : *« Prière d'apporter son plancher »*... Pratiquement tout avait disparu. Autour de la cathédrale gothique, il fallut tout reconstruire, ce qui fut fait, et bien fait, c'est-à-dire dans le style d'origine. La

Le carnaval de Cologne.

vieille ville qui se serre autour de l'**église Saint-Martin** (Gross Sankt Martin) et de l'**hôtel de ville** (XVe et XVIe siècles) ne révèle rien des blessures causées par les bombes. Elle n'a plus à subir la circulation automobile, qui se fait sous terre depuis quelques années. Les promeneurs qui veulent rejoindre le Rhin par le beau parc appelé **Rheingarten** ne rencontrent donc plus d'obstacle.

Le Rhin ne passe par la ville que depuis 1888; avant, Cologne n'était construite que sur la rive gauche. En face, sur l'autre rive, c'était le *«pays des Barbares»*, comme disaient les Romains (on peut lire cette inscription sur une pierre tombale exposée dans le musée). Adenauer lui-même déclarait qu'à droite du Rhin commençait l'Asie.

Après la Seconde Guerre mondiale, les vieux ponts furent aussi reconstruits, et on en ajouta de nouveaux : le pont autoroutier Rodenkirche, le pont du Sud, le pont Saint-Séverin et le pont de Deutz, le pont Hohenzollern, le pont du Zoo, le pont de Mühlheim et le pont nord de l'autoroute.

En 1888, la commune de **Deutz** fut rattachée à la ville de Cologne; depuis toujours, on l'avait appelée *«la Cologne d'en face»*. A partir de cette année-là, Cologne prit de l'extension à droite et à gauche du Rhin. Le centre de la ville, si l'on s'en tient aux frontières médiévales, occupe tout juste un pour cent de la superficie totale. La plupart des centres d'intérêt se nichent sur cet espace réduit au cœur de la ville.

La cathédrale

Dans les temps anciens, deux voies romaines, devenues la Hohenstrasse et la Schildergasse, se croisaient à cet endroit. Elles entourent le secteur de la **cathédrale** (*Dom*), dont la construction fut commencée en 1248 et achevée en 1880 seulement par un empereur Hohenzollern, Guillaume Ier. Lorsque, en 1248, l'archevêque Conrad von Hochstaden donna sa bénédiction au projet, Cologne était la plus grande ville d'Allemagne, la troisième d'Europe après Paris et Constantinople, et l'une des plus riches du monde. En 1164, on avait transféré le reliquaire des rois mages dans la cathédrale d'origine. Cologne préparait un abri plus décent pour ce trésor unique qui faisait accourir les croyants de tous les points du globe. Les architectes prirent pour modèles les grandes cathédrales gothiques de France, et en particulier celle d'Amiens, mais en conservant le plan à cinq nefs de la basilique du XIe siècle. La cathédrale de Cologne devint la plus parfaite des cathédrales «françaises», le sommet du gothique sacré. *«Omnium ecclesiarum, quae sunt in Allemania, quasi mater at matrona»* : un chroniqueur anglais la qualifiait ainsi de *«mère et maîtresse de toutes les églises d'Allemagne»*.

Le chœur fut achevé en 1320 et consacré en 1322, tandis que les travaux du corps de l'édifice, nefs et transept, restèrent en suspens à partir de 1560. Ils ne furent repris qu'à l'aube du XIXe siècle, lorsque l'historisme et le nationalisme réveillèrent l'intérêt pour le Moyen Age et que le gothique connut une renaissance dans toute l'Europe.

Le roi Frédéric-Guillaume IV de Prusse posa en 1843 la première pierre

Ci-dessous, la bière de Cologne est la plus vieille d'Allemagne ; à droite, moutons paissant avec en arrière-plan le pont Saint-Séverin et la cathédrale.

de la reprise des travaux et, en 1880, la cathédrale fut achevée : véritable exploit inspiré par le culte naissant des monuments historiques. Les attaques aériennes de 1944 ravagèrent la vieille ville et la gare, mais la cathédrale resta debout comme par miracle.

Son charme repose sur la dysharmonie de ses éléments constitutifs et la parfaite unité de son aspect extérieur. Aussi, avant de visiter l'intérieur, est-il conseillé d'aller l'admirer de l'extérieur.

L'intérieur mesure 144 m de long, 44,8 m de large et 43,5 m de haut. Avec leurs 157 m, les tours étaient les plus hautes du monde en 1880 — on peut monter jusqu'à 95 m dans la **tour du Sud**, ce qui représente une ascension de 509 marches. Les colonnes circulaires et les fenêtres élancées ornées de lobes et de redents traduisent l'idée de légèreté et d'envolée vers le ciel qu'on se faisait à l'époque. Les regards des visiteurs se lèvent irrésistiblement vers le haut, pardessus les piliers et les contreforts, vers les fenêtres et les voûtes à nervures, comme s'ils étaient arrachés à la terre.

Le trésor le plus précieux de la cathédrale est la **châsse des Rois mages** (Dreikönigsschrein) placée derrière le maître-autel; c'est un magnifique sarcophage en or massif, le plus grand de l'Occident médiéval. Commencé en 1184, il a été exécuté par le maître orfèvre français Nicolas de Verdun. Le second trésor inappréciable de la cathédrale est la *Croix de Géro*, monumental groupe sculpté en bois d'inspiration ottonienne, qui fut réalisée à Cologne entre les années 969 et 976; c'est la plus ancienne représentation en bois — plus grande que nature — de la Crucifixion au nord des Alpes; elle a été placée aussi dans le chœur. Son encadrement baroque lui a été ajouté au XVIIe siècle. Citons enfin le triptyque de Stefan Lochner représentant l'adoration des mages, qui date de 1440 environ. La **chambre du trésor** (Schatzkammer) expose les objets les plus précieux du trésor de la cathédrale.

Tout à côté de la cathédrale se trouve le **Musée romain-germanique**, qui conserve une foule de trésors qu'on ne

La cathédrale de Cologne.

cesse d'extraire du sol; il suffit de creuser. Le musée a été construit après la guerre autour de la magnifique mosaïque de Dionysos, du IIe siècle, pour éviter d'avoir à la déplacer. Également à l'ombre de la cathédrale, deux musées dont l'époque de construction reste controversée : le **musée Wallraf-Richartz**, du nom de deux donateurs, et le **musée Ludwig**, d'après celui d'un citoyen d'honneur de Cologne, mécène et fabricant de chocolat. Ce musée cache une superbe salle de concert, celle de la **Philharmonie**.

Les églises romanes, depuis leur remise en état (achevée en 1985 seulement), témoignent de nouveau de l'ancienne prospérité de Cologne : au Moyen Age, elle était encore la cité la plus riche au nord des Alpes. Plus tard, à Bonn et ailleurs, les archevêques exprimèrent dans l'architecture et la décoration leur goût pour la pompe baroque et n'hésitèrent pas, pour ce faire, à détruire les églises anciennes. Cependant, sécularisée depuis la bataille de Worringen en 1288, Cologne s'était appauvrie; c'est la raison pour laquelle, de nos jours, elle n'a qu'une seule grande église baroque, l'**église Sainte-Marie-de-l'Assomption**, dans la Marzellenstrasse, non loin de la cathédrale, bien cachée derrière la façade rutilante d'une banque.

Cologne a la réputation d'être une ville d'art, et c'est aussi une ville où l'on entretient l'art de vivre. Mais elle n'a pour autant l'outrecuidance de se prétendre — comme d'autres villes — la capitale secrète de l'Allemagne. Le point de rencontre le plus typique de la ville a toujours été le **Kölsche Weetschaff**, et il l'est resté au fil des ans. Cette taverne rappelle le souvenir de la plus ancienne tradition allemande de la bière (antérieure même à la Bavière!) selon laquelle les *Köbesse* (terme local qui désigne les serveurs) posent le verre de bière sur la table devant les nouveaux clients avant même d'en être priés, avec une courtoisie mis à l'épreuve par une longue habitude. La seule bière qui reflète l'identité de la ville au point de porter son nom traduit en dialecte local est la *Kölsch*.

A gauche, l'achèvement de la cathédrale au XIXe siècle; à droite, une rue de Cologne en 1945

DE COLOGNE A DUISBOURG

Une fois passé la ville de Cologne, le paysage change rapidement. Le Rhin inférieur commence au confluent de la **Wupper**. Pâturages et peupliers accompagnent le fleuve, ainsi que des marques de crues.

Leverkusen

Leverkusen (162 000 habitants) se trouve à quelques kilomètres seulement au nord de Cologne. C'est une grande ville bâtie autour d'un complexe chimique. Elle porte le nom du pharmacien Charles Leverkus, de Wermelskirchen, qui, en 1860, transféra sa fabrique de produits colorants du *Land* de Berg jusqu'au bord du Rhin, afin de profiter des avantages de la voie fluviale. Plus tard, elle fut reprise par Friedrich Bayer, industriel de Wuppertal, dont le nom est aujourd'hui connu du monde entier.

C'était vraiment l'endroit idéal où implanter un géant de la chimie : la Wupper, avec ses 114 km de longueur, est l'affluent le plus industriel du Rhin, le plus pollué aussi. Friedrich Engels (1820-1895) se plaignait déjà que le fleuve était d'une couleur pourpre, *« non pas d'un rouge sang consécutif à quelque bataille, mais uniquement à cause du grand nombre de teinturiers qui utilisent le rouge d'Andrinople »*. Conséquences de cette pollution précoce : la scarlatine, la diphtérie et le typhus sévissaient, plus qu'ailleurs, à cet endroit.

Zons

A gauche du Rhin, on arrive bientôt à **Zons**, non loin de **Worringen** où, en 1288, les habitants de Cologne se sont alliés aux paysans du *Land* de Berg et aux troupes du Brabant pour lutter contre l'archevêque de Cologne afin d'obtenir leur indépendance.

Zons a su conserver en bon état ses remparts médiévaux, de sorte qu'elle est souvent appelée la Rothenburg ob dem Niederrhein (par analogie à Rothenburg ob der Tauber, sur la route Romantique, en Franconie). Elle se caractérise par des façades de maisons en brique rouge, des volets couverts de peinture de couleurs vives et, tous les jours de l'année, par un grand nombre de visiteurs. Zons s'était établie sur la digue plate ; cette situation défensive en fit jusqu'en 1767 une forteresse frontalière, dominée par les ailes des moulins.

Neuss

Neuss (150 000 habitants) a aussi été une ville romaine, avec l'un des camps de légionnaires les plus importants de la région rhénane, fondé en 10 av. J.-C. sur la route de Xanten à Cologne. De nos jours, il n'est resté de l'éclat du Novaesium romain que le nom d'une marque de chocolat, Novesia. Cependant, Neuss a su garder des traditions plus riches que **Düsseldorf**, la grande ville qui lui fait face. L'archevêque de Cologne, saint Annon le mal-aimé, donna sa charte à la ville dès le XIe siècle. A cette époque, l'**église Saint-Quirinus**

Pages précédentes : le musée Wallraf-Richartz, devant la cathédrale de Cologne.

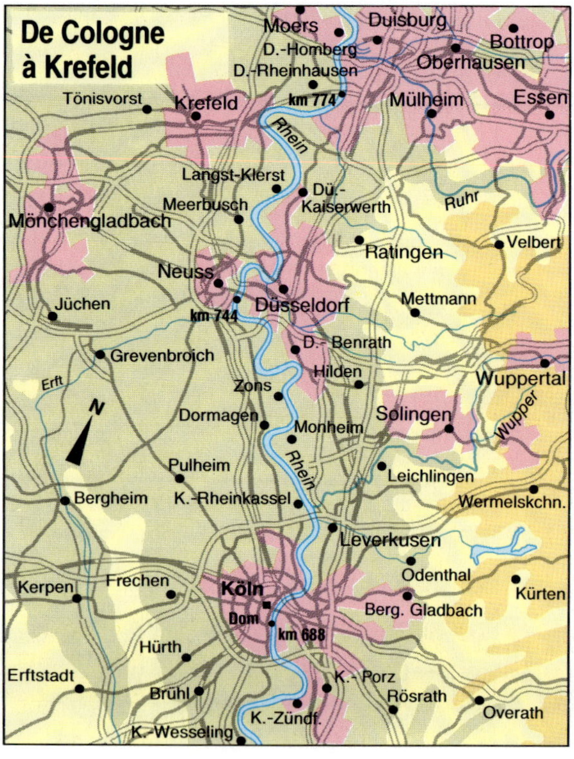

Façades colorées de la vieille ville de Cologne.

avait déjà été construite au-dessus d'une crypte romane abritant les reliques d'un martyr romain, et récemment, des fouilles ont mis à jour un lieu de culte païen oriental.

Au Moyen Age, Neuss était directement arrosée par le Rhin. Puis le fleuve s'est éloigné de la ville, et son départ a marqué la fin du commerce et a sonné le glas de sa prospérité. En son temps, Napoléon Ier avait exprimé le désir de faire creuser un canal qui relierait le Rhin et la Moselle (Neuss fut française de 1794, année de sa prise par Bernadotte, à 1813), mais ce projet ne vit jamais le jour; il n'en resta que l'**Erft** qui, tiède et paresseuse, coule au sud de la ville, grossie des eaux en provenance de l'exploitation à ciel ouvert des mines de charbon voisines, et se jette dans le Rhin.

Düsseldorf

La bataille de Worringen de 1288 signifia également pour les comtes de Berg la fin de la souveraineté de l'archevêque de Cologne. Ils avaient combattu pour obtenir l'accès au Rhin et choisirent ensuite pour y bâtir leur ville, non pas Deutz ou Mülheim, toutes deux trop proches de Cologne, mais un petit port de pêche en aval, vers le nord, au confluent de la **Düssel** : Düsseldorf.

Devenue une ville résidentielle, **Düsseldorf** (604 000 habitants) profita de l'ascension des duchés de Jülich, de Clèves et de Berg, ainsi que des comtés de Mark et de Tavensberg, jusqu'à l'invasion des Français, qui l'occupèrent de 1795 à 1801 avant de la céder à la Bavière jusqu'en 1806. *« Quelle différence entre Cologne et la jolie ville prospère de Düsseldorf ! Une ville bien construite, de belles maisons solides, des rues droites et claires, des habitants travailleurs et bien habillés ! »* écrivait Georg Forster en 1790. La ville profita également du fait que les souverains de la lignée palatine avaient depuis longtemps élu domicile ailleurs, tout d'abord à Mannheim, et plus tard à Munich.

Le dernier prince électeur de Düsseldorf, Johann Wilhelm, plus connu

sous le nom de Jan Wellem, fut aussi le plus populaire; il est encore présent actuellement dans la vieille ville, juché sur son cheval de bronze. Cette statue équestre est l'œuvre du sculpteur de la cour, Gabriel de Grupello, et date de 1711. On raconte que, en plein coulage du bronze, le minerai vint à manquer; aussi fit-on appel aux habitants de Düsseldorf qui apportèrent leur argenterie pour achever le monument.

A l'arrivée des Prussiens, qui remplacèrent les Bavarois en 1815, Düsseldorf fut pressentie pour être le siège du gouvernement régional. Les fortifications furent rasées et transformées en large boulevard qu'on baptisa immédiatement en l'honneur du nouveau souverain de Prusse : **allée du Roi** (Königsallee), connue de nos jours sous l'abréviation Kö comme le rendez-vous de l'élégance.

Düsseldorf est le siège du gouvernement du *Land* de Rhénanie-du-Nord-Westphalie et la capitale de la Ruhr. Avec ses 30000 emplois disponibles, ce *Land* est le plus important employeur de la ville. L'**université** a enfin le droit maintenant de porter le nom du plus célèbre de ses enfants : Heinrich Heine. Le **musée d'Art** (Staatliche Kunstmuseum) conserve des collections héritées des électeurs palatins (écoles flamande, italienne et espagnole) ainsi que des œuvres de l'école de Düsseldorf, dont le maître était Cornelius (1783-1867).

Au sud du pont qui enjambe le coude du Rhin, la **tour du Rhin** (Rheinturm) dresse fièrement vers le ciel ses 234 m.

Le **château de Benrath**, construit en quatorze années par Nicolas de Pigage à partir de 1746, fait partie des splendeurs anciennes qui se reflètent dans le Rhin. Autrefois, il n'était pas aussi éloigné de la ville, mais à présent, il est séparé du Hofgarten par 24 km de voie fluviale.

Au nord de Düsseldorf, la petite ville de **Kaiserswerth** est située dans un environnement charmant, avec son imposant **palais Barberousse**. Comme son nom l'indique, Kaiserswerth s'était construite à l'origine sur une île, au milieu du fleuve. C'est là que l'évêque Swidbert (Suitbertus), venu de Grande-Bretagne, s'était établi très tôt pour évangéliser le

Dans la vieille ville de Düsseldorf.

Land de Berg. L'empereur Frédéric Barberousse fit transformer l'île qui devint l'une des portes de son royaume, et en même temps un guichet d'encaissement. Ce n'est pas sans raison que la partie de la Markstrasse qui longe le Rhin a mérité le nom d'Em goldene Bödeken (une Terre dorée); c'est à cet endroit que se passaient presque toutes les tractations financières et que le propriétaire encaissait le plus clair de ses revenus.

Vers le nord

En continuant à suivre le Rhin vers le nord, on ne tarde pas à arriver à **Krefeld** (223 000 habitants), à quelques méandres en aval du secteur de Düsseldorf. En 1929, Krefeld a englobé la commune limitrophe d'**Uerdingen**, qui lui a apporté la richesse de son complexe chimique. Mais la prospérité de la ville est bien antérieure, elle date de l'époque de la Réforme, époque à laquelle elle a commencé à accueillir fileurs, teinturiers, tisserands en soie et apprêteurs, lorsque Maurice d'Orange offrit un asile aux victimes des persécutions religieuses de toutes les régions avoisinantes. Au XVIIIe siècle, Krefeld avait déjà la réputation d'être *«la ville industrielle la plus coquette, la plus propre, la plus aimable et la plus prospère»* de Prusse, à laquelle elle avait été rattachée depuis 1702.

Le **château** et la ville de **Linn**, dont il faut signaler au passage les musées intéressants, sont établis en bordure du Rhin. Devant les musées, un grand parc a été aménagé au siècle dernier par l'industriel Cornelius de Greiff, ainsi que sa résidence d'été, la **maison Greiffenhorst**. Cette résidence en forme de pagode fut construite au XIXe siècle également, dans un style original comme pour allier l'exotisme chinois et le classicisme berlinois.

Duisbourg

Toujours en aval, on arrive à **Duisbourg** (567 000 habitants) qui, avec ses faubourgs, accompagne le Rhin sur 50 km.

A gauche, le pont du Rhin, dans le port de Duisbourg; à droite, la grande roue de la foire d'Oberkassel avec la tour des Postes de Düsseldorf en arrière-plan.

C'est le plus grand port fluvial du monde, avec ses nombreux bassins reliés au Rhin et à la Ruhr, ports de minerais et de pétrole, de charbon et de coke — Duisbourg en compte au total 40. Là, le Rhin marque la limite de la **Ruhr**, l'eau y est un outil de travail, les rives également, ainsi que le sous-sol : les mines de charbon creusent des galeries qui passent sous le fleuve.

Mais Duisbourg n'est pas seulement connue dans le monde entier comme le gigantesque entrepôt de la Ruhr. Elle organise aussi des régates célèbres à l'aviron, elle possède un opéra de niveau international, l'**opéra du Rhin** (Deutsche Oper am Rhein), en collaboration avec la ville de Düsseldorf, et des musées importants, tels le **musée Wilhelm-Lehmbruck**, du nom d'un sculpteur allemand (1881-1919), situé dans la Düsseldorferstrasse, et le **musée de la Navigation fluviale** (Museum der Deutschen Binnenschiffahrt), à l'entrée du port.

Au XIIe siècle, Duisbourg possédait la charte de ville et était déjà une place commerciale importante. Plus tard, tout comme à Neuss, par suite d'un changement de son cours, le Rhin se mit à couler à 2 km à l'ouest de la ville, et Duisbourg vit décroître son activité. De cette période d'obscurité, il n'est resté que le géographe Gerhard Mercator (1512-1594), le plus illustre de ses enfants, à qui l'on doit une découverte unique : la projection de Mercator, représentation plane du globe terrestre. Mercator est enterré dans la **cathédrale** gothique.

En 1780, la Ruhr, affluent du Rhin, fut également rendue navigable pour faciliter le transport du charbon. A la fin du XIXe siècle, la région industrielle de la Ruhr laissa derrière elle la **vallée de la Wupper**, et en 1905 Duisbourg s'unit à **Ruhrort**, ce qui marqua le départ de l'ascension fulgurante de la Ruhr, comme le révèlent les noms des localités situées sur les rives du Rhin, et les symboles visibles sur les 50 km de quais. *« Il n'est pas un poète qui puisse voir le jour ici »*, note Hans Brandenburg dans l'un de ses poèmes, *le Port de Duisbourg*, et jusqu'à présent, personne n'est venu le contredire.

Une oasis de verdure dans le bassin de la Ruhr.

Le bassin de la Ruhr

Autrefois, on appelait Reichstrasse 1 (route d'empire n° 1), la route historique du sel et de l'ambre qui reliait **Aix-la-Chapelle** à Königsberg, jadis en Prusse-Orientale. C'est celle qu'emprunta l'armée de Napoléon Ier en marche vers la Russie. De nos jours, elle s'appelle Bundesstrasse 1 (route nationale n° 1). Elle est bordée de villes à droite et à gauche, les villes de la Ruhr. On est ici en plein bassin de la Ruhr, et la B 1 est pour ainsi dire l'artère vitale de la région. Autrefois, les villes marchandes de la Ligue hanséatique s'alignaient tout au long de cette route; depuis une centaine d'années, ces places commerçantes sont devenues de puissantes villes industrielles.

Sur le bassin houiller, on y construisit des aciéries et des hauts-fourneaux qui fonctionnaient au coke, et finalement, on construisit également des logements pour les ouvriers. C'est ainsi que naquit le paysage industriel, où les usines et les habitations sont tellement imbriquées les unes dans les autres qu'on ne sait plus aujourd'hui dans quelle ville on pénètre et de quelle ville on sort. Peu à peu s'est formé le plus vaste ensemble industriel d'Europe.

Aussi étonnant que cela puisse paraître, la **Ruhr** (la Roer en hollandais), affluent du Rhin qui a donné son nom à la région, est actuellement l'un des fleuves les plus propres de toute l'Allemagne; c'est elle qui alimente en eau les industries et les millions d'habitants qui peuplent son bassin, qu'on appelle la Ruhr tout simplement, symbole de la puissance industrielle allemande, qui a aussi été le département français de la Roër sous le premier Empire, avec Aix-la-Chapelle pour chef-lieu.

Le mouvement d'immigration dans cette région dure depuis cent cinquante ans déjà; les gens y sont venus de tous les coins d'Allemagne et, plus tard, de tous les pays d'Europe. Cet afflux n'a pas tardé à transformer les petites cités en grandes villes, dont les faubourgs ont fini par se tenir au coude à coude.

Au cours de ces dernières années, on assiste pourtant à un processus inverse. Car la Ruhr est victime d'une crise structurelle d'une ampleur qu'elle n'avait encore jamais connue au cours de ses cent cinquante ans d'histoire. Les jeunes vont s'établir ailleurs pour échapper au chômage ; les grandes villes voient diminuer leur population de manière inquiétante, ce qui entraîne une diminution des rentrées d'impôts ; le déséquilibre financier de certaines communes devient alarmant.

Les industries du charbon et de l'acier, qui ont eu le monopole de l'activité pendant près de deux cents ans, traversent une crise de récession. Elles doivent aussi à leur situation monopolistique d'avoir longtemps écarté l'implantation de toutes les autres industries. Il a fallu attendre longtemps aussi avant de voir naître les universités de la Ruhr à **Bochum** et à **Dortmund**, et cette négligence est également un héritage du passé, de l'époque où avait cours la devise suivante : *« Là où l'on travaille, on n'a pas le temps d'étudier. »*

Bochum, par exemple, a si bien travaillé en effet que sa population a décuplé en moins de cent ans : elle comptait 30 000 habitants en 1870, 70 000 au début du siècle et 360 000 vers 1960.

La crise de structure que traverse la Ruhr a encore d'autres causes — bien qu'elles ne soient pas aussi évidentes. Avec la prise de conscience croissante des questions de protection de la nature, l'homme refuse à présent de respirer l'air pollué et les odeurs nauséabondes, d'avaler les poussières nocives, ce qu'il a été obligé de supporter pendant des générations. D'un autre côté, les hommes politiques et les responsables de l'économie et de l'industrie cherchent des moyens d'implanter dans la Ruhr des industries et de moderniser celles qui s'y trouvent, afin que les jeunes travailleurs ne soient pas obligés de s'établir ailleurs, dans d'autres régions, et que soit enrayé le processus d'émigration.

Parmi les nombreuses personnes qui avaient tourné le dos à cette région, presque toutes sont prêtes à retourner immédiatement dans la Ruhr pour peu qu'on leur offre un travail et un salaire équivalents. Cet argument traduit une

Détente au bord du fleuve.

idée très claire : cette région de la Ruhr est devenue leur patrie; c'est là qu'ils ont leurs racines, des racines plus profondes qu'ils ne l'auraient cru eux-mêmes au début.

Dans les usines et les mines, les travailleurs étaient privés de soleil et d'air pratiquement toute la semaine; il n'y avait donc rien d'étonnant qu'ils fussent avides de soleil, d'espaces verts, de fleurs et d'animaux domestiques. C'est ainsi que se développa dans la Ruhr la tradition des éleveurs de pigeons par exemple — le pigeon voyageur étant la poste de l'homme modeste — et de volaille, des lopins de terre, des petits jardins qu'on voit partout maintenant et qui sont d'ailleurs de plus en plus des potagers plutôt que des jardins d'agrément. Ces traditions, qu'on retrouve dans toutes les régions minières, sont plus répandues dans la Ruhr que partout ailleurs. On invite les voisins sur la terrasse du jardin, on boit le café ensemble, avec un morceau de gâteau fait maison, ou autour d'une chope de bière ou d'un gril.

Il est presque impossible de rencontrer certaines personnes chez elles durant les mois d'été; elles s'installent sur leur lopin de terre à la belle saison, dans des cabanons en bois qu'elles ont bricolés elles-mêmes ou qu'elles ont achetés tout faits et auxquels elles ont apporté de plus en plus de confort au fil des ans : réchaud électrique, réfrigérateur, toilettes, téléviseur, radio, salle à manger complète avec un canapé-lit.

Si, autrefois, les familles de la Ruhr élevaient des cochons, des moutons, des lapins et des chèvres pour leur consommation personnelle, cette tradition s'est perdue progressivement car on est de moins en moins disposé à sacrifier son temps et ses loisirs à ces corvées. Actuellement, on observe plutôt le phénomène inverse : on retrouve sur les lopins de terre des lapins, des oies, des canards, des chèvres et même des poules et des poulets. L'une des raisons de ce revirement est incontestablement la méfiance qu'on éprouve à l'égard de l'industrie de l'alimentation et le plaisir retrouvé de savourer des produits mai-

Les jardinets et les usines de la Ruhr.

son. Le poulet qu'on a élevé dans son propre poulailler a un autre goût que les poulets de batterie.

Parmi les paysans de la Ruhr, nombreux sont ceux qui ont déjà dû abandonner leur petite exploitation par manque de rentabilité; quelques-uns, plus ingénieux que les autres, ont pris conscience à temps de la tendance actuelle et ont recyclé leur ferme : ils l'ont transformée en centre hippique, avec écuries, manège et location de chevaux. Nulle part ailleurs, en Allemagne, on ne trouve autant de ces fermes transformées en centres hippiques, de chevaux et de jeunes qui pratiquent l'équitation.

Aussi incroyable que cela puisse paraître, la Ruhr est cependant restée un pays rural. Dans les innombrables faubourgs des grandes villes, des exploitations agricoles ont survécu, bien que la politique des prix définie à Bruxelles ne rende pas la vie facile aux moyens et aux petits paysans. Ainsi, on en voit un engraisser en permanence 300 porcs dans sa porcherie, du cochon de lait à la bête de boucherie. A cela s'ajoutent 300 poulets, pour éviter de mettre tous ses œufs dans le même panier. Rares sont les étrangers au pays qui se rendent compte que la campagne n'a pas disparu.

Dortmund

De même, à **Dortmund**, l'une des villes les plus étendues d'Allemagne (300 km²), la moitié du territoire est occupée par des espaces verts. On peut effectivement rouler à bicyclette pendant des heures sur des chemins secondaires en évitant toutes les routes à grande circulation. Le **parc de Westphalie** (Westfalenpark) de Dortmund fait partie des grands parcs de la région, avec la Gruga d'Essen et les immenses **Münsterland** et **Sauerland**, en bordure de la Ruhr.

Dortmund, l'ancienne Tremonia, citée comme résidence impériale dès 809, sous le règne de Charlemagne, fut une ville hanséatique puissante au XIIIe siècle, puis elle est tombée en sommeil avant de reprendre son essor au XIXe siècle grâce

Le port fluvial de Duisbourg, le plus grand d'Europe.

aux usines qui se sont établies au-dessus des mines de houille.

« Le travail, ça donne soif, et la bière, ça transforme la soif en aventure », affirme un dicton de bistrot. Il n'y a donc rien d'étonnant que chaque ville d'une certaine importance ait vu s'établir une ou plusieurs brasseries entre ses murs. Ainsi n'est-ce pas Munich, comme on pourrait le croire, qui est la capitale européenne de la bière, mais Dortmund.

Nulle part ailleurs la bière n'est servie avec autant de talent que dans les bistrots de la Ruhr, uniques en leur genre. On y voit se côtoyer l'ouvrier et le pasteur, le bourgmestre et le chômeur, le riche et le pauvre. Dans les bistrots de la Ruhr, on ne s'assied pas autour d'une table avec toujours les mêmes compagnons, on reste debout au comptoir, où l'on peut observer les allées et venues. Rien n'est plus significatif de ce rituel que la petite anecdote suivante. Un étranger se fourvoie dans un bistrot de la Ruhr; il s'assied à une table, comme il en a l'habitude, et commande une bière. Il reste là une heure, deux heures. Les autres consommateurs sont debout autour du comptoir, sur un rang, sur deux rangs, sur trois rangs. L'étranger n'y tient plus; il se lève, tire le premier venu par la manche et demande : *« Mais pourquoi ne vous asseyez-vous pas? »* L'autre répond : *« Parce qu'on n'en a pas le temps! »*

Et puis, il ne faut pas oublier les *Kirmes* — les foires, les ducasses du nord de la France — qui font partie de la culture régionale. Faust disait : *« La kermesse, c'est le paradis sur terre. Là, je suis un homme; là, je peux être ce que je suis. »*

La Ruhr fait partie des régions les plus intéressantes d'Europe. Cela n'est sans doute pas tellement dû à ses théâtres, à ses opéras ou à ses salles de concert, qui cependant s'appuient fièrement sur une tradition ancienne, mais plutôt aux nombreux groupes qui poussent tous les ans comme des champignons, sans recevoir, ou presque, de subventions. Le calendrier des manifestations occupe une place importante dans le journal du samedi.

L'élevage de pigeons est une tradition en pays minier.

DE DUISBOURG A EMMERICH

On approche à grands pas de la frontière hollandaise. Les cheminées et les chevalements de mines se dressent partout mais laissent de la place aux arbres, aux moulins, à la forêt, de plus en plus au fur et à mesure qu'on monte vers le nord. Ainsi, dès qu'on quitte **Kamp-Luitfort**, la Leucht accueille les randonneurs en foule.

Rheinberg

Entre Duisbourg et Wesel, aucun pont ne vient couper l'horizon; le seul passage pour les véhicules se trouve près d'**Orsoy**, située en face de **Walsum**. On longe d'interminables allées de tilleuls pour arriver à **Rheinberg**, dont le nom seul rappelle le fleuve. A l'époque où l'eau du Rhin n'était encore ni trop tiède ni trop salée, la glace gagnait sur le terrain plat jusqu'au moment où le fleuve se trouvait lui-même bloqué. C'est ainsi qu'au XVIIe siècle, il fut obligé de changer son cours à la hauteur de Rheinberg; bientôt il n'en resta plus qu'un bras que les Prussiens isolèrent au XVIIIe siècle.

La vieille ville de Rheinberg groupe sur une superficie réduite tous les monuments intéressants : l'**hôtel de ville** du XVe siècle et les bâtiments de l'usine de la fameuse *Underberg*, liqueur à laquelle ne résiste aucun embarras gastrique.

Dans le sous-sol de la ville et du fleuve se trouve la plus vaste mine de sel d'Europe, des rochers de sel de mer ultraconcentré, épais de 200 m et vieux de 200 millions d'années.

Wesel

Wesel (57 000 habitants) s'est établie au confluent de la **Lippe** et du Rhin. Sa situation lui a donné une grande importance et, de ce fait, elle a toujours été convoitée, d'une part en tant que membre de la Ligue hanséatique, d'autre part en tant que ville fortifiée. On disait déjà d'elle en 1668 : *« Wesel, la plus importante de toutes les villes du comté de Clèves, se trouve au confluent de la Lippe et du Rhin; sa situation favorise à la fois la pratique des arts de la paix et de la guerre. »*

La guerre de 1870-1871 l'a beaucoup secouée. Il reste encore de la victoire de l'empire d'Allemagne un monument commémoratif, et durant la dernière guerre, elle comprit le danger qu'il y avait à servir de tête de pont, rôle qu'elle a joué en fait depuis l'époque de César : la ville fut littéralement rasée pour éviter que les décombres n'entravent l'avance des troupes alliées.

L'**église Saint-Willibrord**, qui remonte au début du XVIe siècle, fut également détruite. A Wesel, on l'appelle fièrement, mais à tort, cathédrale (*Dom*). Elle a été reconstruite, et c'est maintenant un bel édifice de style gothique tardif, typique du Rhin inférieur. Wesel continue à honorer la mémoire de Peter Minuit (1580-1638) qui, poursuivi pour sa foi religieuse, était venu chercher refuge entre ses murs. Nanti d'un capital s'élevant à 60 florins en or et en marchandises, il acquit un terrain célèbre en Amérique du Nord : pour ce prix, il

Pages précédentes : une ferme au toit de chaume.

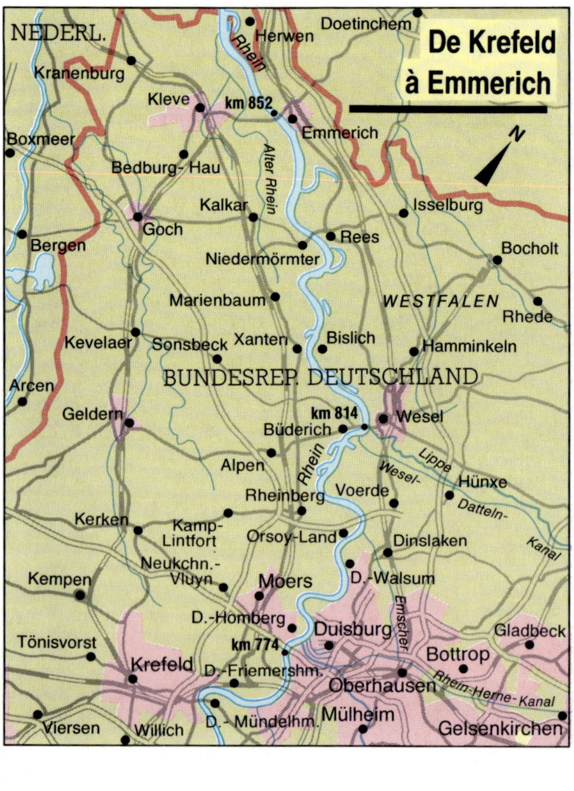

acheta aux Indiens l'île de Manhattan et fonda en 1626 la ville de New York.

L'autre enfant illustre de Wesen est Konrad Duden (1829-1911) qui lança une campagne de réforme de l'orthographe allemande en 1880 et la série d'ouvrages qui portent son nom, les fameux *Duden*, mine de renseignements concernant l'orthographe, la grammaire, la philologie, ainsi que les dictionnaires. A l'époque cependant, il ne jouit que d'un succès mitigé. Ainsi se heurta-t-il à l'opposition farouche du chancelier et de l'empereur : Bismarck interdit l'usage des *Duden* à la chancellerie de Prusse; quant à Guillaume Ier, malgré la réforme de l'orthographe de *Thal* (vallée), qui devint *Tal*, et de *Thräne* (larme) qui devint *Träne*, il n'accepta jamais d'abandonner son *Thron* (trône). C'est encore avec cette orthographe qu'on le trouve de nos jours dans le *Duden*.

Le **port de Wesel** compte parmi les plus anciens ports fluviaux du Rhin. On voit encore au centre de la ville les restes des fortifications. Autre trésor à ne pas manquer, l'autel sculpté en bois datant de 1510 qui se trouve dans l'**église Saint-Martin**, église catholique vieille de quarante années seulement. En 1835, Karl Friedrich Schinkel, architecte de l'époque romantique, dessina un monument à la mémoire de onze officiers fusillés qui se trouve sur la **Schillwiese**.

Xanten et Siegfried

Le relief est si plat que, de Wesel, on peut voir les tours les plus célèbres de la région, celles de **Xanten** (16 500 habitants). L'enfant le plus illustre de la ville n'a probablement jamais existé, du moins pas comme le clame la légende, et sans doute pas non plus à Xanten; il s'agit de Siegfried. Dans la *Chanson des Nibelungen*, sa ville natale porte déjà son nom christianisé : Ze Santen (Aux Saints). Le plus célèbre de ces saints dort, dit-on, de son dernier sommeil sous les tours de 70 m de hauteur qui sont l'emblème de la ville : c'était un martyr de la légion thébaine du nom de Victor. La **cathédrale Saint-Victor**, construite du XIIIe au XVIe siècle, possède un beau

Les plaines du Rhin inférieur.

tableau d'autel représentant la Vierge Marie, œuvre de Heinrich Douvermann.

La ville était appelée Troie au Moyen Age. On trouve par exemple la mention «*Sainte Troie*» sur des pièces de monnaie du XIe siècle. Ainsi, on prétend que Xanten aurait été fondée par Hagen von Tronje, le meurtrier de Siegfried. En réalité, cette dénomination est une déformation du nom romain de la cité : Colonia Ulpia Trajana était la deuxième ville de Germanie inférieure, après Cologne. C'est donc sous Trajan qu'elle a été fondée.

Une grande partie des vestiges de la ville ancienne forme le **parc archéologique** de Xanten, qui présente aussi des reconstitutions de monuments romains : installations portuaires, systèmes d'adduction d'eau, fortifications et amphithéâtre.

De Rees à Emmerich

Puis le voyage se poursuit au milieu des peupliers, des champs et des prés, à travers de vastes étangs qu'on appelle souvent «mers» dans cette région, et l'on arrive à **Rees** (17 000 habitants), charmante petite ville en bordure du Rhin. L'**église de l'Assomption** et ses tours néoclassiques méritent une visite.

Puis vient **Kalkar**, célèbre jadis, comme du reste toutes les cités du Rhin inférieur, pour ses tableaux d'autel sculptés sur bois.

Et voici **Emmerich** (32 000 habitants), ville située au kilomètre 852 du Rhin, à 5 km de la frontière. Complètement détruite pendant la guerre, elle a retrouvé sa physionomie d'origine. Le Rhin atteint ici sa largeur maximale. Un nouveau pont y a été construit en 1965.

L'**église gothique Sainte-Aldegonde** date du XVe siècle et l'**église Saint-Martin**, construite entre le XIe et le XVe siècle, abrite le reliquaire de saint Willibrord; c'est l'ouvrage d'orfèvrerie le plus ancien du Rhin inférieur.

Clèves

Quelque part dans une vallée qui s'étale sur 13 km de largeur, entre **Elten** sur la droite, et la falaise (*Kliff*) qui a donné son nom à l'ancienne ville résidentielle de **Clèves** (Kleve, 44 000 habitants) sur la gauche, le fleuve paresse au milieu des digues et des ailes de moulin vers les Pays-Bas, à 16 m seulement au-dessus du niveau de la mer. C'est la patrie de Lohengrin, le chevalier au Cygne.

Clèves offre de beaux monuments intéressants à visiter : l'ancien château des comtes de Clèves, le **Schwanenburg**, construit du XVe au XVIIe siècle, l'**église des Minorites** (XVe siècle), devenue église catholique, ainsi que la **collégiale** (XIVe et XVe siècles).

La rive droite est déjà hollandaise. Par contre, le petit village de **Rindern**, à gauche, est encore allemand. L'autel de l'**église paroissiale Saint-Willibrord** était jadis dédié à Mars, dieu de la Guerre, ainsi qu'au salut de l'empereur Tibère, parce que c'est à cet endroit qu'il battit les Germains. On trouve dans ce village la tombe de Johanna Sebus, jeune fille qui perdit la vie en apportant son aide au cours du désastre de 1809, lorsque le Rhin pris par les glaces rompit ses digues. Goethe l'immortalisa dans une ballade émouvante.

A gauche, bateau de surveillance dans le port de Duisbourg; à droite, paysage typique du Rhin inférieur.

D'EMMERICH A ROTTERDAM

Au kilomètre 862, le Rhin devient définitivement citoyen des Pays-Bas. Sa physionomie n'a pas changé depuis **Emmerich** et pourtant, c'en est fini de la Rhénanie; le fleuve semble abandonner toute énergie, et jusqu'à son nom! Tout d'abord Kromme Rijn (Rhin dévié), puis Oude Rijn (Rhin ancien), il finit par se perdre dans le sable près de **Katwojk**.

Les Pays-Bas ne sont pas un pays rhénan (Rheinland) mais le pays du delta (Deltaland). L'eau y est enfermée dans un jeu complexe de ramifications. Le fait que le Rhin change constamment de nom suffit à dérouter les voyageurs.

Un jour, en 1966, une baleine blanche fit une apparition inattendue. Elle montra au public à quel point les eaux du Rhin étaient entremêlées : Moby Dick (c'est ainsi qu'on baptisa la baleine blanche) remonta le fleuve jusqu'à Duisbourg, fit demi-tour et faillit aboutir dans l'Ijsselmeer; mais fit encore une fois demi-tour, remonta le fleuve jusqu'à Cologne et finit par repartir comme elle était venue.

Depuis l'époque de César, le bras principal du Rhin hollandais s'appelle le **Waal**; citons aussi le deuxième, le Neder Rijn (Rhin inférieur) qui devient un peu plus tard le **Lek**, et n'oublions pas qu'il arrose encore la ville d'**Utrecht**, située plus au nord, comme l'indique d'ailleurs son nom ancien Trajectum ad Rhenum (Passage sur le Rhin).

Nimègue et Arnhem

Tout comme Arnhem, **Nimègue** (Nijmegen, 148 000 habitants) a été entièrement reconstruite après la Seconde Guerre mondiale; l'une et l'autre sont des villes hanséatiques, riches de traditions. La célébrité de Nimègue remonte très loin dans l'histoire : sur son site se dressait un palais fortifié qui servit de résidence à l'empereur Charlemagne, puis plus tard à Frédéric Barberousse. La vieille ville réserve

Pages précédentes : quai de déchargement à Rotterdam.

quelques curiosités intéressantes : le **Grand Marché** (Grote Markt) et la **Waag** datant de 1612, le **Kerkboog** des XVIe et XVIIe siècles, et l'**hôtel de ville** dans la Burchstraat, de la même époque.

La vieille ville d'**Arnhem** (290 000 habitants), à proximité du Rhin, mérite une visite, ainsi que la **basilique Saint-Walburgis**, consacrée en 1422, les vestiges des remparts et la Sabelspoort du XIVe siècle, ainsi que la **Grande Église** (Grote Kerk) du XVe siècle.

Au nord d'Arnhem se trouve le **parc naturel de Hoge Veluwe**, vaste territoire de forêts et de landes qui couvre une superficie de 5 500 ha. C'est le plus vaste parc national des Pays-Bas; il sert d'habitat à un gibier abondant et à 150 espèces d'oiseaux. Au milieu de ce paradis de la nature s'élève la ville d'**Otterlo** et l'un des joyaux de la culture hollandaise, le **Rijksmuseum Kröller-Müller**, qui contient plus de 250 tableaux de Vincent Van Gogh (1853-1890).

Les péniches rencontrent la mer.

« Dieu a créé le monde, mais la Hollande, ce sont les Hollandais eux-mêmes qui l'ont faite. » S'il est exagéré de dire que les Hollandais ont créé eux-mêmes leur pays, une chose est certaine : ils l'ont transformé à la force du poignet. Quand on a toujours été, comme eux, livré aux caprices de la nature, il est bien normal qu'on s'arme le plus tôt possible pour lutter contre les éléments, pour dompter l'eau avec des digues, des écluses et des canalisations.

En 1920 l'ancien empereur d'Allemagne Guillaume II et sa femme furent obligés de porter eux-mêmes des planches pour retenir les eaux furieuses devant le **château d'Amerongen** et chercher refuge à **Doorn**, à 10 km de là. C'est à Doorn que l'empereur en exil finit sa vie, en 1941. Il reste des souvenirs de lui dans le **château de Doorn**.

A l'époque de l'évangélisation de la Frise, le Rhin traversait encore **Utrecht**. Actuellement, le mince filet d'eau de ce bras du Rhin clapote dans les *Gratchen*, les canaux. Le nom d'Utrecht a connu une grande célébrité à l'époque des pèlerinages à Saint-Jacques-de-Compostelle. Puis les Pays-Bas passèrent au calvinisme au bout de

quatre-vingts ans de guerres de religion. Si les fenêtres ne sont pas voilées par des rideaux, c'est afin que chacun puisse plonger le regard dans les maisons et constater que les habitants mènent une vie sans tache.

La vieille ville d'Utrecht est entourée d'un ancien fossé (*Singel*). Elle abrite la **cathédrale Saint-Michel**, construite au XIIIe siècle sur une église romane, dont la tour est la plus haute de Hollande, mais fut très endommagée au XVIIe siècle par une tempête. Un joli cloître conduit directement à l'**université**. L'**église Saint-Pierre** (St Pieterskerk) a été consacrée au XIe siècle.

Gorinchem (30 000 habitants) est arrosée par le bras principal du Rhin, le **Waal**, plus proche déjà de l'embouchure. A l'époque de la Hanse, cette ville marquait le point extrême du trafic sur le Rhin. C'est là qu'aboutissaient les arbres de la Forêt-Noire, emportés comme des radeaux par le courant, et dirigés par des centaines de flotteurs de bois qui vivaient sur de véritables villages flottants. Depuis les inondations de 1421, la mer, ou plus précisément un bras de mer appelé dans le dialecte local Diep, remonte jusqu'à **Dordrecht**. S'il n'y avait pas eu ce désastre de 1421, la **Grande Église** (Grote Kerk) de Dordrecht, datant du XIVe siècle, aurait elle aussi un clocher digne d'elle ; mais lorsque le clocher atteignit 70 m de hauteur, les fondations donnèrent des signes de faiblesse ; on arrêta les travaux mais la tour resta penchée.

Sur les derniers kilomètres, les impressions sont changeantes. A **Kinderdijk** où, dit-on, le flux déposa sur la digue un enfant dans un berceau, il y a 19 moulins à eau, dont les roues tournent tout l'après-midi les samedis d'été.

Rotterdam

Rotterdam (600 000 habitants) est passée en cent cinquante ans de l'état de village de pêcheurs de harengs à celui de premier port maritime du monde, et elle l'est restée malgré la destruction quasi totale de la ville et du port par les bombardements de la Seconde Guerre mon-

Village-musée à Ardenheim, aux Pays-Bas.

diale. La célèbre sculpture d'Ossip Zadkine intitulée *la Ville détruite* (1947-1953) commémore cette catastrophe. La ville a été reconstruite en style moderne.

Son enfant le plus illustre fut l'humaniste Érasme (1469-1536). On peut voir ses œuvres dans la **bibliothèque municipale** sur le Nouveau Marché (Nieuwe Markt). La ville compte aussi des musées intéressants, tels le **Musée historique** (Schielandhuis, XVIIe siècle), le **musée Boymans-Van Beuningen**, qui expose des tableaux, des sculptures et des objets d'artisanat, le **musée de la Navigation** et le **musée d'Ethnographie**. Le **Waalhaven** couvre 310 ha; c'est le plus vaste port artificiel du monde.

A partir de Rotterdam, le Rhin adopte prosaïquement le nom de **Nieuwe Waterweg** (nouvelle voie d'eau). Mais le canal creusé en 1866 n'est plus la dernière-née des voies d'eau : la toute dernière escale rhénane près de **Hoek van Holland** s'appelle maintenant **Europoort**; elle date de 1966. A cet endroit, les môles pénètrent loin dans la mer du Nord.

Depuis les inondations de 1953, qui ont coûté la vie à plus de 1800 personnes, le **delta du Sud** est protégé. Les écluses les plus grandes du monde garantissent la sécurité de l'embouchure commune de la **Schelde**, de la **Meuse** et du Rhin. Dix énormes digues ont diminué la longueur de la côte des Pays-Bas de plusieurs centaines de kilomètres.

A l'endroit où le Rhin se perd définitivement dans la mer, on trouve de petites cités idylliques comme **Zierikzee** (10000 habitants), à l'extrémité du **pont de Zeelandbrug**, long de 5 km, l'une des réalisations du plan Delta mis en œuvre aussitôt après la catastrophe de 1953; c'est une ravissante localité, avec ses maisons revêtues de panneaux de bois (clins) peints en blanc et garnies de fenêtres à guillotine dont les encadrements sont peints en noir. La tour de l'**hôtel de ville** du XVIe siècle et son carillon, la **Havenplein**, la **promenade des Canaux** (Gratchenpromenade) et ses ponts basculants blancs n'ont pas changé depuis l'époque des navires chargés de sel et de garance.

Un navire de haute mer.

LA FLORE ET LA FAUNE

Au milieu d'un paysage remodelé par l'homme, on trouve encore çà et là des petits coins de nature le long du fleuve, qui forment des refuges pour une flore et une faune très variées. Sur le Rhin alpin, le lac de Constance, l'Oberrhein et le Rhin supérieur, plus du tiers des régions riveraines ont conservé leur caractère naturel; en revanche, sur le Rhin moyen, seules 5 % des zones situées en bordure du fleuve ont gardé leur pureté d'origine, et sur le Rhin inférieur, l'homme a imposé partout sa marque.

La régulation du fleuve

La régularisation de la section du Rhin dite **Oberrhein** réalisée au XIXe siècle à l'initiative du colonel Tulla s'est révélée lourde de conséquences pour la flore et la faune. Ces travaux, entrepris en premier lieu en vue de favoriser la navigation et de protéger des crues les régions riveraines, ont raccourci le cours du Rhin de 80 km entre Bâle et Worms (il est passé de 354 à 274 km), et l'ont forcé à se cantonner dans un lit fixe et rectiligne. Conséquence première : la vitesse du courant a augmenté dans d'énormes proportions, ce qui a entraîné une très forte érosion. Le fond du fleuve s'est enfoncé de 5 m; la baisse de niveau a provoqué à de nombreux endroits un assèchement des berges et les a transformées en steppes.

Avant la régularisation de Tulla, le Rhin avait tracé son chemin dans un labyrinthe de bras, de ramifications et de boucles à travers une vallée basse envahie de pâturages et de fourrés, qui atteignait parfois 6 km de largeur. Chaque crue amenait un changement de cours. Les inondations alimentaient une végétation exubérante, unique en Europe centrale. Ce milieu était également propice au monde animal.

On trouve des vestiges de ces vastes forêts humides entre Gernsheim et Oppenheim, dans le grand **parc naturel de Kühkopf-Knoblauchsaue**, d'une superficie de 2 378 ha, ainsi que dans la **réserve naturelle de Taubergiessen** de 1 600 ha, près de **Rust**.

Pages précédentes : champs de fleurs. Ci-contre, œufs de poissons dans un bras du Rhin.

Outre ces deux grands parcs, on en trouve une série de plus petits, tels le **Rastätter Rheinaue** (845 ha), le **Hördter Rheinaue** (818 ha), le **Lampertheimer Altrhein** (516 ha) et le **Ketscher Rheininsel** (490 ha). Ces régions ont un point commun : elles sont inondées chaque année par les crues printanières. On y trouve la végétation typique des forêts en bordure de fleuve : chênes pédonculés, frênes, ormes champêtres, saules blancs, peupliers argentés et clématites des haies. Ils fournissent également un refuge à des espèces d'oiseaux devenues rares, tels le cormoran, le martin-pêcheur, la foulque noire et le grèbe huppé.

Le Taubergiessen

Le **Taubergiessen** est la plus vaste de ces forêts riveraines de toute la région de l'Oberrhein, avec une largeur qui va jusqu'à 4 km. Presque tous les éléments typiques de ces paysages humides y sont représentés. Tout au bord de l'eau se sont établis diverses espèces de saules arbrisseaux, le saule des vanniers, le saule cassant, ou saule rouge. Ils ne craignent ni les inondations ni l'ensablement. Là où le courant est faible poussent des buissons de sureau auxquels s'entremêlent des lianes, comme le houblon sauvage et le liseron des haies, pour former des fourrés quasi impénétrables sur les rives. On y trouve également plusieurs espèces de roseaux qui poussent directement dans l'eau, glaïeuls des marais et troènes.

Derrière cette végétation protectrice, pourrait-on dire, commence la forêt fluviale proprement dite. Les saules blancs atteignent 25 m de hauteur; ils vivent sur des terrains encore soumis à de fréquentes inondations, entre les fourrés de la rive et la forêt de chênes et d'ormes. Lorsque le terrain devient plus sec, ils cèdent la place à une forêt dense qui offre une variété d'espèces et une richesse d'essences fascinantes.

D'imposants chênes pédonculés, des ormes champêtres et des ormes diffus, des peupliers noirs et des frênes se dressent au-dessus des érables champêtres et des érables à feuilles d'obier, des chênes chevelus, des peupliers blancs et gris et des tilleuls des bois. Plus bas poussent les aulnes gris, diverses espèces de saules, les aubépiniers, le lierre et la clématite des haies. On y trouve plus de clématite sauvage que dans les paysages de fourrés humides de l'Oberrhein. Encore plus bas viennent les noisetiers, les prunelliers, l'aubépine, les fusains, le chèvrefeuille des buissons, l'églantier, le troène et des lianes et plantes grimpantes.

Enfin, le sol est couvert d'arbrisseaux, d'herbes et de mousse. Plus de 100 espèces de fleurs forment un tapis aux vives couleurs.

Il n'existe pas un territoire boisé en Allemagne qui puisse concurrencer cette région par la richesse en espèces florales. Très au-dessous de la ligne des crues, les forêts de chênes et d'ormes sont remplacées par des bois de charmes et de chênes bas, qui abritent à leur tour une profusion d'espèces différentes.

La diversité de la végétation entraîne une grande variété d'espèces animales : 30 % de toutes les espèces de papillons existant en Europe centrale se trouvent dans la réserve de Taubergiessen, région de fourrés à nulle autre semblable. On y trouve aussi plus de 100 espèces de mollusques et d'escargots, près de 1 000 espèces de coléoptères et plus de 350 espèces d'hyménoptères.

Près de 120 espèces d'oiseaux peuplent le Taubergiessen au moment de la couvaison. Comment ne pas être séduit par les concerts que donnent tous ces oiseaux, fauvettes à tête noire ou blanche, accenteurs des haies, pouillots fitis, roitelets, merles et loriots, et tant d'autres encore, lorsqu'ils chantent tous ensemble? L'oiseau rare qu'est le martin-pêcheur, avec son plumage bleu azur, est un enchantement pour les yeux. L'hiver, les oiseaux indigènes reçoivent la visite d'une foule de convives étrangers, grèbes huppés, plongeons à gorge noire et cormorans.

Les prairies couvertes d'orchidées de Taubergiessen sont un phénomène exceptionnel. Elles doivent leur existence au colonel Tulla, qui coupa le terrain par une digue. A l'ouest, la forêt riveraine fut préservée; à l'est, la digue coupa le Rhin et la forêt vierge périt. Des champs arables et des pâturages la remplacèrent. Des prés à l'herbe maigre, extrêmement riches en fleurs, s'établirent sur les terrains couverts de gravier et de sable et plus ou moins délaissés par l'eau. A certains endroits, ils offrent le spectacle inouï de milliers d'orchidées en fleur.

A gauche, un étang pour la pêche; ci-dessus, vue du château de Stolzenfels.

Le Mainzer Sand

Le **Mainzer Sand** a une physionomie totalement différente de celle du Taubergiessen. C'est également un parc naturel protégé, d'une superficie de 33 ha seulement, situé à 1 km au sud-ouest de **Mayence-Mombach**; il faisait partie d'une région de sables et de dunes beaucoup plus étendue datant de l'époque glaciaire, entre **Ingelheim** et **Heidelberg**. Du reste, une flore steppique remontant à l'époque glaciaire vit toujours dans le Mainzer Sand.

Plus de 30 plantes de steppe poussent sur ce terrain sableux. Nulle part ailleurs en Allemagne on n'en trouve de semblables. Il y a ici plus de 200 espèces de plantes au total, parmi lesquelles beaucoup sont menacées d'extinction. A cela s'ajoute toute une série de mousses, de lichens et de champignons.

La physionomie du Mainzer Sand change avec les saisons. L'automne voit fleurir les scabieuses grises, les armoises champêtres, l'aneth des steppes, les panicules et les bleuets. Dès le début du printemps surgissent des plantes annuelles comme le céraiste des sables, la drave printanière, la saxifrage, le désespoir-des-peintres, ainsi que le myosotis des sables. Puis vient l'été, temps des corbeilles-d'argent jaunes (abyssum), des anémones communes et des potentilles velues des sables. En plein été, ce sont les euphorbes qui donnent le ton.

Au début de l'été et pendant toute cette saison, les herbes donnent au Mainzer Sand son caractère. Outre les stipes, les pâturins de Baden et l'herbe des pampas, on trouve même ici une espèce rare, la stipe joannis, qui, avec ses longues barbes semblables à des plumes, est, parmi les plantes steppiques, une des plus frappantes.

En revanche, les fleurs jaunes de l'orcanette des sables, espèce rare également, passeraient presque inaperçues; elles se forment en inflorescence pouvant mesurer jusqu'à 50 cm, au-dessus d'une feuille plate. A la fin de l'automne, la grappe se casse et elle est balayée par le vent; on l'appelle alors «coureur des steppes».

Cependant, les sols chauds et sablonneux, asile d'une flore steppique unique en Europe occidentale, servent aussi d'habitat à tout un monde animal. Les amis des oiseaux ont ici l'occasion d'observer la somptueuse huppe qui a trouvé dans le Mainzer Sand l'un de ses ultimes refuges. Quant au lulu, ce n'est pas pour sa beauté qu'on l'admire, mais pour son chant; les lulus viennent couver en très grand nombre dans le parc.

Nombreuses aussi sont les variétés de papillons, bien qu'elles aient beaucoup diminué. On en comptait 82 espèces au début du siècle; à la fin des années soixante, il n'y en avait plus que 65, mais les espèces les plus rares semblent vouloir survivre.

On compte plus de 127 espèces de guêpes fouisseuses qui creusent leurs nids dans le sable du Mainzer Sand, 163 espèces d'araignées et 200 espèces de punaises. D'innombrables autres insectes font du Mainzer Sand un paradis pour les entomologistes.

L'Altrhein

Quant aux ornithologues amateurs ou professionnels, ils trouveront aussi leur paradis dans une autre réserve naturelle, celle de l'**Altrhein** (Vieux Rhin), entre **Bienen-Praest** et **Dornick**, qui est l'une des eaux mortes du Rhin inférieur les mieux préservées. Leur situation n'a rien à voir avec les pâturages et fourrés humides qui bordent l'Oberrhein, régulièrement submergés par les crues; l'Altrhein, lui, a rompu tout contact avec le Rhin. Ce n'est plus l'homme qui est responsable de cette rupture, mais le fleuve lui-même, qui jadis cherchait à frayer son chemin vers la mer du Nord en formant de nombreux méandres et de nombreuses boucles. Avec le temps, les bras latéraux du Rhin s'écartèrent de plus en plus vers les bords de la vallée, et un jour vint où le fleuve choisit une nouvelle route, plus directe celle-là. L'ancienne boucle devint une eau morte. On a réussi à prouver que l'Altrhein avait perdu tout contact avec le Rhin près de **Bienen-Praest** dès la première moitié du XVIe siècle.

En 1969, un territoire de 340 ha autour de cet étang a été déclaré parc naturel. Presque toute la surface de l'eau est couverte de nénuphars jaunes et blancs. Cette espèce se détruit elle-même. Les plantes mortes ne peuvent pas se décomposer totalement dans l'eau par manque d'oxygène, qui ne peut pas se renouveler à cause de l'épaisse couche de feuilles flottantes qui recouvre la surface de l'eau. Aussi en tombant sur le fond de l'étang les débris de plantes accélèrent-ils la sédimentation. Les roseaux, au contraire, se multiplient à partir des berges et mordent peu à peu sur l'espace vital des plantes aquatiques.

Afin de stopper ce processus de destruction, la ville de **Rees** a décidé en 1982 de débourber une partie de l'**étang de l'Altrhein**, d'où l'on a extrait 170000 m³ de boue. Cette opération coûteuse a permis de sauvegarder une grande partie de la végétation typique de l'endroit, les fleurs et feuilles flottantes et les roseaux.

A gauche, les poissons repeuplent le Rhin; ci-dessus, champ de coquelicots et moulin de la vallée du Rhin inférieur.

L'une des caractéristiques de l'Altrhein est la présence d'une grande quantité de nymphéas à franges. Le petit nymphéa à fleur jaune vif a tiré profit de l'exploitation des pâturages environnants. Le bétail, à la recherche d'eau, a détruit à plusieurs endroits les nénuphars et les roseaux, en les écrasant ou en les mangeant, ce qui a fait de la place à ces nymphéas rares dont on trouve ici le plus vaste habitat d'Europe. Dans l'ensemble cependant, le libre accès des animaux à la réserve d'eau de l'Altrhein a entraîné une forte régression des roseaux; il s'en est suivi une recrudescence de l'érosion et la destruction des lieux de couvaison de beaucoup d'espèces d'oiseaux.

LE RHIN EN DANGER ?

En novembre 1986, un entrepôt du complexe chimique Sandoz, à Bâle, prenait feu. L'eau utilisée pour éteindre l'incendie entraîna des tonnes de pesticides dans le Rhin. Peu de temps après, on retrouva des centaines de milliers de poissons crevés à la surface de l'eau. Peu de temps avant, Sandoz avait pourtant lancé une campagne publicitaire. On expliqua que *« la baisse de plus de 90 % de la pollution organique des eaux, réalisée par l'industrie chimique, faisait le plus grand bien aux poissons »*. On annonça au *« cher Rhin »* : *« C'est surtout grâce à nous que ton taux d'oxygène est plus élevé aujourd'hui que dans les années cinquante. »*

Effectivement, la qualité de l'eau du Rhin s'est améliorée par rapport à ce qu'elle était dans les années soixante et soixante-dix. Au début des années soixante-dix, le fleuve était au bord du collapsus. Pendant des décennies, il avait été profané et traité comme *« le plus vaste cloaque d'Europe »*.

Depuis vingt ans, le taux d'oxygène a remonté. Ce résultat est dû au développement des installations d'épuration de l'eau, à la faible croissance de la production industrielle et à une politique de l'eau qui s'est notablement améliorée depuis 1976.

Mais le Rhin est la voie fluviale la plus fréquentée et la plus industrialisée d'Europe, celle où la densité de la population est aussi la plus forte. Jour après jour, les complexes industriels déversent des tonnes de substances toxiques dans le fleuve, en toute légalité, grâce à des « autorisations spéciales » que l'administration accorde. Ainsi, à lui seul, le géant B.A.S.F., installé près de Ludwigshafen, déverse 240 millions de mètres cubes d'eaux usées par an dans le Rhin, autrement dit 270 000 m^3 par heure !

Certes, les eaux usées sont traitées par les usines dans leurs propres stations d'épuration. Mais même les stations d'épuration de la B.A.S.F., qui servent de modèle à toute l'industrie chimique, n'arrivent à traiter qu'une partie des produits chimiques. C'est la raison pour laquelle le ministère de l'Environnement du *Land* de Rhénanie-Palatinat a décidé de *« limiter la décharge de*

Un ouvrier des hauts-fourneaux (la sidérurgie allemande est une industrie en crise).

la B.A.S.F. dans le Rhin à un demi-million de tonnes de toxiques par an».

L'usine Bayer de Leverkusen est autorisée à déverser dans le Rhin 70 millions de mètres cubes d'eaux usées par an, en provenance de sa station d'épuration. Chacun sait que cela représente plus de 200 000 t de poisons.

La situation à Bâle est encore plus dramatique. Pour les trois firmes internationales, Sandoz, Hoffmann-La Roche et Ciba-Geigy, les concentrations de toxiques des eaux usées autorisées sont six fois plus fortes que celles qui sont autorisées en Allemagne. Tout simplement parce que les stations d'épuration de Bâle ont été tellement mal conçues et mal

construites qu'elles ne sont capables de traiter qu'une petite proportion de l'énorme variété de produits chimiques. On ne s'attend pas que les mesures qu'a prises l'Office bâlois pour la prévention de la pollution de l'eau soient effectives avant les années quatre-vingt-dix.

D'ici là, bien des litres d'eaux polluées seront encore déversés dans le Rhin. D'après les informations publiées par le *Spiegel* en janvier 1987, les quantités de matières polluantes apportées annuellement par le Rhin à la frontière germano-hollandaise se répartissent comme suit : 1 million de tonnes de produits chimiques organiques difficilement décomposables, ou non décomposables, 31 000 t d'ammonium, 28 000 t de phosphore, 3 840 t de métal lourd et environ 3 000 t d'hydrocarbures chlorés, parmi lesquels au moins 40 t de neurotoxines.

Le nombre de substances différentes en suspension dans l'eau du Rhin se monte à 100 000 environ. Seules quelques milliers d'entre elles sont connues, et les méthodes d'analyse courantes ne permettent d'en étudier que quelques centaines.

Les usines

Environ 20 % de toutes les usines chimiques d'Europe de l'Ouest se trouvent dans le bassin du Rhin. Nulle part ailleurs dans le monde, on ne trouve un tel potentiel et une telle concentration de risques. Dans la région de Bâle, les géants suisses Hoffmann-La Roche, Ciba-Geigy et Sandoz ont pour vis-à-vis du côté allemand la Dynamit Nobel et l'Aluminium-Hütte. Entre Ludwigshafen et Leverkusen se sont installés le long des rives du Rhin B.A.S.F., Hoechst et Bayer; autour de Düsseldorf, Unilever et Henkel, les géants des poudres à laver, et sur le Rhin inférieur se dressent les tours gigantesques des complexes de la pétrochimie. Mais d'autres branches de l'industrie apportent leur contribution à la pollution du Rhin, et en particulier les mines de potassium d'Alsace, l'industrie du papier et de la cellulose de Karlsruhe et les usines sidérurgiques de Rhénanie-Palatinat.

Il est encore impossible de calculer avec précision les effets nocifs causés par le déversement des substances radioactives et le réchauffement de l'eau provoqués par les centrales nucléaires. Nulle part ailleurs, les centrales nucléaires ne sont aussi nombreuses et rapprochées que sur les rives du Rhin. Neuf piles atomiques fonctionnent ou sont en construction (Beznau, Leibstadt, Fessenheim, le Centre de recherches nucléaires de Karlsruhe, Philippsburg, Biblis, Mühlheim-Kärlich, Kalkar, Dodewaard). En revanche, le projet de construction du réacteur de Kaiseraugst, près de Bâle, semble avoir été rejeté par décision du gouvernement suisse en juin 1988.

La navigation

Bien que les tonnages, déjà excessifs en Europe de l'Ouest, aient pu monter encore ces deux dernières années et atteindre 10 millions de tonnes environ, c'est la flotte internationale du Rhin elle-même qui reste le premier pollueur de l'eau. Les facteurs de pollution sont les produits pétroliers minéraux que consomment les moteurs diesel, dont les résidus s'écoulent dans l'eau, les substances qui tombent à l'eau en cas d'accident pendant le transport, le chargement et le déchargement, ou en cas d'incendie, ainsi que la vidange non autorisée dans le fleuve des ordures et des eaux usées des bateaux.

Les risques pour les contrevenants d'être repérés par la police sont minimes. La nuit et par temps de brume, les hélicoptères de surveillance restent au sol. Mais si les capitaines et les patrons des bateaux sont responsables de cette situation désastreuse, le manque d'installations de vidange l'est également pour une bonne part. C'est surtout entre Bâle et Duisbourg que la situation est précaire. Il semblerait qu'une mesure soit en cours pour y remédier : si tout se passe selon la volonté des responsables politiques dans le *Land* de Rhénanie-Palatinat, il y aura bientôt une grande station de vidange à Mayence.

A gauche, cimetière de voitures au bord du Rhin; ci-dessus, peinture murale montrant le surgénérateur de Kalkar, qu'on aperçoit dans le fond.

Ménages et agriculture

Les ménagères ont leur part de responsabilité dans la pollution du Rhin avec les poudres qu'elles mettent dans les lave-linge et les lave-vaisselle. Comparés à ces quantités, les autres produits chimiques qu'un ménage consomme sont minimes. La plupart des stations communales d'épuration sont incapables de traiter les déchets chimiques ménagers; ainsi en est-il pour l'élimination des phosphates et des nitrates. La station d'épuration de l'eau de Düsseldorf-Sud à elle seule déverse dans le Rhin 2,2 t de phosphore et 229 t d'azote par an.

Les paysans pulvérisent leurs champs de millions de tonnes de substances toxiques pour tuer les parasites, insectes, mauvaises herbes et champignons. La terre et les nappes phréatiques ne sont pas seules à supporter les dommages causés par les moyens employés pour lutter contre les parasites; le Rhin aussi en pâtit; il souffre surtout du phénomène de l'affouillement.

Autre problème enfin, celui des bourbiers provenant de l'engraissement des porcs, de l'élevage massif des poulets ou autres animaux.

Les experts estiment que, sur les 700 ou 800 espèces qui vivaient autrefois dans ses eaux, 10 % seulement ont survécu à la pollution. Bien que leur nombre semble remonter légèrement à l'heure actuelle, on ne peut plus espérer leur régénération complète, même dans les conditions les plus favorables.

Sur les 50 espèces de poissons qu'on pêchait jadis dans le fleuve, il n'en reste qu'une douzaine. Les perches, les barbeaux et les gardons y sont encore très nombreux; en revanche, les anguilles, les brochets, les goujons, les perches goujonnières, les tanches et les sandres se raréfient.

L'accident de Sandoz a causé la destruction de 150 000 anguilles, sur les 400 km qui séparent Bâle de la Lorelei. De même périrent des milliers d'ombres, de brochets et de sandres. Cette catastrophe fut encore plus meurtrière pour les petits animaux tels que les mollusques, les écrevisses, les sangsues et les turbellariés, qui furent décimés sur plusieurs centaines de kilomètres. Cette hécatombe eut de graves conséquences pour les poissons qui se nourrissent exclusivement de petits animaux. Aussi, de l'avis des experts, le nombre des poissons va encore aller en diminuant.

La mer du Nord

La pollution du Rhin — qu'elle soit provoquée par l'empoisonnement quotidien officiellement autorisé ou par les accidents — a des conséquences désastreuses non seulement pour le fleuve lui-même, mais aussi pour la mer du Nord. Les tapis d'algues qui ont fait périr une multitude de poissons au cours de l'été 1988 et l'hécatombe des phoques de la même année sont à mettre en grande partie sur le compte des tonnes de substances polluantes charriées par le Rhin dans la mer. D'après les indications fournies par l'Institut allemand d'hydrographie, sur les 700 000 t d'azote et les 65 000 t de phosphore qui parviennent tous les ans dans la mer du Nord uniquement par les fleuves, la moitié provient du Rhin. Ces substances alimentent les algues. Certes, les phoques ont été décimés par un virus, mais les experts sont unanimes à déclarer que si les virus ont fait preuve d'une telle vitalité, c'est parce que le système d'immunité des phoques était affaibli par les énormes quantités de substances nocives qu'ils avaient absorbées.

Le coût de la propreté

Le Rhin fournit l'eau potable à 30 millions d'individus. Les compagnies de distribution des eaux sont obligées de dépenser de plus en plus d'argent en équipements de filtrage et d'épuration. Le filtrage par charbon actif est loin d'éliminer toutes les substances toxiques en suspension dans l'eau, les nitrates, par exemple. Les frais croissants qu'entraîne par l'épuration de l'eau potable ont fait doubler les prix.

A gauche, le soleil se couche sur la Ruhr; ci-dessus, barges à proximité de la frontière néerlandaise.

Généralement, l'eau est filtrée sur les berges mêmes du fleuve, par un processus dit naturel, dans lequel les couches de gravier et de sable jouent un rôle important. C'est la filtration lente. En outre, les micro-organismes sont là pour détruire, du moins en partie, les substances toxiques que contient l'eau filtrée. Puis, au bout de quelques jours ou de quelques années selon la position du réservoir d'eau potable, cette eau préfiltrée est pompée et encore une fois purifiée à l'aide de gravier et au charbon actif.

Il y a longtemps maintenant que la méthode de filtrage naturelle sur berge n'est plus capable de lutter contre les flots de substances chimiques que charrie le fleuve. Ainsi, les experts en eau potable ont trouvé dans le filtrat environ 600 produits chimiques organiques, dont 20 sont cancérigènes. Même après filtrage au charbon actif, le filtrat contenait encore sept substances cancérigènes.

Or les compagnies des eaux ne peuvent même pas couvrir tous leurs besoins en filtrat de berge. La demande est tellement importante que certaines sont obligées de puiser l'eau directement dans le Rhin, ce qui nécessite des méthodes d'épuration encore plus coûteuses. L'eau du Rhin ainsi pompée est d'abord soumise à un premier processus d'épuration, puis enrichie d'oxygène. Elle est ensuite livrée à un cycle biologique artificiel : poissons, vers et micro-organismes accomplissent leur travail de purification biologique pendant plusieurs semaines, lequel est alors suivi d'une épuration chimique.

Quand les berges du Rhin seront-elles saturées de poisons au point qu'elles deviendront inutilisables ? C'est la question que se posent les responsables de l'eau potable. De même, en bien des endroits, on ne peut plus mélanger à l'eau du Rhin et des berges celle des nappes phréatiques, apparemment saines, car cette eau est déjà contaminée par l'usage désordonné d'engrais et de pesticides.

Jusqu'à présent, pratiquement aucune mesure n'a été prise pour remédier à cette situation. L'industrie continue à déverser ses tonnes de poisons dans le Rhin; les stations d'épuration équipées de systèmes d'élimination des phosphates et des nitrates continuent à être trop chères pour le budget de la plupart des communes, et même les agriculteurs ne comprennent pas encore qu'ils devraient se montrer plus raisonnables dans l'utilisation des pulvérisateurs.

INFORMATIONS PRATIQUES

REJOINDRE LE RHIN

Avec ses 1 300 km de longueur, le Rhin arrose la Suisse, la France, l'Allemagne et les Pays-Bas. Aussi trouve-t-on dans de nombreuses villes les possibilités de faire un voyage d'exploration sur le fleuve ou le long du fleuve, par bateau, par le train ou en voiture.

Par avion

Suisse

Zurich
L'aéroport international de Kloten est situé à 11 km de la ville. Une navette d'autocars conduit à Bâle, port d'embarquement de la K.D. (70 km).

Liechtenstein

Centre aéronautique de Schönauer
Gewerbeweg, 9490 Vaduz
Baptêmes de l'air et vols à destination de Malbun.

Alsace

Mulhouse
L'aéroport de Bâle-Mulhouse-Fribourg est à 8 km du centre de la ville.
Strasbourg
L'aéroport d'Entzheim est à 12 km du centre de la ville.

Allemagne

Francfort
L'aéroport international Rhein-Main, à 12 km au sud-ouest du centre de la ville, voit passer 50 000 passagers par jour. C'est l'aéroport d'Europe le plus fréquenté après Heathrow. Presque toutes les lignes aériennes d'Allemagne convergent vers Francfort-sur-le-Main. Cet aéroport est à 80 km de Spire, à 60 km de Mannheim, à 50 km de Rüdesheim, à 100 km de Boppard, à 90 km de Braubach, à100 km de Coblence.
Cologne-Bonn
A 17 km au sud-est du centre de Cologne, auquel il est relié par autoroute. Bien qu'il ait eu tendance à être éclipsé par ses voisins de Francfort et de Düsseldorf, il est moderne. Cet aéroport est à 80 km de Braubach et à 70 km de Coblence.
Düsseldorf
A 8 km au nord du centre de la ville.

Pays-Bas

Amsterdam
L'aéroport de Schiphol se trouve à 14 km au sud-ouest de la ville. Il est relié à 196 villes de 90 pays.
Rotterdam
Aéroport de Sestienhoven

Belgique

Bruxelles
L'aéroport de Zaventem, est situé à 12 km au nord-est du centre de la ville. On obtient les informations sur les vols internationaux auprès de la compagnie nationale belge. Bruxelles est relié à Zaventem toutes les 20 min par une navette ferroviaire rapide (le trajet dure 20 min). La première navette part à 5 h 39, la dernière à 11 h 46.

Sabena
Rue Cardinal Mercier 35, tél. 511 90 30
Accueil touristique
Hall d'arrivée, tél. 722 30 00

Par bateau

Köln-Düsseldorfer Rheinschiffahrt (K.D.)
Frankenwerft 15, 5000 Köln, tél. (0221) 20 880
Les principaux ports d'embarquement de la compagnie K.D. sont : Bâle en Suisse, Strasbourg en Alsace, Spire, Mannheim, Rüdesheim, Boppard, Braubach, Coblence, Cologne et Düsseldorf en Allemagne, Nimègue et Rotterdam aux Pays-Bas, Anvers en Belgique.

Par le train

Les trains Inter-City (I.C.) et Euro-City (E.C.), rapides et confortables, relient entre elles les grandes villes de Suisse, de France, d'Allemagne et des Pays-Bas. Ils assurent en général un départ toutes les heures.

Belgique

Bruxelles
Les gares du Nord et du Midi sont à 2 h 25 de Paris, 2 h 15 de Cologne, 2 h 25 d'Amsterdam.
Renseignements
Tél. 219 28 80

PRÉPARATIFS ET FORMALITÉS DE DÉPART

Passeports et visas

Pour les voyages touristiques dans les pays traversés par le Rhin, la plupart des Européens n'ont pas besoin de se munir d'un visa; il leur suffit d'avoir un passeport ou une carte d'identité en cours de validité. Les citoyens de certains pays qui doivent se procurer un visa pour la France, l'Allemagne, la Suisse ou les Pays-Bas peuvent se renseigner auprès des consulats ou des ambassades de chaque pays, des aéroports ou des agences de voyages.

Monnaie et devises

Suisse et Liechtenstein

Ces deux pays ont réalisé une union douanière et monétaire. Le franc suisse (FS) se divise en 100 centimes (*rappen*). Les entrées et les sorties d'argent et de devises sont libres.

France

Les entrées d'argent et de devises sont libres. Pour les sorties d'argent, elles sont limitées à 5 000 F par personne et l'équivalent en devises étrangères, au cas où il n'y a pas eu de déclaration avant l'arrivée en France.

Autriche

Le schilling autrichien (SCH) se divise en 100 *Groschen*. Les entrées d'argent et de devises sont libres. Quant aux sorties d'argent, elles sont limitées à 15 000 SCH par personne.

Allemagne

Le mark allemand (DM) se divise en 100 *Pfennig*. Les entrées et les sorties d'argent et de devises sont libres.

A bord des paquebots de la compagnie K.D., seul le mark allemand est accepté. Tous les grands bateaux possèdent un bureau de change. On accepte les Eurochèques pour un montant maximum de 400 DM, mais aucune carte de crédit. Il est vivement conseillé de se procurer l'argent nécessaire en marks dans une banque avant d'embarquer dans un bateau de la K.D. pour un voyage d'assez longue durée.

Pays-Bas

Le florin hollandais (FL) se divise en 100 *cents*. Les entrées et les sorties d'argent et de devises sont libres.

Belgique

Le franc belge (FB) se divise en 100 centimes. Les entrées et les sorties d'argent et de devises sont libres.

Santé

Il est vivement conseillé d'emporter avec soi une fiche de maladie de la caisse à laquelle on appartient. En cas de convention entre les pays, se munir d'une attestation fournie par le centre local de sécurité sociale (formulaire E 111 dans la Communauté européenne). Dans ce cas, le voyageur n'aura aucun frais à payer; sinon, il paiera les frais, qui lui seront remboursés à son retour par sa caisse de maladie.

Vêtements à emporter

Les voyageurs qui descendent la vallée du Rhin ont besoin de vêtements sportifs et confortables, quel que soit leur mode de locomotion. Il peut faire très chaud dans ces régions entre les mois de mai et de septembre. Emportez donc des vêtements légers, mais n'oubliez tout de même pas un bon chandail pour les soirées sur le fleuve, une veste ou un manteau pour les journées pluvieuses, ainsi qu'un imperméable. Si vous prévoyez une soirée au théâtre ou à l'opéra, munissez-vous d'une tenue habillée.

On peut se baigner dans le lac de Constance ou dans les piscines des hôtels, aussi, n'oubliez pas un maillot de bain.

Douanes

Les réglementations douanières des pays de la Communauté européenne, dont l'Autriche et la Suisse ne font pas partie, sont toutes pratiquement identiques. Les objets d'usage courant et l'équipement nécessaire pour le voyage (appareils photographiques, équipements sportifs, matériel de camping, etc.) ne sont soumis à aucune taxe douanière. Les articles suivants peuvent être importés librement dans les pays de la Communauté européenne, par personne : 300 cigarettes ou 150 cigarillos ou 75 cigares ou 400 grammes de tabac; 1,5 l d'alcool ou de liqueur ou 4 l de vin; les autres marchandises pour une valeur ne dépassant pas 1 030 FF,

500 DM, 500 FL, 9 600 FB. Peuvent être importés librement dans les pays autres que ceux de la Communauté européenne les marchandises suivantes : 200 cigarettes ou 100 cigarillos ou 50 cigares ou 250 g de tabac; 2 l de vin ou 1 l d'alcool ou de liqueur; les autres marchandises pour une valeur ne dépassant pas 230 FF, 115 DM, 110 FL, 1 600 FB. Si vous habitez ailleurs qu'en Europe, vous pouvez importer sans frais : 400 cigarettes ou 200 cigarillos ou 100 cigares ou 500 g de tabac. L'importation en Suisse est libre pour les marchandises suivantes : 200 cigarettes ou 50 cigares ou 250 g de tabac, et les autres marchandises pour une valeur ne dépassant pas 100 FS. Les objets d'utilisation courante et le matériel de voyage sont libres de toutes taxes.

Si vous participez à une croisière sur un paquebot de la K.D. (Suisse, France, Allemagne, Pays-Bas, Belgique), vous devrez remettre vos passeports ou cartes d'identité au commissaire de bord, ils vous seront rendus à la fin du voyage.

Taxe à la valeur ajoutée

Le taux de la T.V.A. est variable suivant les pays. En Suisse, elle s'appelle W.U.St, en Allemagne et en Autriche MwSt et aux Pays-Bas B.T.W. Si vous achetez des objets de prix, faites remplir par le magasin un formulaire que vous devrez faire valider à la douane. Il vous suffira de renvoyer ce document au magasin en question, qui vous remboursera la T.V.A. (moins une somme minime pour les frais d'envoi).

POUR MIEUX CONNAITRE LES PAYS RIVERAINS DU RHIN

Politique et économie

Les démocraties des pays riverains du Rhin sont soumises à un régime économique capitaliste libéral. Afin que les pays les plus faibles de la Communauté européenne n'aient pas trop à souffrir des conséquences du libre jeu des imbrications de l'économie internationale, particulièrement en temps de crise, l'économie de marché est atténuée par une législation sociale. Le marché commun de l'Europe est destiné à compléter la Communauté européenne en principe à partir du 1er janvier 1993. Les pays qui n'en sont pas membres, comme la Suisse et l'Autriche, sont liés à la Communauté européenne par divers traités économiques.

SUISSE

La Confédération helvétique est un État confédéral neutre qui réunit 23 cantons, et dont la capitale est Berne. Sur ses 41 293 km² de superficie vivent 7 millions d'habitants. Seul un quart de la superficie de la Suisse est exploitable par l'agriculture, le reste est occupé par les montagnes. Les céréales et les fruits, ainsi que la vigne en quelques rares endroits particulièrement bien exposés, constituent ses principales ressources. L'élevage du bétail et les industries laitières, en particulier le fromage et le chocolat, jouent également un rôle important dans l'économie de la Suisse.

Dans le domaine industriel, elle est surtout connue pour ses constructions mécaniques et ses industries de précision. Ainsi 95 % des montres fabriquées en Suisse sont-elles réservées à l'exportation, et elle fournit à elle seule 45 % de la production mondiale. La grande industrie chimique fournit des médicaments, des colorants pour les tissus naturels et synthétiques et des engrais. Sans parler des banques suisses, qui recueillent de l'argent en provenance du monde entier.

LIECHTENSTEIN

La principauté du Liechtenstein est une monarchie constitutionnelle et héréditaire située entre l'Autriche et la Suisse. Elle s'étend sur une superficie de 160 km² et compte 11 communes totalisant 28 000 habitants avec Vaduz pour capitale. Son agriculture lui fournit des fruits, du vin, de la viande et du lait. Sur le plan industriel, elle possède quelques manufactures de petite taille mais très efficaces, dans le travail des métaux, la fabrication d'appareils et les textiles. Afin de profiter des conditions fiscales intéressantes, nombreuses sont les firmes étrangères qui transfèrent leur siège au Liechtenstein. La principauté est liée à la Suisse par une union douanière et se sert de la même monnaie, le franc suisse.

AUTRICHE

La république d'Autriche est un pays neutre divisé en neuf provinces, dites *Länder* (au singulier : *Land*), dont la capitale est Vienne. Elle compte 8 millions d'habitants qui vivent sur une superficie de 83 853 km². La moitié de ce territoire, occupé par les montagnes, est inexploitable sur le plan agricole; pour le reste, l'Autriche pratique surtout l'élevage, l'industrie laitière, la viticulture et l'exploitation des forêts.

L'industrie lourde tient aussi une grande place dans l'économie nationale, elle s'appuie sur les richesses minières et minérales du sous-sol (pétrole, gaz naturel et fer; en outre l'Autriche est le plus grand producteur du monde de magnésite). Elle possède également une industrie textile et une industrie chimique florissantes.

Allemagne

Après la Seconde Guerre mondiale, l'Allemagne fut séparée en deux parties distinctes qui devinrent en 1949 deux États : à l'est, la république démocratique d'Allemagne (D.D.R.) et à l'ouest la république fédérale d'Allemagne (R.F.A.).

Après la chute du mur de Berlin en novembre 1989, l'Allemagne divisée a proclamé sa réunification en octobre 1990. La capitale administrative est encore Bonn pour l'instant, mais elle redeviendra sous peu Berlin. L'Allemagne réunifiée comprend 15 *Länder* et compte environ 80 millions d'habitants, pour une superficie de 356 868 km^2.

L'agriculture joue un rôle important dans l'économie du pays, et en particulier la viticulture dans le bassin du Rhin. Le domaine des prestations de services s'étend de plus en plus. Depuis deux ans, l'Allemagne est occupée par ses problèmes politiques et économiques de réunification et de remise sur pied de l'industrie de l'ancienne Allemagne de l'Est. D'ores et déjà, elle possède une solide industrie lourde, orientée vers l'exportation, construction automobile, industrie chimique et électronique, traitement du pétrole brut.

Pays-Bas

Les Pays-Bas sont une monarchie héréditaire, constitutionnelle et parlementaire. Elle a pour capitale Amsterdam, néanmoins le siège du Parlement et du gouvernement se trouve à La Haye. Elle est divisée en 15 provinces, occupe une superficie de 33 811 km^2 sur laquelle vivent 15 millions d'habitants. On y parle deux langues, le néerlandais et le frison. L'industrie alimentaire tient une place importante dans l'économie nationale. L'agriculture est surtout concentrée sur l'élevage du bétail, des porcs et de la volaille ; les fruits, les légumes et les fleurs sont cultivés à la fois à l'air libre et en serre. La pêche en haute mer et la pêche côtière sont également un facteur important de l'économie. Le sous-sol, lui, réserve des ressources appréciables en pétrole et en gaz naturel.

Religion

La religion des pays du Rhin est le christianisme, catholique ou protestant. En Suisse orientale, dans la région des sources du Rhin, et en Suisse du Nord, la majorité de la population est catholique, de même qu'en Alsace, région française de forte tradition catholique. En Allemagne et aux Pays-Bas, les deux religions sont sensiblement à égalité; toutefois, le long du Rhin, le catholicisme l'emporte sur le protestantisme.

En général, les églises catholiques restent accessibles au public toute la journée, mais les temples protestants ferment leurs portes dès la fin de l'office.

Climat

La meilleure époque pour entreprendre un voyage d'exploration dans le bassin du Rhin se situe entre avril et octobre. Toutefois, il faut attendre la fin du printemps pour que les arbres et les buissons, sur les rives du fleuve, déploient toute la splendeur de leurs fleurs aux coloris infinis.

Exception faite des Pays-Bas, vous trouverez sur tout le Rhin un climat relativement doux, quoique la température soit plus changeante dans les régions montagneuses. Vous rencontrerez souvent un phénomène réservé aux vallées situées au nord des Alpes : le fœhn, qui est un vent chaud et sec; il purifie l'atmosphère et permet d'avoir une visibilité exceptionnelle en montagne; mais c'est un vent qui provoque facilement migraines et nausées chez les personnes sensibles et favorise les dépressions. Dans les régions soumises à ce phénomène, on note une recrudescence de suicides par temps de fœhn; les criminels bénéficient plus facilement des circonstances atténuantes, les chirurgiens n'opèrent que les urgences et, dans la mesure du possible, les examens sont reportés.

Les rives du lac de Constance jouissent d'un climat particulièrement doux, qui permet la culture des fruits et des légumes. Le printemps s'annonce très tôt dans ces régions, et l'automne très tard. Le mois de juin est la saison des pluies, le mois de juillet apporte les plus grosses chaleurs. Il arrive souvent que, aux demi-saisons, la brume fasse obstacle à la navigation. Sur le Rhin supérieur également, le climat est très doux et les précipitations relativement peu abondantes.

En Alsace, sur l'Oberrhein, vous trouverez des étés chauds et des hivers doux. C'est en Allemagne, dans les plaines de l'Oberrhein, que le climat est le plus doux de toute l'Allemagne, de même les pluies y sont relativement peu abondantes. Pour cette raison, la zone située entre Fribourg et Colmar, le Kaiserstuhl, est particulièrement apprécié, et les longues heures d'ensoleillement dont il bénéficie favorise la culture d'un vin d'une excellente qualité et d'un bouquet exceptionnel.

Les grandes différences de température au sein de l'Allemagne se manifestent par le début de la floraison des arbres. Entre Bâle et Fribourg, par exemple, elle commence généralement entre le 10 et le 20 avril, alors que plus au nord et à l'écart du fleuve, les arbres ne fleurissent souvent qu'un mois plus tard. Le Rhin moyen jouit aussi d'un climat doux et peu arrosé, conditions idéales pour la production de crus excellents, comme ceux de la Hesse rhénane par exemple.

Sur le Rhin inférieur, l'influence du Gulf Stream donne des hivers très cléments.

En vous rapprochant de la mer du Nord, vous serez de plus en plus fouettés par un vent fort venu du large. Si les hivers sont tempérés, les étés dans cette région ne sont pas particulièrement chauds.

Quel que soit le mode de locomotion que vous choisissez, n'oubliez pas d'emporter parapluie, chandail et lunettes de soleil.

A SAVOIR UNE FOIS SUR PLACE

Heure locale

Les pays qui se partagent le bassin du Rhin vivent tous à l'heure officielle de l'Europe centrale (déterminée par le méridien de Greenwich). Ils ont tous adopté également le système de l'heure d'été : du dernier dimanche de mars au dernier dimanche de septembre, les horloges sont avancées d'une heure.

Heures d'ouverture

Les heures d'ouverture que nous vous donnons ci-dessous n'ont qu'une valeur de référence. Dans les grandes villes et dans les endroits touristiques par exemple, les magasins font souvent la journée continue : ils restent ouverts à l'heure du déjeuner.

Suisse

Magasins
Du lundi au vendredi de 8 h ou 8 h 30 à 18 h 30; le samedi de 8 h ou 8 h 30 à 16 h ou 17 h. Certains magasins sont fermés le lundi matin.

Banques
Du lundi au vendredi de 8 h 30 à 16 h 30. Dans les petites villes et les villages, les banques ferment à l'heure du déjeuner de midi à 14 h. Il en est de même pour les bureaux de postes.

Liechtenstein

Magasins
Du lundi au vendredi de 8 h à midi et de 13 h 30 à 18 h 30; le samedi de 8 h à 16 h. A Schaan, les magasins restent ouverts le vendredi jusqu'à 20 h.

Banques
Du lundi au vendredi de 8 h à midi et de 13 h 30 à 16 h 30

Postes
A Vaduz, du lundi au vendredi de 8 h à midi et de 13 h 45 à 18 h; le samedi : de 8 h à 11 h. A Schaan, du lundi au vendredi de 7 h 45 à midi et de 14 h à 18 h 15 h; le samedi de 7 h 45 à 11 h. A Triesenberg, du lundi au vendredi de 8 h à midi et de 14 h à 18 h, le samedi de 8 h à 11 h.

Autriche

Magasins
Du lundi au vendredi de 8 h à midi et de 14 h à 18 h, le samedi de 8 h à midi. Dans le centre des grandes villes, les magasins restent généralement ouverts à l'heure du déjeuner.

Banques
Le lundi, mardi, mercredi et vendredi de 8 h à 12 h 30 et de 13 h 30 à 15 h, le jeudi de 8 h à 12 h 30 et de 13 h 30 à 17 h 30

Postes
Du lundi au vendredi de 8 h à 12 h et de 14 h à 18 h (fermeture des caisses à 17 h); le samedi de 8 h à 12 h.

Allemagne

Magasins
Du lundi au vendredi : 9 h ou 10 h à 18 h 30, le jeudi jusqu'à 20 h 30, le samedi 9 h ou 10 h à 14 h. Dans les petites villes et les villages, les magasins ferment à l'heure du déjeuner, de 12 h 30 à 15 h. Certains magasins ferment dès 18 h dans la semaine et dès 13 h le samedi.

Banques
Du lundi au vendredi de 8 h 15 à 13 h et de 14 h à 16 h. Le jeudi, les banques ferment entre 17 h et 18 h 30. Certaines restent ouvertes le mardi et le jeudi jusqu'à 18 h, en revanche, elles ferment le vendredi à 14 h.

Postes
Du lundi au vendredi de 8 h ou 9 h à midi et de 14 h à 18 h Les bureaux de postes centraux, dans les grandes villes, sont ouverts 24 h sur 24.

Pays-Bas

Magasins
Du lundi au vendredi : de 8 h ou 8 h 30 à 17 h 30 ou 18 h; le samedi de 8 h ou 8 h 30 à 16 h ou 17 h. Certains magasins restent ouverts le jeudi et le vendredi jusqu'à 21 h.
Banques
Du lundi au vendredi de 9 h à 16 h ou 17 h (parfois jusqu'à 21 h).
Postes
Du lundi au vendredi de 8 h 30 à 17 h, le samedi de 8 h 30 à 12 h.

Jours fériés

Suisse

1er janvier
6 janvier (Épiphanie)
Vendredi saint
Lundi de Pâques
1er mai (fête du Travail)
Ascension
Lundi de Pentecôte
Fête-Dieu (dans les communes où les catholiques sont en majorité)
1er août (fête nationale)
1er novembre (Toussaint)
Jour de Prière et de Repentir
25 et 26 décembre (Noël)

Liechtenstein

Le Liechtenstein a le même calendrier de jours fériés que la Suisse, plus les deux suivants :
15 août (Assomption)
8 septembre (Immaculée Conception)

Alsace

Le Vendredi saint et le 26 décembre sont fériés en Alsace.

Allemagne

1er janvier
6 janvier (Épiphanie, en Bavière et au Bade-Wurtemberg seulement)
Vendredi saint
Lundi de Pâques
1er mai (fête du Travail)
Ascension
Lundi de Pentecôte
Fête-Dieu (en Bavière, au Bade-Wurtemberg, en Hesse, en Rhénanie du Nord-Westphalie, en Rhénanie-Palatinat et en Sarre)
17 juin (jour de l'Unité allemande)
15 août (Assomption, dans certaines parties de la Bavière et de la Sarre seulement)
1er novembre (Toussaint, en Bavière, au Bade-Wurtemberg, en Rhénanie du Nord-Westphalie, en Rhénanie-Palatinat et en Sarre seulement)
Jour de Prière et de Repentir
25 et 26 décembre (Noël)

Pays-Bas

1er janvier
Vendredi saint
Lundi de Pâques
30 avril (fête de la Reine)
Ascension
Lundi de Pentecôte
25 et 26 décembre (Noël)

Belgique

1er janvier
Lundi de Pâques
1er mai (fête du Travail)
Ascension
21 juillet (fête nationale)
15 août (Assomption)
1er novembre (Toussaint)
11 novembre (Armistice 1918)
25 décembre (Noël)

En cas d'urgence

Suisse

Des téléphones publics sont installés tout le long des autoroutes et sur les routes de montagne.
Police
Tél. 117
Pompiers
Tél. 118
Service de dépannage
Tél. 140
Urgences médicales
Basel, tél. 25 15 15
Ambulance
Tél. 144

France

Des téléphones publics sont installés tout le long des autoroutes et des routes nationales.

Police-Secours
Tél. 17
Accident
Tél. (05)10 61 06
Vingt-quatre heures sur vingt-quatre.
Service médical de l'Est
Strasbourg, tél. 88 84 50 13

Allemagne

Des téléphones publics sont installés le long de toutes les autoroutes et de certaines routes nationales. En cas de nécessité, vous pouvez appeler les numéros de téléphone suivants, qui fonctionnent dans presque tout le pays.

Sur les paquebots de la K.D., on peut faire appel à un médecin par radio.

Police
Tél. 110
Pompiers, ambulance
Tél. 112

• Bad Säckingen

Croix-Rouge
Deutsches Rotes Kreuz, tél. 22 22

• Brühl

Médecin, dentiste ou pharmacien de garde
Notdienste, tél. 45 261

• Coblence

Service médical d'urgence
Ärtze-Notfallbereitschaft, tél. 41 933

• Cologne

Service médical central
Artzrufzentrale, tél. 72 07 72
Pharmacie de garde
Tél. 11 500

• Constance

Croix-Rouge
Rotes Kreuz, tél. 61 000

• Dormagen-Zons

Service d'ambulance
Rettungsdienste, tél. 69 79
Médecin, dentiste et pharmacie de garde
Tél. 49 999

• Duisbourg

Service médical
Arzt-Rufzentrale, tél. 19 292

• Emmerich

Ambulance
Krankenwagen, tél. 55 333

• Fribourg-en-Brisgau

Service central, médecin et ambulance
Rettungsleitstelle-Notarzt, tél. 22 222 et 33 333

• Krefeld

Service d'urgences médicales
Ärtzlicher Notdienst, tél. 19 292
De 19 h à 7 h du matin.
Dentistes de garde
Zahnärtzlicher Notdienst, tél. 68 60
Pharmacies de garde
Apotheken-Notdienst, tél. 54 22 00

• Lindau

Service médical d'urgence
Ärtzlicher Notfaldienst, tél. 19 222

• Ludwigshafen

Médecins de garde
Bereitschaftsdienst der Ärtze, tél. 57 10 51/2
Pharmaciens de garde
Bereitschaftsdienst der Apotheken, tél. 11 500

• Mannheim

Médecins et pharmaciens de garde
Ärtzlicher Bereitschaftsdienst, tél. 19 292
Dentistes de garde
Zahnärtzlicher Notdienst, tél. 81 25 99

• Rüdesheim-Assmannshausen

Médecins de garde
Ärtzlicher Notfalldienst, tél. 50 41

• Wiesbaden

Médecins de garde
Ärtzlicher Notfalldienst, tél. 46 10 10

Pays-Bas

Il n'existe pas de numéro de téléphone unique pour la police et les pompiers.

Vous trouverez des téléphones publics sur les autoroutes.

Dépannage
Tél. (060) 888 ou (070) 26 26 11

• Nimègue

Service de santé
G.G.D., tél. 22 61 41

• Rotterdam

Service médical d'urgence
Tél. 42 01 100
Dentiste de garde
Tél. 45 52 155

• Utrecht

Service de santé
G.G. & G.D., tél. 95 89 11

COMMUNICATIONS

Presse

Les gares, les grands hôtels et les aéroports des grandes villes reçoivent la presse internationale.

SUISSE

Outre les quotidiens régionaux, vous trouverez dans le nord et l'est de la Suisse les journaux de Zurich, de Bâle et de Saint-Gall, ainsi que le *Bild* allemand.

ALLEMAGNE

Vous trouverez partout tous les grands journaux nationaux, y compris le *Bild*.

Télévision et radiodiffusion

SUISSE

La Suisse diffuse des programmes en allemand, en français et en italien. En outre, vous pouvez recevoir les émissions de la Croix-Rouge, et celles de la radio des Nations Unies. Les chaînes de télévision privées élargissent le choix.

FRANCE

Vous avez l'embarras du choix pour les émissions, entre les radios et les chaînes publiques et privées. Pour l'Alsace, F.R.3 Alsace donne à Strasbourg les informations locales. En outre, il y a également une radio religieuse, radio Évangile.

ALLEMAGNE

Neuf stations de radio diffusent tous les jours trois à quatre programmes. Le Rhénanie-Palatinat possède sa propre station locale avec trois programmes. Trois chaînes de télévision officielles diffusent des programmes tout au long de la journée; en outre, vous avez également le choix entre plusieurs chaînes privées.

PAYS-BAS

Radio et télévision sont confiées à neuf organisations, cinq stations de radio et trois chaînes de télévision publiques. Les chaînes de télévision privées sont diffusées à partir de la Grande-Bretagne.

Postes et télécommunications

Les services postaux dans les pays rhénans fonctionnent très bien. Vous trouverez partout des téléphones publics et pour toutes les communications désirées, même à l'étranger. Tous les hôtels, restaurants, auberges de jeunesse et campings sont équipés de téléphones. Vous pouvez envoyer des télégrammes depuis les bureaux de poste ou la réception des hôtels. En outre, les grands hôtels possèdent télex et télécopie.

Vous trouverez en première page de l'annuaire téléphonique, ou à la réception des hôtels, les numéros importants, tels les renseignements pour l'étranger, les informations sanitaires, les codes postaux, etc.

INFORMATIONS TOURISTIQUES

Tout le long du Rhin vous trouverez une profusion de musées et de monuments, de quoi satisfaire les intérêts de tous. Les heures d'ouverture sont uniformes : du mardi au dimanche : de 10 h à 17 h, sauf en France, du mercredi au lundi (les musées nationaux français sont fermés le mardi).

Vous trouverez en outre dans cette rubrique, ville par ville, les adresses des offices de tourisme et les dates des principales manifestations. Y figurent aussi les parcs d'attractions et les réserves naturelles.

Suisse

• Augst

Musée romain
Giebenacher Strasse 17
Augusta Raurica, à 12 km à l'est de Bâle, était la plus ancienne colonie romaine sur le Rhin.

• Bâle

Verkehrsbüro
Blumenrain 2, Schifflände, 4001 Basel, tél. (061) 25 50 50
En janvier, fête des corporations (Vogel Gryft). Le carnaval de Bâle (Morgenstraich), après le mercredi des Cendres, est le plus célèbre et le plus spectaculaire de Suisse : trois jours de folie avec des défilés de chars et de joueurs de fifre et de tambour, qui s'achèvent par un gigantesque bal masqué auquel participe toute la population. En avril, la Muba (foire aux échantillons) attire plus d'un million de visiteurs. Fête du Petit Bâle, en août. La fête de la Réforme et une grande fête populaire ont lieu en septembre.

Jardin zoologique de Bâle
Viaduktstrasse-Binningerstrasse
Ce zoo est célèbre dans le monde entier. Ouvert tous les jours en été de 8 h à 18 h 30, en hiver de 8 h à 17 h 30.
Musée antique de Bâle
Sankt Albangraben 5
Conserve aussi la collection Ludwig.
Musée de l'Architecture
Pfluggässlein 3
Moulin à papier de Bâle
Sankt Alban-Tal 37
Ce moulin est devenu le musée suisse du Papier et musée de l'Écriture et de la Typographie.
Musée de l'Artisanat et de l'Industrie de Bâle
Spalenvorstadt 2
Musée historique de Bâle
Steinenberg 4
Église des Cordeliers
Barfüsserplatz
Cathédrale
Münster
Bâtie en roman en 1010 à la place d'un bâtiment plus ancien, rebâtie en gothique après le tremblement de terre de 1356 et complètement restaurée au XIXe siècle. Pierre tombale d'Érasme.
Musée de la Ville et de la Cathédrale
Unterer Rheinweg 26
Maison de la Cerisaie
Elisabethenstrasse 27
Aménagement de l'habitat.
Collection d'instruments de musique anciens
Leonhardstrasse 8
Musée des Calèches et des Traîneaux
Brüglingen
Musée du Film
Blauenstrasse 49
Musée d'Art contemporain
Sankt-Alban-Rheinweg 60
Muséum
Augustinergasse 2
Collections scientifiques (histoire naturelle) et musée ethnographique très intéressant (Europe, Amériques et Orient et préhistoire).
Musée de la Navigation Unser Weg zum Meer
Rheinhafen Kleinüningen
Musée suisse d'Histoire de la Pharmacie
Pfluggässlein 3
Musée suisse des Pompiers
Kornhausgasse 18
Musée suisse du Sport
Missionstrasse 28
Musée des Beaux-Arts
Kunstmuseum
Le noyau des collections de cet admirable musée a été constitué par le legs d'Érasme.

• Berneck

Musée du Vin
Haus zum Torggel

• Buchs

Musée du Rhin
Schloss Werdenberg

• Coire

Musée des beaux-Arts
Villa Planta, Postplatz
Musée d'Histoire naturelle
Masaserstrasse 31
Musée de la Cathédrale
Hofplatz 19
Dans le palais épiscopal, qui conserve une galerie de tous les évêques de Coire depuis 1419. La cathédrale occupe l'emplacement d'un temple romain.
Musée rhétique
Hofstrasse 1
Archéologie, histoire, arts et traditions populaires.

• Disentis

Collection de l'abbaye des Bénédictins
Couvent qui domine la vallée. Fondé au VIIe siècle, il eut une grande influence aux XVIe et XVIIe siècles.

• Kreuzlingen

Musée des Pompiers
Konstanzer Strasse 39
Musée d'Histoire et de Culture locales
Haus Rosenegg, Bärenstrasse 6
Musée des Poupées Jeannine
Schlossgut Girsberg
Château du XIIIe siècle.
Musée du Téléphone, du Télégraphes et de la Radio
Löwenstrasse 12

• Laufenbourg

Musée Zum Schiff
Fischergasse

• Lipperswil

Conny-Land
Parc d'attractions du lac de Constance, avec le plus grand delphinarium d'Europe

• Mannenbach

Musée napoléonien
Schloss Arenenberg
A 36 km de Schaffouse sur la rive gauche. Le château d'arenenberg 0avait été acquis en 1817 par la reine Hortense, qui y séjourna en compagnie de son fils le futur Napoléon III.

• Neuhausen

Musée de la Pêche
Rosenbergstrasse 17

• Rheinfelden

Verkehrsbüro
Marktgasse 61, 4310 Rheinfelden, tél. (061) 87 55 20

Musée des Maquettes de châteaux forts
Rindergasse 9
Musée Fricktaler
Marktgasse
Musée des Vieilles Voitures
Salmen Hotel

• Rorschach

Musée local
Kornhaus, Hafenplatz
Dans l'ancienne halle au blé (1874).

• Saint-Gall

Bibliothèque abbatiale
Klosterhof
Plus de 10 000 volumes d'histoire, de science et biblique et liturgique, et 2000 manuscrits médiévaux dans un décor rococo.
Cathédrale
Stiftkirche
Fondée en 1314, reconstruite de 1755 à 1761 dans le style rococo. Fresques du Moretto (chœur), de Wennenmacher (coupole) et de Wenziger (nef).

• Sargans

Musée du Canton de Sargans
Schloss
Château du XIIe siècle juché sur un rocher escarpé qui fut pendant quatre siècles la résidence des baillis. Meubles, collections d'armes.

• Schaffhouse

Tourist Information
Vorstadt 2, 8201 Schaffhausen, tél. (053) 25 51 41
Mardi gras (fête du carnaval, fin janvier, début février). Le festival Bach est un festival international qui a lieu tous les trois ans, à la première semaine du printemps. Une rencontre internationale des musiciens ambulants a lieu tous les deux ans au début de l'été, et une semaine musicale de rock et de musique pop en décembre. Festival rock en août.

Musée Zu Allerheiligen
Klostergasse 1
Dépend de l'austère église de Tous-les-Saints, qui fit partie d'une abbatiale romane très restaurée. Préhistoire, histoire et histoire naturelle.
Collection d'armes
Fort Munot
Dans le fort du XVIe siècle dessiné par Dürer, dont la grosse tour ronde a des murs de 5 m d'épaisseur.

• Splügen

Musée d'Histoire et de Culture du Rheinwald
Oberdorfplatz 65

• Steckborn

Musée d'Histoire et de Culture sur l'Untersee
Turmhof
Musée de la Machine à coudre
Bernina Mäschinen-Fabrik

• **Stein am Rhein**

Verkehrsbüro
Oberstadt, 8260 Stein am Rhein, tél. (854) 41 28 35

Musée de l'abbaye Saint-Georges
Munster Sankt Georgen
Ancienne abbaye bénédictine très bien conservée avec un cloître et une décoration intérieure du XIVe et du XVe siècles.
Musée des Poupées
Schwarzhorngasse 136
Musée historique
Rathaus
Petit musée installé dans l'hôtel de ville.

• **Zurich**

Schweizerische Verkehrszentrale
Bellariastrasse 38, 8027 Zürich, tél. (01) 20 23 737
En mai, foire aux échantillons. En septembre, concours de tir des écoliers zurichois. En avril, *Sechseläuten*, fête de la fin de l'hiver. En juin, fête du lac.

LIECHTENSTEIN

• **Malbun**

Verkehrsbüro
9497 Malbun, tél. (075) 26 577

• **Schaan**

Musée Local
Landstrasse 19

• **Triesenberg**

Musée d'Histoire et de Culture locales
Au centre du village

• **Vaduz**

Fremdenverkehrszentrale
Postfach 139, 9490 Vaduz, tél. (075) 21 443

Musée des Timbres-Poste
Städtle 17
Musée d'Art du Liechtenstein
Städtle 37
Exposition permanente de Rubens.
Musée de la Principauté
Städtle 43

AUTRICHE

Deutsche Zentrale für Tourismus
Schubertring 12, 1010 Wien, tél. (0222) 53 27 92

• **Bregenz**

Fremdenverkehrsamt der Landeshauptstadt Bregenz-Fremdenverkehrsverband Bodensee/Rheintal
Inselstrasse 15, 6900 Bregenz, tél. (05574) 23 391
Un festival international de Musique et de Théâtre a lieu en mars, le printemps de Bregenz (ballets, opéras, concerts) a lieu en mai et le festival de Bregenz (opéras et concerts) en juillet et août.

Musée du Land du Vorarlberg
Kornmarkt 1
Musée militaire du Vorarlberg
Martinsturm

• **Dornbirn**

Les gorges de Rappenlochschlucht
Les gorges d'Alplochschlucht avec la cascade de 120 m de hauteur

• **Fussach**

Parc naturel de Fussach
Entre l'ancien et le nouveau Rhin, près du lac de Constance, se trouve l'un des plus vastes marécages d'eau douce d'Europe; il couvre une superficie de 2 000 ha de terrain humide envahi par les roseaux et sert d'habitat à 500 espèces d'oiseaux.

• **Hard**

Musée d'Histoire et de Culture locales
Mittelweiherburg

• **Hohenems**

Les Schubertiades, festival de musique, ont lieu en juin.

Château des comtes de Walburg-Zeil
C'est là que furent découverts en 1755 et 1778 les manuscrits C et A de la *Chanson des Nibelungen*.
Musée en plein air Sägemühle
Zone industrielle

• Lustenau

Musée de la Broderie
Pontenstrasse 20

ALSACE

• Colmar

Mardi gras. Fête folklorique devant le Kaufhaus, en juin. Fête du Vin, autour du 15 août (dégustations par cépage et spectacles folkloriques). Fête de la choucroute, premier week-end de septembre

Musée Bartholdi
30, rue des Marchands
Maison natale du sculpteur (1834-1904).
Musée d'Unterlinden
1, place d'Unterlinden
Dans un ancien couvent dont le nom signifie «Sous les Tilleuls». Conserve le retable d'Issenheim, de Mathias Grünewald.
Museum d'Histoire naturelle
11, rue de Turenne
Dans une maison qui remonte au XVIIe siècle.

• Huningue

Musée d'Histoire locale
Rue des Boulangers, Marckolsheim
Musée du Mémorial de la ligne Maginot
Route du Rhin

• Mulhouse

Carnaval, en janvier. Festival d'été, en juin. Festival d'Octobre.

Musée de l'Impression sur étoffes
3, rue des Bonnes-Gens
Du XVIIIe siècle à nos jours. Centre de documentation contenant 6 millions d'échantillons accessible aux chercheurs et aux professionnels.
Musée de la chapelle Saint-Jean
Grand-Rue
Ancienne chapelle des chevaliers de Malte.
Musée des Beaux-Arts
4, place Guillaume-Tell
Musée français du Chemin de fer
2, rue Alfred-Glehn
Matériel roulant qui a circulé sur le réseau français.
Musée du Sapeur-Pompier
2, rue Alfred-Glehn
Dans la même enceinte que le musée du chemin de fer.
Musée historique
Hôtel de ville, place de la Réunion
Présentation de collection fort riches dans un grand respect du bâtiment.
Musée minéralogique
3, rue Alfred-Werner
Musée national de l'Automobile
192, avenue de Colmar
Fabuleuse collection de 500 voitures anciennes (réserve comprise) constituée en trente ans par les frères Schlumpf.

• Neuf-Brisach

Fête du muguet le 1er mai.

Musée Vauban
7, place de la Porte-de-Belfort
Dans la porte de Belfort, ce qui donne l'occasion de faire une promenade sur les remparts.

• Sessenheim

Mémorial Goethe
A côté du presbytère
Inauguré en 1962. Goethe, étudiant en droit à Strasbourg, avait noué une idylle avec Frédérique Brion, fille du pasteur du lieu.

• Strasbourg

Office du tourisme de Strasbourg et de sa région
Palais des Congrès, 67082 Strasbourg,
tél. 88 32 57 07
Foire de printemps, en avril. Festival international de musique, en juin. Festival de danse, en juillet. Musica, festival de musique contemporaine, en septembre. Foire européenne, la première quinzaine de septembre. Pendant l'Avent, Christkindlmarik : vente permanente de sapins et de garnitues, place de Broglie.

Cathédrale Notre-Dame
Place de la Cathédrale
D'avril à octobre, il s'y donne un son et lumière, sur le parvis et à l'intérieur.
Musée de l'Œuvre Notre-Dame
3, place du Château
Complément indispensable à la visite de la cathédrale.
Maison Kammerzell
Place de la Cathédrale
Palais Rohan
2, place du Château
De juin à août, spectacles de folklore alsacien dans la cour. L'accès aux musées est au fond de

la cour à gauche.
Musée des Arts décoratifs
Palais Rohan, 2, place du Château
Musée des Beaux-Arts
Palais Rohan, 2, place du Château
Musée archéologique
Palais Rohan, 2, place du Château
Cabinet des Estampes
5, place du Château
Collection de l'institut d'Égyptologie de l'université
Palais de l'Université
Musée alsacien
23, quai Saint-Nicolas
Dans trois maisons des XVIIe et XVIIIe siècles.
Musée d'Art moderne
Ancienne Douane, 1, rue du Vieux-Marché-aux-Poissons
Le bâtiment de l'ancienne Douane présente de l'intérêt en lui-même.
Musée de Moulages
Université de Strasbourg
Musée historique
Grande Boucherie, 3, rue de la Grande-Boucherie
Importante collection d'art militaire.
Musée zoologique
29, boulevard de la Victoire

ALLEMAGNE

Syndicat d'initiative se dit en allemand : *Fremdenverkehrsverein*, *Fremdenverkehrsbüro*, *Verkehrsam* ou *Verkehrsbüro*; *Fremdenverkehrsamt* signifie plutôt office du tourisme. En Allemagne, on le trouve en général dans la capitale du *Land*.

Office du tourisme allemand
4, place de l'Opéra, 75002 Paris, tél. (1) 40 20 01 88
Office du tourisme allemand
23, rue du Luxembourg, 1040 Bruxelles, tél. (02) 51 27 766 ou 51 27 744
Office du tourisme allemand
2 Fundy, P.O. Box 417, place Bonaventure, Montreal P.Q. H5A 1B8, tél. (514) 878 98 85
Offizielles deutsches Verkehrsbüro
Talstrasse 62, 8001 Zürich, tél. (01) 221 13 87

Deutscher Fremdenverkehrsverband
Nieburstrasse 16 b, 5300 Bonn 1, tél. (0228) 21 40 71 ou 21 40 72
Deutsche Zentrale für Tourismus
Beethovenstrasse 60, 6000 Frankfurt am Main, tél. (069) 75 720
• Allensbach

Musée d'Histoire et de Culture locales
Rathausplatz

• Andernach

Fêtes des Mille Lumières, en septembre.

• Assmannshausen

Fête du Vin rouge, le jour de l'Ascension.

Musée de la Ville
Haus von der Leyen, Hochstrasse 97

• Bacharach

Verkehrsamt
6533 Bacharach, tél. (06743) 12 97

Château de Stahleck
Burg Stahleck
Ruines d'un château fort du XIIe siècle. Auberge de jeunesse, beau point de vue.

• Bad Breisig

Verkehrsamt
Albert-Mertes-Strasse 11, 5484 Bad Breisig, tél. (02633) 92 55
Fête estivale de nuit (Sommernachtsfest) en juillet. Marché aux Oignons, en septembre.

Musée des Poupées
Koblenzer Strasse 31
Bad Honnef
Musée Konrad Adenauer
Konrad-Adenauer-Strasse 80, Rhöndorf

• Bad Godesberg

Ruines du Godesburg
Redoute

• Bad Honnef

Verkehrsamt-Kurverwaltung
Hauptstrasse, 5340 Bad Honnef, tél. (02224) 18 41 70

• Bad Hönningen

Verkehrsamt
Neustrasse 2 a, 5462 Bad Hönningen, tél. (2635) 22 73
Fête estivale de nuit (Sommernachtsfest), fête des Mille Lumières et kermesse de Pierre et

Paul, en juillet.

Château d'Arenfels
Schloss Arenfels

• Bad Säckingen

Kurverwaltung
Waldshuter Strasse 20, 7880 Bad Säckingen, tél. (07761) 51 316
Musée du Rhin supérieur
Schloss
Musée minéralogique
Villa Berberich, Parkstrasse 1
Musée d'Histoire et de Culture locales
Schloss
Collection de montres et de trompettes, château des Trompettistes, dans le parc du château.

• Bad Salzig

Verkehrsamt Boppard
5407 Boppard, tél. (06742) 62 97

• Bendorf

Vieux château de Sayn
Kehrberg
Avec la taverne Saint-Hubert.
Musée de la Ville de Bendorf
Kirchplatz
Sidérurgie.
Musée des Horloges
Schloss Sayn
Jardin des Papillons
Schlosspark Sayn
Ouvert tous les jours en été de 9 h à 18 h, en hiver de 9 h à 17 h.

• Bingen

Verkehrsamt
Rheinkai 21, 5630 Bingen, tél. (06721) 14 269
Le Rhin en flammes, le premier samedi de juillet.

Tour aux Souris
Mäuseturm
Chapelle Saint-Roch
La fête de saint Roch a lieu le troisième dimanche d'août
Monument commémoratif de Stefan George
Musée d'Histoire et de Culture locales
Schloss Klopp
Dans un château féodal d'où on embrasse un beau panorama.
• Bochum

Collection de l'université de la Ruhr
Universitätstrasse 150, tél. (0234) 700 47 38
Sculpture.

• Bonn

Tourist-Information
Cassius Bastei, Münsterstrasse 20, 5300 Bonn, tél. (0228) 77 34 66
Deutscher Fremdenverfehrsverband
Nieburgstrasse 16 b, 5300 Bonn 1, tél. (0228) 214 071 ou 214 073
Landesverkehrsverband Rheinland
Rheinallee 69, 5300 Bonn 2, tél. (0228) 362 921 ou 362 922
Le festival Beethoven a lieu tous les trois ans (le dernier en date était celui de 1992).

Musée des Beaux-Arts de l'université
Am Hofgarten 21, tél. (0228) 737 282
Sculptures antiques.
Musée d'Art de l'État
Rathausgasse 7, tél. (0228) 773 686 ou 772440
Musée Ernst-Moritz-Arndt
Adenauer-Allee 79
Musée consacré à l'écrivain.
Maison natale de Beethoven
Bonngasse 20
Musée local de Beuel
Steinerstrasse 36
Musée de Minéralogie et de Pétrologie
Poppelsdorfer Schloss, Meckenheimer Allee 171
Musée Alexander König
Adenauerallee 150-164
Le monde des animaux.
Exposition de Timbres des postes allemandes
Heinrich-von-Stephan-Strasse 1
Musée de la Région rhénane
Colmanstrasse 14-16
Histoire et art.
Maison de Schumann
Sebastianstrasse 182
Musée d'Art de la ville
Rathausgasse 7
Vieil hôtel de ville
Marktplatz
Collégiale
Ouverte tous les jours de 7 h à 19 h.
Cloître
Ouvert tous les jours de 9 h 30 à 17 h 30.
Église du Kreuzberg
Kreuzbergallee
Église de pèlerinage. Ouverte tous les jours en été de 8 h à 18 h 30, en hiver de 9 h à 17 h. Elle contient l'escalier sacré de Balthasar Neumann (ouvert tous les jours de 9 h à 17 h, du 1er mai

au 31 octobre jusqu'à 18 h).
Château de Poppelsdorf
Meckenheimer Allee 171
Musée d'Histoire naturelle de l'université
Tél. (0228) 73 22 59
Bundeshaus
Görrestrasse 15
Visite possible uniquement si l'on s'est annoncé auparavant auprès du service des visiteurs du Bundestag.
Besucherzentrum-Wasserwerk, *Hermann-Ehler-Strasse 29, 5300 Bonn 1*
Chambre des Députés
Langer Eugen, Görrestrasse-Heussallee
Jardin botanique
Hofgarten, Meckenheimerallee 171
Ouvert de 9 h à 18 h de mai à septembre, de 9 h à 16 h d'octobre à avril.
Réserve de gibier de Waldau
Venusberg

• Bodman

Musée de la Préhistoire
Rathaus

• Boppard

Städtisches Verkehrsamt
Karmeliterstrasse 2, 5407 Boppard, tél. (06742) 10 139
Fête du Rhin, en juillet.

Musée de la Ville de Boppard
Kurtrierische Burg
Protohistoire et préhistoire, collection des meubles Thonet.

• Braubach

Verkehrsamt
Rathausstrasse 8, 5423 Braubach, tél. (02627) 203
Fête des Roses, en juin. A Braubach et Coblence, le Rhin en Flammes, deuxième week-end d'août.

Château de Marksburg
Schloss Marksburg
Institut allemand des Châteaux forts. Remarquable collection d'armes, belle vue du haut de la tour.

• Brisach

Städtisches Verkehrsamt
Postfach 11 29, 7814 Brisach, tél. (07667) 83 227
Musée de Préhistoire du Brisgau
Münsterbergstrasse 21

• Brühl

Amt für Wirtschaft und Verkehrsförderung
Rathaus, 5040 Brühl, tél. (02223) 345
Informationszentrum
Uhlstrasse 7, 5040 Brühl, tél. (02223) 79 243

Cabinet Max-Ernst
Bahnhofstrasse 21
Consacré aux peintres surréalistes de Brühl.
Château d'Augustusbourg
Schloss Augustusburg — Kölner Kammerorchester, Schlossstrasse 2, 5040 Brühl, tél. (02232) 43 902 ou 43 21 83
Cage d'escalier de Balthasar Neumann.
Pavillon de chasse de Falkenlust
Datant de 1689, situé au milieu d'un très beau parc. L'orchestre de chambre de Cologne y donne des concerts. Ouvert de 9 h à 12 h et de 14 h à 16 h.
Parc de loisirs Phantasialand
Berggeiststrasse 31-41
Le pays merveilleux où tout est possible. Ouvert tous les jours du 1er avril au 31 octobre à partir de 9 h.

• Clèves
Amt für Wirtschaftsförderung und Fremdenverkehr
Rathaus, 4190 Kleve, tél. (02821) 84 267

Musée des Moulins
Donsbrüggen
Musée municipal
Haus Koekkoek, Kavariner Strasse 33
L'art le long du Rhin inférieur.
Château du Cygne
Schwanenburg
Château dans lequel, d'après la légende, séjourna Lohengrin. Ouvert de 11 h à 17 h d'avril à octobre, le samedi et le dimanche de 11 h à 17 h de novembre à mars
Parc Moritz
Ancien jardin de plaisance du Prinzenhof, résidence des souverains brandebourgeois

• Coblence

Fremdenverkehrsamt
Verkehrspavillon, 5400 Koblenz, tél. (0261) 12 93 06
Tourist Information
Konrad-Adenauer-Ufer, 5400 Koblenz, tél. (0261) 12 92 207
Fremdenverkehrsverband Rheinland-Pfalz

Löhrsatrasse 103, 5400 Koblenz, tél. (0261) 310 79
En mai, fête de la floraison à Güls.

Musée de la Région de Coblence, musée du Rhin
Feste Ehrenbreitstein
Au-dessus de Coblence, la forteresse est accessible par un télésiège.
Château des princes électeurs
Mémorial de Beethoven
Warmbachstrasse 204, Ehrenbreitstein
Haus Metternich
Münzplatz
Art moderne.
Musée du Rhin moyen
Altes Kaufhaus, Florinsmarkt 15
Musée de la Poste du Rhin moyen
Friedrich-Ebert-Ring 14-22
Musée du Château de Stolzenfels
Schloss Stolzenfels
A 12 km au sud de Coblence.
Château de Lahneck
Schloss Lahneck
A 8 km au sud-est de Coblence.
Monastère de Maria Laach
Au nord-ouest de la ville (direction Andernach), lieu de pèlerinage célèbre au bord du lac de Laach, dans l'Eifel.

• Cologne

Verkehrsamt
Unter Fettenhennen 19, 5000 Köln 1, tél. (0221) 22 13 391 ou 22 13 245
Carnaval, en février et mars. Procession de l'Eucharistie sur le Rhin, en juin.

Cathédrale
Dom
Châsse des Rois mages, retable de saint Agilolphe et trésor.
Musée archiépiscopal du diocèse
Roncalliplatz 2
Jardin botanique
Amsterdamer Strasse 36
Ouvert tous les jours de 8 h à la tombée de la nuit.
Jardin botanique forestier
Schillingsrotter Weg
Ouvert en été tous les jours jusqu'à 20 h, en hiver le samedi et le dimanche seulement.
Zoo
Riehler Strasse 173
Ouvert tous les jours de 9 h à 18 h.
Agfa-Photo-Historama
Bischofsgartenstrasse 1
Musée d'histoire de la photographie.
Musée des Couverts de table Boto Glaub
Burgmauer 68
Musée Herbig-Haarhaus
Vitalistrasse 198-226
Art de la laque d'Europe et d'Extrême-Orient.
Musée de la Ville de Cologne
Zeughausstrasse 1-3
Intitut minéralogique et pétrographique de l'université de Cologne
Zülpicherstrasse 49
Musée des Moteurs de la Klöckner-Humboldt-Deutz A.G.
Deutz-Mülheimer-Strasse 111
Cabinet des Monnaies de la Caisse d'Épargne de Cologne
Habsburger Ring 2-12
Musée des Arts appliqués
An der Rechtsschule
Musée d'Art de l'Extrême-Orient
Universitätsstrasse 100, tél. (0221) 405 038
Musée Rautenstrauch-Joest
Ubierring 45, tél. (0221) 311 065 ou 311 066
Art et culture populaires des peuples non européens.
Musée romain-germanique
Roncalliplatz 4
Musée Schnütgen
Cäcilienstrasse 29
Art sacré.
Musée du Théâtre de l'université de Cologne
Schloss Wahn
Musée Wallraf-Richartz
Bischofsgartenstrasse 1, tél. (0221) 221 23 79
Peinture de 1300 à 1900, sculpture de 1800 à 1900.
Musée Ludwig
Bischofsgartenstrasse 1, tél. (0221) 221 23 79
L'art de 1900 à nos jours.
Musée de la Douane
Neuköllnerstrasse 1
Parc du Rhin
Deutz
Sur la rive droite du fleuve

• Constance

Tourist Information
Bahnhofplatz 13, 7750 Konstanz, tél. (07531) 28 43 76
Fremdenverkehrsverband Bodensee Oberschwaben
Schützenstrasse 8, 7750 Konstanz, tél. (07531) 222 32
Fête du lac avec feu d'artifice, en juillet et août.

Festival du Lac, en mai et juin

Parc de Wollmatinger Ried
La dépression du lac, à l'ouest de la ville.
Musée du Lac de Constance
Katzgasse 5
Musée Jan Hus
Hussenstrasse 64
Dédié au réformateur Jan Hus, qui fut brûlé ici comme hérétique.
Musée Rosgarten
Rosgartenstrasse 5
Galerie d'Art et de Culture de la région du lac de Constance.
Municipale Wessenberg
Wessenbergstrasse 21
Étant donné la douceur du climat, la grande île de Reichenau est transformée en vaste jardin potager; autrefois, elle était couverte de vignobles.
Maison du Concile
Kaufhaus

• Dattenberg

Château de Dattenberg
Schloss Dattenberg
Fête du Château, en juillet.

• Diez

Vieux château d'Aull
Château d'Oranienstein

• Dinslaken

Stadtverwaltung
Wilhelm-Lantermann-Strasse 69, 4220 Dinslaken, tél. (02134) 66 222
Château
Avec la porte des Chevaliers et son pont-levis.

• Dormagen

Fremdenverkehrsamt
Schlossstrasse 37, 4047 Dormagen, tél. (02106) 53 519
Fête historique des chevaliers devant les anciennes murailles de Zons, de juin à septembre.

Réserve de Delhoven
Réserve à l'intérieur de laquelle le gibier peut courir en liberté et un parc zoologique entourent un établissement d'enseignement des sciences naturelles, le Tannenbusch.
Musée du Canton de Zons
Schloss Friedestrom, Schlossstrasse 1, Zons
Étains Art nouveau, expositions temporaires.
Musée des Missions
Münster Knechtsteden

• Dormagen-Zons

Moulins à vent historiques
A l'intérieur des fortifications médiévales de Zons.
Tour du Rhin

• Duisbourg

Tourist Information
Königstrasse 53, 4100 Duisburg, tél. (0203) 28 32 189

Zoo de Duisbourg
Mühlheimer Strasse 273
Ouvert tous les jours de 8 h 30 à la tombée de la nuit.
Parc de Mattlerbusch
Wehofer Strasse 42, Hamborn
Grande variété de jeux et d'activités sportives, ainsi qu'un programme culturel.
Musée Wilhelm-Lehmbruck
Düsseldorfer Strasse 51, tél. (0203) 281 326 30
Œuvres complètes du sculpteur, art moderne.
Musée de la Navigation fluviale allemande
Dammstrasse 11, Ruhrort
Avec les navires-musées : le remorqueur *Oskar Huber* et le dragueur *Minden.*
Musée de la maison Königsberg
Mülheimer Strasse 39
Exposition concernant la ville de Königsberg et la Prusse orientale.
Musée du Rhin inférieur
Friedrich-Wilhelm-Strasse 64
Le Rhin inférieur de la préhistoire à nos jours.
Musée d'Art moderne de la ville
Händelstrasse 6, Rheinhausen
Collection de Rheinhausen.
Église Vieux-Saint-Martin
La plus ancienne église de Düsseldorf, du XIe siècle.

• Durlach

Musée du Folklore Pfinzgau
Schloss Karlsburg

• Düsseldorf

Touristeninformation
Heinrich-Heine-Allee 24, 4000 Düsseldorf, tél. (0211) 89 92 346
Verkehrsverein

Konrad-Adenauer-Platz 12, 4000 Düsseldorf, tél. (0211) 35 05 05

Archives Dumont-Lindemann
Jägerhofstrasse 1
Musée des théâtres de Düsseldorf.
Musée Goethe
Schloss Jägerhof, Jacobistrasse 2
Donation d'Anton et Katharina Kippenberg.
Institut Heinrich Heine
Bilker Strasse 12-14
Musée Hetjens
Schulstrasse 4
Musée allemand de la céramique.
Musée d'Art et galerie d'Art
Pempelforter Strasse 50, tél. (0211) 899 24 60
Collection d'Art de Rhénanie-Palatinat
Grabbeplatz 5, tél. (0211) 131 469
Musée provincial de la Population et de l'Économie
Ehrenhof 2
Musée Löbbecke et Zoo aquatique, *Nordpark, Kaiserwerther Strasse 380*
Musée d'Histoire naturelle et de Culture de Benrath
Benrather Schlossallee 104
Musée de la Navigation
Schlossturm, Schlossplatz
Musée de la Ville
Bäckerstrasse 7-9
Galerie municipale
Grabbeplatz 4, tél. (0211) 131 469
Vallée de Néanderthal
Neandertal
Le célèbre site préhistorique se trouve à 15 km de Düsseldorf. Le musée de Néanderthal présente les découvertes.

• Eltville

Verkehrsamt
Schmittstrasse 2, 6228 Eltville, tél. (06123) 50 91

Mémorial de Gutenberg
Burgstrasse 1
Musée d'Histoire et de Culture locales
Burgstrasse 1
Monastère d'Eberach
Kloster Eberach, Schwalbacher Strasse 56-62, tél. (067323) 42 28
Le domaine viticole national est installé dans ce monastère cistercien. Ouvert de 10 h à 18 h du 1er avril au 30 septembre, de 10 h à 16 h du 1er octobre au 30 mars, samedi et dimanche de 11 h à 16 h.

• Emmerich

Fremdenverkehrsamt
Martinikirchgang 2, 4240 Emmerich, tél. (02822) 75 331

Musée du Rhin, Musée de la Navigation
Martinikirchgang, 2
Parc naturel de Knauheide
Au nord d'Elten.

• Erpel

Verschönerungs- und Verkehrsverein
Bergstrasse 12, 5465 Erpel, tél. (02644) 59 85, 12 21

• Fribourg-en-Brisgau

Breisgau Tourist Information
Rotteckring 14, 7800 Freiburg im Breisgau, tél. (0761) 21 63 289
Fremdenverkehrsverband Schwarzwald
Bertoldstrasse 45, 7800 Freiburg im Breisgau, tél. (0761) 313 17
Festival international de musique du Marquis, sous tente, à Mundenhof, en juillet. Foire au Vin, Münsterplatz, en juin. Festival de Théâtre, en juin et juillet.

Cathédrale Notre-Dame
Minster
Retable de Hans Baldung.
Hôtel de ville
Altes Rathaus
Europa-Park
Rust
Parc d'aventure, parc à thèmes et parc familial. Ouvert tous les jours du 1er avril au 16 octobre à partir de 9 h.
Parc naturel de Taubergiessen
Au nord de la ville, au confluent du Rhin et de l'Eltz. Là, dans les terrains marécageux des bords du fleuve, on trouve encore de la vigne sauvage.
Musée des Augustins
Salzstrasse 32
Expositions d'art du Moyen Age à nos jours.
Musée Kleines Stuck
Liebigstrasse 11
Musée d'Ethnographie
Gerberau 32, tél. (0761) 216 33 24
Musée d'Histoire naturelle
Gerberau 32
Musée d'Art moderne
Marienstrasse 10 a
Musée historique de la Ville

Wenzigerhaus, Zum Schönen Eck
Musée de Protohistoire et de Préhistoire
Colombischlössle, Rotteckring 5
Cabinet des Figurines en étain
Schwabentor

• Friedrichshafen

Musée de l'École de haute Souabe
Friedrichstrasse 14
Musée municipal du lac de Constance
Collection d'art de la région du lac de Constance, du Moyen Age à nos jours.
Musée Zeppelin
Adenauerplatz 1
Histoire du dirigeable.

• Geisenheim

Verkehrsamt
Rathaus, 6222 Geisenheim, tél. (06722) 70 10
Verkehrs- und Verschönerungsverein
Rüdesheimer Strasse 48, 6222 Geisenheim, tél. (06722) 80 21
Fête du Tilleul, en juillet.

Parc naturel du Kühkopf
Un ancien bras du Rhin de 16 km de longueur entoure le parc, dans lequel poussent des chênes pédonculaires et des ormes; il y vit aussi de nombreuses espèces d'oiseaux, parmi lesquelles des espèces rares.
Château de Schönborn
Schloss Schönborn
Château de Johannisberg
Schloss Johannisberg
Château de Schwarzenstein
Schloss Schwarzenstein

• Gernsheim

Musée d'Histoire et de Culture locales
Schöfferplatz

• Hagnau

Musée des Poupées et des Jouets
Neugartenstrasse 20

• Hammerstein

Hammersteiner Werth
En face de cette petite ville, île au milieu du fleuve transformée en centre de détente.
• Heidelberg

Verkehrsverein
Friedrich-Ebert-Anlage 2, 6900 Heidelberg, tél. (06221) 10 821

Musée d'Égyptologie de l'université
Marstallhof 4,
On y conserve en particulier la collection de moulages de l'université de Heidelberg.
Bibliothèque de l'université
Conserve le grand livre des chansons de Heidelberg.
Musée allemand de la Pharmacie
Ottheinrichsbau, Heidelberger Schloss
Musée du Palatinat
Hauptstrasse 97
L'art du Moyen Age à nos jours.
Musée géologique
Im Neuenheimer Feld 234
Musée d'Art sacré et de Liturgie
Jesuiten Kirche, Richard-Hauser-Platz
Musée du Textile Max Berk
Brahmsstrasse 8
Musée ethnographique
Hauptstrasse 235
Musée zoologique
Im Neuenheimer Feld 230
Château de Heidelberg
Heidelberger Schloss
Beau château Renaissance dominant le Neckar. Festival du château, de juillet à août. Illuminations du château avec feu d'artifice, début septembre. Dans le château se trouve aussi le Firedrichsbau.
Königstuhl
Très belle vue.

• Heppenheim

Fremdenverkehrsamt Bergstrasse-Odenwald
Landratsamt, 6148 Heppenheim, tél. (06252) 15 321
Verkehrsverein
Grosser Markt 1, 6148 Heppenheim, tél. (06252) 13 171

• Hiesfeld

Musée Haus der Heimat
Brückstrasse 31

• Hünxe-Drevenack

Musée Otto-Pankok
Haus Esselt, Otto-Pankok-Weg 4
Musée consacré aux artistes expressionnistes.
• Ingelheim

Stadtverwaltung
Neuer Markt 1, 6507 Ingelheim,
tél. (06132) 78 20
Verkehrsverein
Rathausplatz 5, 6507 Ingelheim,
tél. (06132) 70 41
Festival d'Art international, manifestations culturelles et expositions sur le Main. Fête du Port, en juillet.

Musée historique
Rathausplatz

• Kamp-Bornhofen

Verkehrsamt
Rheinuferstrasse 34, 5454 Kamp-Bornhofen,
tél. (06773) 360

Musée des Bateliers et des Flotteurs de bois
Rathaus
Château de Liebenstein
Burg Liebenstein
Château de Sterrenberg
Burg Sterrenberg
Jardin botanique
Im Neuheimerfeld 340
Ouvert du lundi au jeudi, le dimanche et les jours de fête de 9 h à 12 h et de 13 h à 16 h, fermé le vendredi et le samedi.

• Karlsruhe

Musée du Land de Bade
Palatz
Musée en Plein Air
An der Pfinz
Moulins anciens.
Collections d'Histoire naturelle
Erbprinzenstrasse 13
Musée des Poètes du Rhin supérieur
Röntgenstrasse 6
Galerie d'Art nationale
Hans-Thoma-Strasse 2, tél. (0721) 1351
Galerie nationale
Prinz Max Palatz, Karlstrasse 10
Musée des Transports de Karlsruhe
Werderstrasse 63

• Kaub

Verkehrsamt
Metzgergasse 26, 5425 Kaub, tél. (0774) 222
En avril-mai, fête de printemps.
Musée Blücher
Metzgergasse 6
Quartier général de Blücher dans la nuit de la Saint-Sylvestre 1813-1814.
Château de Gutenfels
Schloss Gutenfels
Du XIIe siècle, avec l'hôtel du château.
Château de Pfalzgrafenstein
Burg Pfalzgrafenstein
Du XIVe siècle. Visites guidées.

• Kehl

Verkehrsamt
Marktplatz, 7640 Kehl, tél. (07851) 88 226
Musée de Hanau
Friedhofstrasse 5

• Königswinter

Verkehrsamt
Drachenfelsstrasse 7, 5330 Königswinter,
tél. (02223) 21 048

Château de Drachenfels
Drachenburg, tél. (02223) 21 558
Ruines au-dessus de Königswinter. Accessible par un funiculaire en service de janvier à novembre. Ouvert de 10 h à 18 h. Concerts l'été.
Monastère de Heisterbach
Kloster Heisterbach
Nibelungen Halle
Drachenfelsstrasse 107-111
Avec la grotte du Dragon et le zoo des reptiles.
Musée des Siebengebirge
Kellerstrasse 16

• Krefeld

Verkehrsverein
Theaterplatz, 4150 Krefeld, tél. (02151) 29 290
Centre culturel
Von-der-Leyden-Platz, Rathaus, 4150 Krefeld, tél. (02151) 86 25 55/6

Musée allemand du Textile
Andreasmarkt 8
Musée de l'Empereur Guillaume
Karlsplatz 35
Art et culture du gothique à nos jours.
Musée du Château de Linn
Burg Linn
Pavillon de chasse. Foire au lin autour du château, à la Pentecôte. Concerts sérénades dans la salle des Chevaliers (s'adresser au service cultu-

rel de la ville, ci-dessus).
Musée du Rhin inférieur
Albert-Steeger-Strasse 19 a
Musée Haus Lange, Musée Haus Esters
Wilhelmhofallee 31-97
Expositions temporaires.
Jardin botanique
Schönwasserpark
Ouvert tous les jours de 8 h à 18 h en été, du 1er novembre au 1er février du lundi au jeudi de 9 h à 15 h, le vendredi de 9 h à 12 h.
Zoo de Krefeld
Uerdinger Strasse 377
Ouvert tous les jours en été de 8 h à 18 h, en hiver de 8 h à la tombée de la nuit.

• Lahnstein

Städtisches Verkehrsamt
Stadthallenpassage, 5420 Lahnstein, tél. (02621) 17 542

Château de Lahneck
Schloss Lahneck
Et l'Allerheiligenberg (belle vue)
Musée de la Tour aux Sorcières
Salhofplatz
Musée historique.

• Langenargen

Musée de Langenargen
Marktplatz 20
1200 ans d'art.

• Laufenbourg

Information Verkehrsamt
Am Zoll, 7887 Laufenburg, tél. (07763) 51 71
Verkehrsamt
Hauptstrasse 3, 7887 Laufenburg, tél. (07763) 41 40

• Leutesdorf

Verkehrs- und Verschönerungsverein
Hauptstrasse 42, 5458 Leutesdorf, tél. (02731) 72 227

• Leverkusen

Musée de la Ville
Schloss Morsbroich, Gustav-Heinemann-Strasse 80

• Lindau

Verkehrsverein
Am Hauptbahnhof, 8990 Lindau, tél. (08383) 50 22
Festival du lac de Constance, en mai et juin.

Musée de la Paix
Lindenhofweg 25
Musée Schachen
Haus zum Cavazzen, Marktplatz
Collections d'art de la ville.
Bastion romain
Römerschanze
Belle vue.
Monastère

• Linz

Verkehrsamt
Rathaus, 5460 Linz, tél. (02644) 25 26
Bunte Woche, deux semaines avant la Pentecôte

Château d'Ockenfels
Schloss Ockenfels
Transformé en hôtel.
Hôtel de ville
Rathaus
Le plus ancien hôtel de ville encore en fonction de Rhénanie-Palatinat.
Église fortifiée Saint-Martin
Musée Musica Mechanica
Burgplatz 4
Musée de la musique.

• Lorch

Städtisches Verkehrsamt
Markt 5, 6223 Lorch, tél. (06726) 317

Château de Nollig
Schloss Nollig
Propriété privée (beau panorama).

• Ludwigshafen

Informationspavillon
Am Hauptbahnhof, 6700 Ludwigshafen, tél. (0621) 51 20 35
Musée de la Ville K.O. Braun
Rathaus Oppau
Musée Wilhelm-Hack et galerie d'art de la Ville
Berliner Strasse 23, tél. (0621) 504 34 11
Maison de Schiller
Schillerstrasse 6, Oggenheim
Musée Municipal
Rathaus-Center

• Mannheim

Tourist Information
Bahnhofstrasse 15, 6800 Mannheim, tél. (0621) 10 10 11
Festival international d'Orgue, en mai. Festival culturel d'été de Mannheim. Festival international du Film, en automne.

Château du prince électeur
Kurfürstliches Schloss
Le plus grand château baroque d'Allemagne.
Musée provincial de la Technique et du Travail
Friedensplatz
Bateau-Musée de Mannheim
Neckar, Pfalzbrücke
Musée Reiss
Zeughaus, C 5
Histoire de l'art et de la ville, archéologie, ethnographie et histoire naturelle.
Galerie d'Art de la Ville de Mannheim
Moltkestrasse 9, tél. (0621) 504 34 11

• Mayence

Verkehrsverein
Bahnhofstrasse 15, 6500 Mainz, tél. (06131) 23 37 41
Carnaval, du 1er janvier au mercredi des Cendres. Festival de musique, de cabaret et d'art oratoire à la Pentecôte. En juin, nuit de la Saint-Jean avec feu d'artifice et baptême des apprentis imprimeurs. Foire au Vin, en août et septembre.

Citadelle
Il s'y donne chaque année un festival en plein air.
Musée épiscopal de la Cathédrale et du Diocèse
Domstrasse 3
Musée Gutenberg
Liebfrauenplatz 5
Histoire et art de la typographie. Chaque nuit de la Saint-Jean commence un petit festival en l'honneur de l'inventeur de l'imprimerie, en juillet.
Musée du Land
Grosse Bleiche 49-51
Peinture, antiquités.
Musée d'Histoire naturelle
Mitternacht-Reichklarastrasse
Musée romain-germanique
Château des Princes-Électeurs, Grosse Bleiche
Cathédrale Saint-Martin
Les seuls vitraux d'Allemagne dus à Chagall.
Église Saint-Étienne
Stephanskirche
Cave de Kupferberg
Kupferbergterrassen, 19, 6500 Mainz, tél. (06131) 55 50
On y distille le *Sekt*. Sept étages de caves en sous-sol. Visite et dégustation sur demande préalable.

• Meersbourg

Musée du Château de Meersbourg
Altes Schloss Meersburg
Dans le château se donnent aussi des séries de concerts, en juin. Ouvert de mars à octobre tous les jours de 9 h à 18 h, de novembre à février de 10 h à 17 h) et le Nouveau Château, d'avril à octobre de 10 h à 13 h et de 14 h à 18 h.
Musée allemand du Journal
Schlossplatz 15
Musée Dornier
Neues Schloss Meersburg
Aviation.
Musée d'Histoire et de Culture locales
Neues Schloss Meersburg
Musée de la Viticulture
Vorburggasse

• Michelstadt

Fremdenverkehrsverband Odenwald-Bergstrasse-Neckartal
Marktplatz 1, 6120 Michelstadt, tél. (06061) 666
Verkehrsamt
Marktplatz 1, 6120 Michelstadt, tél. (06061) 74 146

• Moers

Musée ducal
Schloss, Kastell 9
Galerie Municipale Peschkenhaus
Meerstrasse 1

• Neuss

Musée Clemens-Sels
Am Obertor
Art et histoire.

• Neuwied

Verkehrsamt
Kirchstrasse 50, 5450 Neuwied, tél. (02631) 80 22 60
Fête hippique de Heddersdorf, en juin.

Parc naturel de Rhein-Westerwald
Augustastrasse 8, 5450 Neuwied, tél. (02631) 80 32 14
De même que le parc des Sibengebirge et de Kottenforstville, ce parc est accesssible par l'autoroute Cologne-Francfort (toutes les sor-

ties de Bonn-Biegburg à Montabaur) ainsi que par l'autoroute Cologne-Coblence (toutes les sorties de Bonn-Lengsdorf à Coblence).

Musée Hansa-Lloyd-Goliath
Hermannstrasse 49
Musée de l'automobile.
Musée du Canton de Neuwied
Raiffeisenplatz
Histoire, art, mobilier.
Musée Monrepos
Schloss Monrepos, Neuwied 13
Musée d'histoire de l'époque Glaciaire.
Zoo de Neuwied
Waldstrasse 160
Ouvert tous les jours de 9 h à 18 h.
Abbaye de Romersdorf
Ruines de la forteresse d'Altwied
Château de Neuwied
Château d'Enger

• Niederheimbach

Château de Sooneck
Burg Sooneck
Art, histoire, armes.

• Nierstein

Verkehrsverein
Bildstockstrasse 10, 6505 Nierstein, tél. (06133) 51 11
Fête des Vendanges, le premier dimanche d'août. Journée «cave ouverte», le troisième dimanche de septembre.

Musée de Paléontologie
Altes Rathaus, Marktplatz
Musée des Bateliers
Altes Rathaus, Marktplatz

• Oberwesel

Verkehrsamt
Rathausstrasse 3, 6532 Oberwesel, tél. (06744) 15 22
La nuit des Mille Feux, en septembre.

Musée d'Histoire et de Culture locales
Rathaus, Rathausstrasse 6
Église Notre-Dame
Château de Schönburg
Schönburg
Comprend un hôtel.

• Oestrich-Winkel

Verkehrsamt
6227 Oestrich-Winkel, tél. (06723) 27 74
Maison Grise
Graues Haus
La plus vieille maison en pierre d'Allemagne.
Maison Brentano
Am Lindenplatz 2
Salles historiques, souvenirs de Goethe qui y a séjourné plusieurs fois.
Centre de détente
Sur l'île de Fulderaue, au milieu du Rhin.

• Oppenheim

Musée allemand de la Viticulture
Wormser Strasse 49
Église Sainte-Catherine
L'une des plus belles églises gothiques rhénanes.
Forteresse
Landskrone
Cette forteresse impériale date de Lothaire.

• Philippsbourg

Musée d'Histoire de la Forteresse et des Armes
Schlachthausstrasse 2
Musée d'Histoire et de Culture locales
Hieronymus-Nopp-Strasse

• Radolfzell

Verkehrsamt
Marktplatz 2, 7760 Radolfzell, tél. (07732) 38 00
Fête du Patron de la ville, procession et fête, le troisième dimanche de juillet, et, le lendemain, procession solennelle sur le lac avec des bateaux pavoisés.

Musée de la Ville
Tegginger Strasse 16
Cathédrale Notre-Dame
Château de Scheffel
Mettnau Insel

• Reichenau

Musée d'Histoire et de Culture locales
Ergat 1
Trésor de la cathédrale
Burgstrasse 1
Parc naturel et réserve d'oiseaux
Presqu'île de Mettnau
Vue panoramique du haut de la tour de Mettnau.

• Remagen

Verkehrsamt
Bachstrasse 2, 5480 Remagen, tél. (02642) 20 10
Promenadenfest, en mai. Fête du Vin, en sep-

tembre.

Église Saint-Apollinaire
Et son cloître sur le mont Apollinaris.
Rolandsbogen
Wildpark Rolandseck
Ouvert en été de 9 h à 18 h, en hiver jusqu'à la tombée de la nuit.
Musée de la Paix
Remagen Brücke
Galerie Rolandshof
Avec les sculptures du parc.
Musée Romain
Kirchstrasse
Gare des Artistes Rolandseck
Künstlerbahnhof
Collection Hans Arp.

• Rheinbach

Musée du Verre
Vor dem Voigtor 23
Musée de l'Église de Rheinbach
Koblenzer Strasse 4

• Rheinbreitbach

Verkehrsverein
Rheinstrasse 28, 5342 Rheinbreitbach, tél. (02224) 71 250

• Rheinbrohl

Château de Hammerstein
Ruine Hammerstein
Ruines datant du Xe siècle.

• Rheindiebach

Forteresse de Fürstenberg
Burg Fürstenberg
Forteresse en ruine.

• Rhens

Fremdenverkehrsamt
Rathaus, 5401 Rhens, tél. (02628) 751

• Rüdesheim

Städtisches Verkehrsamt
Rheinstrasse 16, 6220 Rüdesheim, tél. (06722) 29 62
Verkehrsverein
6220 Assmannshausen, tél. (06722) 22 25
Le Rhin en flammes, le premier samedi de juillet.
Musée Ferdinand-Freiligrath
Hotel Krone, Assmannshausen
Cabinet de Musique mécanique de Siegfried
Oberstrasse
Musée des Voitures anciennes
Rheinallee 7 und 8, Assmannshausen
Musée Brömserburg
Rheinstrasse 2, tél. (06722) 23 48
Histoire du vin allemand. Ouvert d'avril à fin octobre tous les jours de 9 h à 12 h 30 h et de 13 h 30 h à 18 h.
Monument du Niederwald
Accessible à pied ou en téléphérique
Parc sur la Lach
Parc de détente pour le jeu et le sport.

• Salem

Musée des Margraves de Bade
Schloss
Musée des Sapeurs-Pompiers
Schloss

• Sankt Goar

Verkehrsamt
Heerstrasse 120, 5401 Sankt Goar, tél. (06741) 383
Fête Hanséatique, en août. A Sankt Goar et Sankt Goarshausen, le Rhin en Flammes (troisième week-end de septembre). Festival du Vin, en août. Fête des Vendanges, en automne.

Musée Loreley
Sonnengasse 8
Musée des poupées, des ours et des jouets de Rhénanie-Palatinat.
Château de Rheinfels
Burg Rheinfels
Ruines du XIIIe siècle. Ouvert de 9 h à 18 h d'avril à septembre, de 9 h à 17 h en octobre.

• Sankt Goarshausen

Verkehrsamt
Bahnhofsstrasse 8, 5422 Sankt Goarshausen, tél. (06771) 427
Verkehrsverein Loreley-Burgen-Strasse
Dolkstrasse 11, 5422 Sankt Goarshausen, tél. (06771) 80 115
A Sankt Goarshausen et Sankt Goar, le Rhin en Flammes (troisième week-end de septembre).

Château de Maus
Burg Thurneberg
Ce château surnommé la Souris, au contraire de son rival le château de Katz (le Chat), se visite.
• Schwetzingen

Château, théâtre et parc du château

• Sinzig

Verkehrsamt
5485 Sinzig, tél. (02642) 41 031

• Spire

Verkehrsamt, Maximilianstrasse
11, 6720 Speyer, tél. (06232) 14 396
Fête des Bretzel, le deuxième week-end de juillet. Fête du Rhin, en août.

Cathédrale
Domplatz
Ouverte de 9 h à 17 h 30 du 1er avril au 30 septembre, le samedi de 9 h à 16 h, le dimanche de 13 h 30 à 16 h 30.
Musée de la Cathédrale et du Diocèse
Domplatz 11
Musée Feuerbach
Allerheiligenstrasse 9
Musée consacré au peintre Anselme Feuerbach (neveu de Ludwig Feuerbach, 1829-1880).
Musée historique du Palatinat et musée du Vin
Domplatz
Vieille Porte
Altpörtel
Bain des Juifs
Domplatz
Holiday Park
Hassloch
Gamme très variée d'activités.

• Trechtingshausen

Verkehrsverein
6531 Trechtingshausen, tél. (06721) 64 11

Château de Rheinstein
Burg Rheinstein
Vaste collection d'armes.
Château de Schöneck
Schöneck
Il est partiellement transformé en hôtel.
Château de Reichenstein
Burg Reichenstein
Musée d'histoire et d'industrie.

• Überlingen

Musée de la Photographie
Münsterstrasse 27
Musée des Armes
Historisches Zeughaus, Seepromenade
Musée de la Ville
Krummerbergstrasse 30

• Unkel

Städtisches Verkehrsamt
Linzer Gasse 6, 5463 Unkel, tél. (02224) 33 09

• Unteruhldingen

Château de Mainau
Schloss Mainau, Überlinger See
L'île aux Fleurs, avec une végétation subtropicale et tropicale, ouverte de début avril à la fin de l'automne, tous les jours de 9 h à 19 h.

• Waldshut-Tiengen

Verkehrsamt
Postfach 19 41, 7890 Waldshut, tél. (07751) 16 14
Verkehrsamt
Postfach 19 41, 7890 Tiengen, tél. (07741) 30 11
Musée d'Histoire et de Culture locales
Alte Metzig, Kaiserstrasse, Waldshut
Parc naturel de Wutach-Gauchach

• Wasserbourg

Museum im Malhaus
Dédié aux femmes qui, jadis, furent poursuivies pour sorcellerie ; histoire, culture des fruits.

• Weil

Musée d'Histoire et de Culture locales
Lindenplatz

• Weissenthurm

Musée de la tour aux Chauve-Souris
Turmhof
Géologie, industrie, histoire.

• Wesel

Weseler Verkehrsverein
Franz-Etzel-Platz 4, 4230 Wesel, tél. (0281) 24 498

Musée Bislich
Dorfstrasse
Histoire et culture locales.
Musée de la Ville, Galerie du Centre
Am Kornmarkt
Usine de distribution d'eau
Sur la Lippe
La machine à vapeur est un monument commémoratif de la technique.
Citadelle

Elle comprend de nombreuses casemates.

• **Wesseling**

Amt für Wirtschaftsförderung
Rathaus, 5047 Wesseling, tél. (02236) 701-254
Parc naturel d'Entenfang
Offre habitat et nourriture à des espèces rares d'oiseaux aquatiques.

• **Wiesbaden**

Verkehrsbüro
Postfach 38 40, 6200 Wiesbaden, tél. (06121) 31 28 45, 37 43 53
Hessischer Fremdenverkehrsverband
Abraham-Lincoln-Strasse 38-43, 6200 Wiesbaden, tél. (06121) 737 25 ou 737 26
Festival de mai. En juin, tournoi hippique international.

Centre de détente
Ile de Maaraue, au confluent du Rhin et du Main.
Musée de Dotzheim
Römergasse, Dotzheim
Musée des Femmes
Nerostrasse 16
Musée provincial de Wiesbaden
Friedrich-Ebert-Allee 2
Art du Moyen Age à nos jours, antiquités, histoire naturelle.
Taunus-Wunderland
Entre Wiesbaden et Schlangenbad, le pays des Merveilles ouvre ses portes sur un univers féerique, avec un choix infini de distractions toutes plus sensationnelles les unes que les autres. Ouvert tous les jours de 9 h à 18 h.
Ancien hôtel de ville
Altes Rathaus
Établissement thermal
Au milieu du parc.
Chapelle grecque
Neroberg
Beau panorama.
Château de Biebrich
Schloss Biebrich
Du XVIIIe siècle, à 5 km au sud-est de Wiesbaden. Concours hippiques internationaux dans le parc du château, en août
Théâtre de la Hesse
Le festival international de Mai consiste en représentations de gala dans le théâtre de la Hesse.
Bain de l'empereur Frédéric
• **Worms**

Verkehrsverein
Neumarkt 14, 6520 Worms, tél. (06241) 25 045
Fête des *Backfisch*, la plus grande fête populaire, en août-septembre, et fête du Vin sur le Rhin, dernier week-end d'août.

Cathédrale Saint-Pierre-Saint-Paul
Maître-autel baroque de Balthasar Neumann. Ouverte de 8 h à 18 h d'avril à octobre.
Musée de la Ville de Worms
Andreasstift, Weckerlingplatz
Stiftung Kunsthaus Heylshof
Stephansgasse 9
Art et Artisanat.
Cimetière juif
Heiliger Sand
Le plus ancien cimetière juif d'Europe.

• **Xanten**

Verkehrsverein
4232 Xanten, tél. (02801) 37 283
De juillet à septembre, représentations en plein air dans le Théâtre romain.

Parc archéologique et Musée régional de Xanten
Trajanstrasse 4, Kurfürstenstrasse 7-9
Musée de la Cathédrale
Kapitel 8

PAYS-BAS

National Bureau voor Tourisme
Bezuidehoutseweg 2, 2594 AV Den Haag, tél. (070) 70 81 41 191
Belgique
68, rue Ravenstein, 1000 Bruxelles
France
31-33, avenue des Champs-Élysées, 75008 Paris
Suisse
Talstrasse 70, 8001 Zürich

Dans de nombreuses localités, fête nationale des Moulins en mai, et festival de Hollande en juin.

• **Arnhem**

V.V.V.
Stationsplein 45, 6811 KL Arnhem, tél. (085) 42 03 30

Parc national De Hoge Veluwe
Apeldoornseweg 250, 7521 TA Hoenderloo
Au nord du Rhin, près d'Arnhem.
Musée électrotechnique

Klingelbeekseweg 45
Musée municipal
Gemeentemuseum, Utrechtseweg 87
Archéologie, art, artisanat.
Musée Bronbeek
Velperweg 147
Histoire des colonies.
Musée des Grenadiers et des Chasseurs
Onder de Linden 101
Musée des Régiments de la garde.
Musée en plein air des Pays-Bas
Nederlands Openluchtmuseum, Schelmseweg 89
De Watermolen
Zijpendaalseweg 24 a
Moulins à eau, Culture et Nature.
Burger's Safari Park
Delenseweg
Ouvert tous les jours en été de 9 h à 17 h, en hiver de 9 h à 16 h 30.
Burger's Zoo
Schelmseweg 85
Ouvert tous les jours de 9 h à 20 h.

• Bennekom

Musée des Instruments de musique mécaniques
Jijk -en Luistermuseum, Kerstraat 1

• Berg en Dal

Musée africain
Postweg 6
Musée en plein air.

• Ede

V.V.V.
Achterdoelen 36, 6711 AV Ede,
tél. (08380) 14 444

• Dordrecht

V.V.V.
Stationsweg 1, 3311 JW Dordrecht,
tél. (031) 78 13 28 00

Musée d'Art de Dordrecht
Museumstraat 40
Musée Simon van Gijn
Nieuwe Haven 29
Art, Artisanat, Jouets.
Monastère des Augustins
Dans l'aile se trouve la salle de réunion dans laquelle les Hollandais, sous la direction du prince Guillaume Ier d'Orange, conspirèrent en 1572 contre l'oppression espagnole. Dordrecht devint le siège du gouvernement révolutionnaire. Après leur libération, les provinces qui étaient tombées aux mains des Espagnols formèrent les Provinces-Unies.

• Grossbeek

Musée de la Libération de 1944
Wylerbaan 4

• Heilig Land Sichting

Musée biblique en plein air
Profetenlaan 2

• Nimègue

V.V.V.
St Jorisstraat 72, 6511 Nijmegen,
tél. (080) 22 54 40

Musée de la Commanderie Saint-Jean
Franse Plaats 3
Histoire, art moderne.
Velorama
Franse Plaats 3
Musée de la bicyclette.

• Oosterbeek

Airborne Museum Hartenstein
Utrechtseweg 232
Musée consacré à la bataille d'Arnhem en 1944.

• Otterlo

Musée royal Kröller-Müller
Houtkampweg 6
Vincent van Gogh, art des XIXe et XXe siècles.

• Rhenen

Streekmuseum Het Rondeel
Kerkstraat 1
Musée historique.

• Rotterdam

V.V.V.
Studhuisplein 19, 3012 Rotterdam,
tél. (010) 13 60 00
V.V.V.
Coolsingel 67, 3012 Rotterdam,
tél. (010) 41 36 006
Euromast et tour de l'Espace

Parkhaven 20
Église Saint-Laurent (Grote Kerk)
Grotekerkplein
Centre du Diamant
Kipstraat 7 b
Bibliothèque
Avec les œuvres d'Érasme
Jardin zoologique de Diergaarde
Blijdorn, Van Aerssenlaan 49
Ouvert tous les jours de 9 h à 17 h.
Musée De Dubbelde Palmboom
Voorhaven 12
Musée historique
Musée Schielandhuis
Korte Hoogstraat 31
Musée historique
Musée de l'Infanterie de marine
Maaskade 119
Musée Prins Hendrick
Leuvehaven 1
Musée maritime
Musée Boymans-van Beuningen
Mathenesserlaan 18-20
Art du Moyen Age à nos jours.
Musée Hendrik Chabot
Berglustlaan 12
Musée consacré à l'artiste.
Musée ethnologique et géographique
Willemskade 25
Musée Stoomdepot
Giessenweg 82
Locomotives à vapeur et machines à vapeur.
Musée national de l'École
Nieuwe Markt 1 a
Musée de la Nature
Villa Dijkzigt, Westzeedik 345
Musée des Transports publics
Openbaar Vervoer, Schinkelstraat 172
Musée Van der Poel
Parklaan 14
Musée consacré à la finance.
Musée en plein air des Voiliers
Stichting Openlucht Binnenwaart, Konigsdam 1
Musée Toy-Toy
Groene Wetering 41
Musée des jouets.

• Tiel

V.V.V.
Korenbeursplein 4, 4001 Tiel,
tél. (03440) 16 441

Streekmuseum
Plein 48
• Utrecht

V.V.V.
Vredenburg 90, 3511 Utrecht, tél. (030) 31 41 32
Musée des Assurances A.M.E.V.
Archimedeslaan 10
Musée d'Anatomie
Janskerkhof 3 a
Musée central
Agnietenstraat 1
Histoire, art, culture.
Musée d'Art moderne
Hedendaagse, Achter de Dom 12-14
Cabinet van Douwe Egberts
Keulsekade 143
Consacré au thé, au café et au tabac.
Musée historique du Costume
Loeff Berchmakerstraat 50
Musée Erven Betje Boerhave
Kruideniersmuseum, Hoogt 6
Musée des colonies.
Musée royal de la Monnaie
Leidseweg 90
Musée national des Instruments de musique mécanique
Buurkerkhof 10
Musée néerlandais du Chemin de fer
Johan van Oldenbarneweltlaan 6
Installé dans une gare désaffectée.
Musée de la Phonographie
Gildenkwartier 43
Musée provincial de Préhistoire et d'Antiquité
Agnietenstraat 1
Art de la préhistoire, des Romains et du Moyen Age.
Rijksmuseum het Catharijneconvent
Nieuwe Gracht 63
Culture chrétienne.
Musée de l'Université
Bilstraat 166
Musée Zoologique
Plompetorengracht 9
Cathédrale Saint-Michel
Le clocher est le plus beau et le plus haut des Pays-Bas (465 marches) et le superbe carillon est le plus grand d'Europe

• Wageningen

Musée historique des Instruments agricoles
Droevendaalsesteeg 50

• Wijk bij Duurstede

Musée d'Histoire du canton
Volderstraat 15
BELGIQUE

• Anvers

Marché exceptionnel le 1er mai. Foire d'Anvers en juin.

Cathédrale
Elle contient des tableaux de Rubens, dans la vieille ville.
Ancienne maison patricienne flamande et les pièces à usage professionnel
Écluse de Zanvliet
La plus grande écluse maritime du monde
Maison de Rubens

EXCURSIONS

Il est généralement beaucoup plus simple de faire un voyage le long d'un fleuve comme le Rhin que de traverser un pays comme la France, le Brésil ou le Canada. Si la longueur du Rhin dépasse 1 000 km, sa largeur ne dépasse jamais 1 000 m.

Tous les moyens sont à votre disposition pour découvrir le Rhin, tous les moyens de locomotion (le bateau évidemment, mais aussi le train, la voiture ou l'autocar, la bicyclette) et vous pouvez même y aller à pied ou emprunter la voie aérienne.

Nous vous proposons ci-après quelques trajets aussi beaux qu'intéressants sur le Rhin ou le long du Rhin, mais cela ne reste qu'un petit choix, cela va de soi. Si vous désirez des renseignements plus approfondis, les syndicats d'initiative vous enverront volontiers des prospectus et des programmes.

Dans les grandes villes arrosées par le fleuve, telles Bâle, Strasbourg, Mayence, Wiesbaden, Cologne, Düsseldorf, Duisbourg, Rotterdam, vous pourrez vous joindre aux tours de ville organisés qui vous montreront tout ce qu'il y a d'intéressant à voir.

SUISSE

Sur le lac de Constance, vous pouvez visiter Sankt Gall avec sa vieille ville pittoresque. Un téléphérique vous emportera sans fatigue au sommet du Säntis (2 500 m).

Les randonnées à pied ne manquent pas dans la région de Schaffhouse.
Bureau d'information
Vorstadt 2, 8200 Schaffhouse,
tél. (053) 85 226 ou 55 141

LIECHTENSTEIN

• Vaduz

Vous pouvez aller à Malbun par le tunnel de Triesenberg-Steg, ou prendre le télésiège pour monter au sommet du Malbun-Sareiserjoch, à 2 000 m d'altitude.

AUTRICHE

• Dornbirn
Au départ de Dornbirn, le téléphérique du Karren vous emporte au sommet de la montagne (970 m) d'où vous avez une vue superbe sur le lac.

• Bregenz

Le téléphérique du Pfänder monte jusqu'à 1 060 m d'altitude; de là-haut, vous avez également une vue panoramique de toute beauté sur le lac et les Alpes environnantes, et des possibilités de promenade dans le parc animalier.

ALSACE

• Strasbourg

Un «petit train» fait le tour de la vieille ville au départ de la Place du Château des Rohan. Vous pouvez également participer aux tours de la ville sur les fleuves et les canaux.
Port autonome de Strasbourg
15, rue de Nantes, 67000 Strasbourg,
tél. 88 84 13 13
Si vous voyagez avec votre voiture, vous pouvez aller jusque dans les Vosges ou explorer l'Alsace.

En bateau

• Lac de Constance

Vous disposez sur le lac de Constance de 39 bateaux de la «flotte blanche», compagnie de navigation commune aux trois pays riverains, l'Autriche, la Suisse et l'Allemagne, qui assure des services réguliers en collaboration avec les chemins de fer. A la belle saison, de Pâques à mi-octobre, des croisières d'excursions sont organisées tous les jours. Les horaires sont déterminés en fonction de ceux des trains et des lignes d'autobus. En hiver des croisières de l'Avent et du nouvel an sont organisées sur le lac, avec musique et danses.

Pour tous renseignements, voici quelques

adresses utiles.

Syndicat d'initiative international
Schützenstrasse 8, 7750 Konstanz, tél. (07531) 22 232
Chemins de fer allemands
Bodensee-Schiffsbetriebe, 7750 Konstanz, tél. (07531) 28 13 89
Chemins de fer autrichiens
Schiffahrtsstelle, 6901 Bregenz, tél. (05574) 22 868
Chemins de fer suisses
Gare de Romanshorn, 8590 Romanshorn
Compagnie de navigation suisse
8202 Schaffhouse, tél. (053) 54 282
Compagnie de navigation à moteur Bodman
7762 Bodman-Ludwigshafen, tél. (07773) 54086

De Pâques à mi-octobre, 7 bateaux sillonnent le lac : Constance-Meersbourg-Bregenz (3 h 30) Constance-Meersbourg-Mainau (1 h 30) Öberlingen-Bodman (1 h) Kreuzlingen-Constance-Reichenau-Schaffhouse (3 h 45) Rorschach-Romanshorn- Kreuzlingen-Mainau (2 h 30) Lindau-Rorschach (1 h) Rorschach-Reineck (1 h).

Des bacs pour automobiles assurent également certains trajets sur le lac toute l'année : Friedrichshafen-Romanshorn (toutes les heures en pleine saison, toutes les deux heures hors saison). Constance-Meersbourg (toutes les 15 min de 6 h à 19 h; de 19 h à 22 h 30 h toutes les 30 min, et de 22 h 30 à 6 h toutes les heures).

• Sur le Rhin supérieur, en amont de Bâle

Quatre bateaux d'excursions sillonnent régulièrement le Rhin supérieur selon des horaires fixes : Chutes du Rhin-Rheinau.

Ernst Mändli A.G.
Dorfstrasse 207, 8212 Nohl am Rheinfall, tél. (053) 21 588
Waldshut-Tiengen, de juin à septembre : circuits d'une heure tous les jours.
Bad Säckingen-Schwörstadt et Hauenstein, de Pâques à Septembre.
G. Michmayer
Schaffhauser Strasse 9, 7880 Bad Säckingen, tél. (07761) 44 41
Bâle-Rheinfelden, de fin mai à fin septembre, tous les jours à partir de 14 h. Le jeudi et le dimanche, de mai à mi-octobre, circuit des Trois Pays à travers les ports de Bâle.
Basler Personenschiffahrtsgesellschaft A.G.
Marktgasse 5, (061) 25 24 00
• Sur lle Rhin supérieur, en aval de Bâle

Un certain nombre de bateaux sillonnent le fleuve au départ de Brisach, d'avril à septembre; le dimanche, deux circuits sont organisés; le mardi a lieu un circuit sur le Weinland Baden avec dégustation de vin et visite d'une cave badoise. Des circuits sont organisés le lundi et le mercredi, de mai à septembre. En été, les bateaux font escale à Bâle et à Strasbourg.
Schiffahrtsbüro Ernst Kurella
Halbmondstrasse 13, 7814 Brisach, tél. (07667) 79 47

De mars à décembre, plusieurs excursions en bateaux sont organisées au départ de Sasbach ou de Weisweil : le circuit des grandes écluses qui mène à Strasbourg, excursion d'une journée. Un samedi sur deux, vous pouvez participer à des croisières nocturnes, circuits romantiques aux chandelles. Les samedis, dimanches et jours de fêtes, vous pouvez faire un circuit spécial en train à vapeur historique, sur le sol français, à travers les régions qui bordent le Rhin. Fin août, il y a un grand feu d'artifice, avec buffet froid sur les bateaux.
Schiffsanlegestelle
7831 Sasbach, tél. (07642) 88 28

Si vous voulez faire un voyage exceptionnel, participez aux croisières sur les paquebots luxueux de la compagnie Köln-Düsseldorf (K.D.). Elles durent plusieurs jours : Bâle-Rotterdam (4 jours), Rotterdam-Bâle (5 jours), Bâle-Nimègue-Amsterdam (3 ou 4 jours), Bâle-Strasbourg-Cologne-Anvers-Rotterdam.

Le Rhin romantique aussi vous réserve de profondes émotions, de Francfort à Cologne en un ou deux jours et vice-versa. Des «séminaires flottants» sur la viticulture, des circuits de Noël et du nouvel an sont également organisés, ainsi que des excursions d'une journée. Pour tous renseignements, adressez-vous aux grandes agences de voyages, ou à la compagnie K.D. La saison des croisières sur le Rhin dure de Pâques à fin octobre.

Köln-Düsseldorfer Deutsche Rheinschiffahrt
Frankenwerft 15, 5000 Köln 1, tél. (0221) 20 88-288

Bâle
Elsässer Rheinweg, 4151 Basel
Boppard
Rheinallee, 5407 Boppard
Braubach
Rheinufer, 5423 Braubach
Coblence

Konrad-Adenauer-Ufer, 5400 Koblenz
Cologne
Frankenwerft 15, 5000 Köln 1
Düsseldorf
Burgplatz, 4000 Düsseldorf
Königswinter
Rheinallee, 5330 Königswinter 1
Rotterdam
Groenedaal 49 a, 3011 Rotterdam
Rüdesheim
Rheinufer, 6220 Rüdesheim
Spire
Albert-Schweitzer-Strasse 2, 6720 Speyer
Vendenheim
31, rue Molière, 67550 Vendenheim

Les compagnies suivantes organisent également des excursions et des croisières sur le Rhin.
Bonner Personenschiffahrt
Brassertufer, 5300 Bonn 1, tél. (0228) 63 65 42
Personenschiffahrt Feste Zons
4047 Dormagen-Zons, tél. (02106) 42 149/42 349

Aux mois de mai, juin et septembre, des bateaux assurent des services de transport de passagers tous les jours de la vieille ville de Düsseldorf à Kaiserswerth, et des circuits jusqu'à Duisbourg et Zons.
Rheinische Bahngesellschaft A.G.
Hansaallee 1, 4000 Düsseldorf-Oberkassel, tél. (0211) 32 61 24

A Duisbourg, vous avez également la possibilité d'effectuer un circuit de 2 h dans le port, au départ de la Schwanentor et de Ruhrort.
Duisburger Hafenrundfahrt-Gesellschaft
Hedwigstrasse 23-29, 4100 Duisburg 1, tél. (0203) 39 50

En juillet et en août des promenades en bateaux sont organisées d'Emmerich à Arnhem et Xanten.
Helmut Hell Schiffahrt GmbH 1 Co
Grollscher Weg 2, 4240 Emmerich, tél. (02822) 33 06

Excursions dans les régions viticoles

Le climat doux dont jouissent les plaines rhénanes convient très bien au raisin. Or, partout où il y a des vignes, il y a également des caves et des tavernes où vous pouvez goûter le vin. La route du Riesling du Rheingau vous réserve des émotions tout à fait particulières : 65 km de *Gemütlichkeit* arrosée de vin, que vous pouvez parcourir à pied ou en voiture.

D'autres régions viticoles méritent des arrêts sur le Kaiserstuhl, célèbre aussi pour l'excellence de sa cuisine.

La route allemande du Vin vaut également un détour, avec sa profusion de vins corsés et généreux. Les amateurs de vin rouge choisiront une randonnée à pied le long de l'Ahr, de préférence en automne lorsque le soleil baigne d'une lumière dorée les arbres au feuillage multicolore et les vignobles aux couleurs vives sur les coteaux. Les promeneurs fatigués trouveront repos, collations et boissons fraîches dans les auberges, les hôtels et les restaurants, nombreux et accueillants, qu'ils rencontreront sur leur chemin.

Ceux qui ont envie de passer des vacances actives peuvent aussi prêter leur concours aux vendanges; c'est une expérience amusante et enrichissante à la fois. Pour cela, adressez-vous directement aux viticulteurs.

Vous pouvez organiser vous-même votre circuit au départ de Rüdesheim, de Bingen, de Bad Hönningen, de Königswinter-Oberdollendorf, de Boppard, de Leutesdorf, de Sankt Goarshausen.

Oppenheim organise fin août et début septembre un séminaire sur le vin.
Stadt Oppenheim
Merianstrasse 2, 6504 Oppenheim,
tél. (06133) 24 44
D'autres villes organisent également des séminaires sur leur sujet de prédilection, le vin : Sankt Goarshausen, Oberwesel, Mayence, Bacharach et Rüdesheim. Adressez-vous aux syndicats d'initiative de ces localités.

Vous trouverez quelques idées d'excursions d'une journée dans le bassin du Rhin au chapitre «Informations touristiques».

• Bad Breisig

Circuits en avion au départ de l'aéroport de Mönchsheide.

• Bad Honnef

Randonnée des trois châteaux forts (Reitersdorf-Löwenburg-Drachenfels). Vous pouvez redescendre en funiculaire dans la vallée ou à pied par un sentier qui traverse les vignobles jusqu'à Bad Honnef (durée 4 h environ).

Croisière (environ 2 h 30) suivie d'une promenade à pied : musée Adenauer, Löwenberg, Drachenfels, randonnée qui dure environ 3 h.

• Bacharach

Au départ de Bacharach, vous avez un très grand choix d'excursions, toutes plus belles les unes que les autres, à pied, en bateau, en autocar et en train.

• Boppard

Ici le randonneur reçoit à son retour la «médaille du randonneur».
Verschönerungsverein Boppard
Karmeliterstrasse 2, 5407 Boppard, tél. (06742) 103-109

• Lac de Constance

Vous pouvez prendre le bac, pour piétons ou pour voitures, de Constance à Meersbourg, puis poursuivre en car jusqu'à Unteruhldingen pour visiter les villages sur pilotis, et jusqu'à Birnau, où vous pourrez voir l'église baroque, ouverte tous les jours sauf pendant les offices religieux.

• Clèves

Randonnées à pied ou à bicyclette dans la région frontalière entre l'Allemagne et la Hollande.
Amt für Wirtschaftsförderung und Fremdenverkehr
Rathaus, 4191 Kleve 1, tél. (02821) 84-254

• Fribourg-en-Brisgau

Par le téléphérique, vous pourrez monter au sommet du Schauinsland (près de 1 300 m); de là, les possibilités de randonnées sont nombreuses dans la Forêt-Noire et à travers les vignobles du Kaiserstuhl.

• Geisenheim

Au départ de Geisenheim, 14 sentiers de randonnée sont très bien fléchés.

• De Karlsruhe (ou Wörth) à Worms

A quelques kilomètres à l'ouest de Karlsruhe, la route du Vin court le long du parc naturel de Pfilzerwald. Les villages viticoles sont nombreux dans cette région : Landau, Neustadt, Bad Dürkheim...

• Krefled

Vous avez ici la possibilité de faire des randonnées en calèche comme au bon vieux temps, avec des calèches historiques tirées par des chevaux frisons sur des sentiers romantiques.
Fahrsport-Zentrum
Gatzenstrasse 48, 4150 Krefeld-Verberg

• Neuwied, Bad Hönningen, Linz

Vous pouvez vous perdre dans la vallée de la Wied, parsemée de moulins, en pleine Westerwald rhénane.

• Nierstein

Nombreuses possibilités de promenades sur des sentiers tracés au milieu des vignes.

• Rhin romantique

Ici, entre Mayence et Cologne,vous n'aurez que l'embarras du choix pour organiser vos excursions, à droite du Rhin, sur les versants de l'Odenwald, où la nationale B 3 s'étire de Wiesloch à Darmstadt : vous irez tout d'abord de Wiesloch à Heidelberg en passant par Nussloch et Leimen; de là, vous pouvez poursuivre vers le nord en traversant Dossenheim, Schriesheim, Weinheim (avec les châteaux forts de Wachenheim et de Windeck), Sulzbach, Hemsbach, Laudenbach, Heppenheim (avec le Starkenburg), Bensheim, Auerbach (avec son château du même nom), Bickenheim, Seeheim-Jugenheim (avec le château de Heiligenberg), Malchen, Eberstadt (avec la forteresse de Frankenstein où, dit-on, vécut le monstre du savant imaginé par Mary Shelley) jusqu'à Darmstadt. Cette région est le jardin de printemps de l'Allemagne. Vous y verrez fleurir le amandiers, les abricotiers, les pêchers et les cerisiers lorsque, ailleurs, la neige tombe encore et le gel pince les oreilles. Sur cette véritable route de montagne qu'est la nationale B 3, chaque localité mérite une visite, et à n'importe quelle saison. Le Ried, qui se jette dans le Rhin à Lampertheim, sur la rive droite, au nord de Mannheim, serpente jusque Lorsch. Vous trouverez dans la région du Vieux Rhin de vastes parcs naturels protégés, pâturages et bois qui bordent le fleuve. Le sol sablonneux convient particulièrement aux asperges. Pour connaître l'infinité de possibilités d'excursions offerte par la vallée du Rhin romantique, nous vous conseillons de vous adresser aux différents syndicats d'initiative, de Mayence-Wiesbaden à Cologne.
Fremdenverkehrsamt Rheinland-Pfalz
Löhrstrasse 103-105, 5400 Koblenz,
tél. (0261) 31 079
Ce syndicat d'initiative vous orientera utilement

pour tout ce qui concerne les programmes de randonnées à pied et à bicyclette, randonnées sans bagages, les sentiers de montagne en bordure du Rhin, les randonnées sur le Rhin Moyen et les randonnées avec guides).

• Rüdesheim

Des circuits aériens sont organisés le samedi et le dimanche au-dessus de la vallée du Rhin.
Flugplatz Ebental
Landgut Ebental, tél. (06722) 24 26
Le syndicat d'initiative et les agences privées d'autocars organisent également de très nombreuses excursions de la journée, ou le soir sur les bords du Rhin.
Tél. (06722) 29 62
Le circuit du Vin débute sur les anciens remparts du Ring (parc de stationnement dans la Drosselgasse), passe par le Panoramaweg et se termine au musée du Vin installé dans le Brömserburg.
Vous pouvez aussi monter visiter le monument du Niederwald avec le téléphérique, au départ de l'Oberstrasse, dans la zone piétonnière.
Talstation
Tél. (06722) 24 02

• Rüdesheim-Assmannshausen

Vous disposez ici, de Pâques à fin octobre, de téléphériques qui vous montent jusqu'au parc à gibier ou au monument du Niederwald. Là-haut, les promenades sont nombreuses, avec vue sur le Rhin, et vous pourrez voir aussi l'aire de l'aigle, à proximité du monument. Retour en téléphérique également. Si vous ne revenez pas à votre point de départ, vous pourrez prendre le bac et passerez devant la tour aux Souris (Mäuseturm).

• Sankt Goarshausen

Le sentier pédestre *Rhein-Wein* (Rhin-Vin) sur la route des châteaux de la Loreley ne quitte pas la crête de l'Odenwald, 52 km depuis Kamp-Bornhofen.
Loreley-Burgen-Strasse
Dolkstrasse, 5422 Sankt Goarshausen, tél. (06771) 351

• Waldshut-Tiengen

Une belle région de randonnée, calme et reposante, s'étire à une altitude variant de 300 à 700 m. Possibilités d'excursions dans les Grisons bernois, au lac des Quatre-Cantons et à Zurich.

• Worms

C'est ici que se déroule une partie du drame des Nibelungen. Vous pouvez passer le pont sur le Rhin en direction de l'est, prendre la nationale 47, la Nibelungenstrasse, en direction de Lorsch où vous pourrez voir le monastère dans lequel sont enterrés les rois carolingiens, Louis le Germanique et son fils, qui date de l'an 764; de là, vous pouvez aller jusque dans l'Odenwald où Siegfried alla à la chasse et fut tué par Hagen.

PAYS-BAS

• Amsterdam

La ville du diamant, la *«ville aux mille ponts»* (et même davantage) est l'une des grandes villes les plus intéressantes d'Europe. Elle possède plus de 7 000 édifices classés monuments historiques. Ne manquez pas d'aller voir, entre autres, le grand marché aux fleurs du Singel, et de vous mêler à l'animation hétéroclite et bigarrée qui règne sur la Leidsplein et la Rembrandtplein, avec leurs nombreux bars, boîtes de nuit, tavernes et cafés.

• Kinderdijk

Nulle part au monde vous ne trouverez une telle collection de moulins à vent comme à Kinderdijk : en 1740 ont été construits à cet endroit 19 gros moulins. Durant les mois de juillet et d'août, tous les samedis après-midi, on fait tourner les ailes des moulins, comme aux temps héroïques. Autre spectacle inoubliable : durant la deuxième semaine de septembre, les moulins sont illuminés le soir. Du début du mois d'avril à fin septembre (sauf le dimanche), on peut visiter l'un des moulins.

• Rotterdam

Vous pourrez faire le tour des ports en bateau, au départ de la Wilhelmsplein, des circuits aériens.
Fluggesellschaft De Kroonduif
Airportplein
Vous avez également la possibilité de survoler Rotterdam, les moulins et le delta, ainsi que les champs de fleurs.

Excursions en voiture

Le réseau des autoroutes est très bien conçu dans les pays que le Rhin traverse. Si vous êtes pressés, n'hésitez pas à les emprunter. Si vous êtes moins pressés, choisissez les routes secondaires qui suivent le fleuve sur bien des trajets. Munissez-vous surtout d'une bonne carte avant votre départ, c'est indispensable pour ne pas avoir de surprises désagréables.

Vous trouverez de l'essence sans plomb partout. Les prix de l'essence variant très rapidement, il est difficile de les donner ici; sachez seulement qu'elle est un peu moins chère en Allemagne et en Hollande qu'en France et en Suisse.

Pour passer les frontières en voiture, il vous faut un permis de conduire et une carte grise, bien entendu, ainsi que la plaque de nationalité de forme ovale; la carte verte internationale (attestation d'assurances) est également exigée pour la France.

Les ponts sur le Rhin sont marqués sur toutes les bonnes cartes routières.

Location de bicyclette

Les sportifs choisiront peut-être l'exploration de la vallée du Rhin en vélo. Le Rhin est accessible aux cyclistes sur presque toute sa longueur. Vous trouverez des vélos à louer dans de nombreuses gares de chemin de fer. Pour tous renseignements, adressez-vous aux guichets de distribution des billets. En outre, vous trouverez ci-après quelques adresses de location de vélos dans les plus belles localités arrosées par le Rhin.

AUTRICHE

• Bregenz

Fahrradverleih Drissner
Rheinstrasse 64, 6900 Bregenz
Kaufmann Roman
Brielgasse 40, 6900 Bregenz

ALLEMAGNE

• Bad Breisig

Autohaus Berlin
Zehnerstrasse 51, 5484 Bad Breisig
Günter Schmidgen
Schmittgasse 4, 5484 Bad Breisig

• Bonn

Kurscheid K.G.
Römerstrasse 4, 5300 Bonn
• Dormagen-Zons

Elisabeth Erkelen
Schlossstrasse 45, 4047 Dormagen-Zons

• Fribourg-en-Brisgau

Zweirad-Müller
Klarastrasse 80, 7800 Freiburg im Breisgau

• Heidelberg

Gare centrale
Hauptbahnhof, Paketschalter, 6900 Heidelberg

• Constance

Hôtel de ville
Rathaus, Brückengasse 2, 7750 Konstanz
Rad-Lädle
Komturweg 2 a (Litzelstätten), 7750 Konstanz

• Lahnstein

Café Rheinterrassen
Blücherstrasse 20, 5420 Lahnstein

• Lindau

Zwei-Rad-Center
Bei der Inselhalle, 8990 Lindau
Fahrradverleih des Verkehrsvereins
Aussenstelle Oberreitnau, 8990 Lindau

• Oestrich-Winkel

Schaab
Hauptstrasse 2, 6227 Oestrich-Winkel

• Radolfzell

Fahrradhaus Joos
Schützenstrasse 14, 7760 Radolfzell
Fahrradladen Mees
Höllturmpassage 8, 7760 Radolfzell

OÙ LOGER

Hôtels

Vous trouverez ci-après une liste, non exhaustive, d'hôtels situés dans la vallée du Rhin. L'ordre des pays suit le cours du fleuve; à l'intérieur de chaque pays, nous avons adopté l'ordre alphabétique des villes, et dans chaque ville, l'ordre alphabétique des hôtels.

Il est rare que les petites villes possèdent de grands hôtels de luxe. Mais si le confort est moins raffiné, du moins y trouve-t-on un accueil personnalisé et une hospitalité chaleureuse. Les centres d'informations touristiques locaux vous donneront tous renseignements sur le logement et vous aideront dans la recherche et la réservation de vos chambres d'hôtels. Nombreux sont les hôtels qui possèdent également un restaurant de première classe.

Suisse

• Bâle

Hôtel Basel
Münzgasse, 4051 Basel, tél. (061) 25-24-23
Hôtel Drachen
Aeschenvorstadt 24, 4051 Basel, tél. (061) 23 73 00
Hilton
Aeschengraben 31, 4002 Basel, tél. (061) 22 66 22

• Neuhausen

Hôtel Bellevue
8212 Neuhausen, tél. (053) 22 21 21

• Schaffhouse

Hôtel Fischerzunft
8200 Schaffhausen, tél. (053) 25 32 81

• Stein am Rhein

Hôtel Closterhof
8260 Stein am Rhein, tél. (054) 42 42 42

Liechtenstein

• Malbun

Alpenhotel Malbun
9497 Malbun, tél. (075) 21 181

• Vaduz

Hôtel Löwen
9490 Vaduz, tél. (075) 21 408
Hôtel Vaduzerhof
9490 Vaduz, tél. (075) 28 484
Parkhotel Sonnenhof
9490 Vaduz, Mareestrasse 29, tél. (075) 21 192

Autriche

• Bregenz

Hôtel Mercura
Platz der Wiener Symphoniker, 6900 Bregenz, tél. (05574) 26 100
Hôtel Mesmer
Kornmarktstrasse 16, 6900 Bregenz, tél. (05574) 22 356
Hôtel Schwärzler
Landstrasse 9, 6900 Bregenz, tél. (05574) 22 422
Hôtel Weisses Kreuz
Römerstrasse 5, 6900 Bregenz, tél. (05574) 22 488

• Lustenau

Sporthotel Huber
Erholungszentrum, 6890 Lustenau, tél. (05577) 38 310

Alsace

Nouvel hôtel Maison Rouge
4, rue des Francs-Bourgeois, 67000 Strasbourg, tél. 88 32 08 60
Grand Hôtel
12, place de la Gare, 67000 Strasbourg, tél. 88 32 46 90
Hôtel Hannons
15, rue du 22 Novembre, 67000 Strasbourg, tél. 88 32 16 33
Hilton International
Avenue Herrenschmidt, 67000 Strasbourg, tél. 88 37 10 10
Holiday Inn
20, place de Bordeaux, 67000 Strasbourg, tél. 88 35 70 00
Hôtel des Rohans
17-19, rue du Maroquin, 67000 Strasbourg, tél. 88 32 85 11

Allemagne

Centrale de réservation des chambres
Beethovenstrasse 69, 6000 Frankfurt am Main, tél. (069) 75 721

• Andernach

Hôtel Fischer
Am Helwartsturm 4-6, 5470 Andernach, tél. (02632) 49 20 47
Hôtel Meder
Konrad-Adenauer-Allee 17, 5470 Andernach, tél. (02632) 42 632

• Bacharach

Hôtel Gelber Hof
Blücherstrasse 26, 6533 Bacharach, tél. (06743) 10 17
Rhein-Hôtel
Auf der alten Stadtmauer, tél. (06743) 12 43

• **Bad Breisig**

Kurhaus-Kurhotel
Koblenzer Strasse 35, 5484 Bad Breisig, tél. (02633) 97 311-15
Rhein-Hotel
Rheinstrasse 11, 5484 Bad Breisig, tél. (02633) 96 067/8

• **Bad Hönningen**

Kurparkhotel
Am Thermalbad, 5462 Bad Hönningen, tél. (02635) 49 41
Hôtel Saint-Pierre
Hauptstrasse 138, 5462 Bad Hönningen, tél. (02635) 20 91

• **Bad Honnef**

Hôtel Semiramis
Alexander-von-Humboldt-Strasse 20, 5340 Bad Honnef, tél. (02224) 77 10

• **Bad Säckingen**

Hôtel Goldener Knopf
Rathausplatz 9, 7880 Bad Säckingen, tél. (07761) 60 78
Schneckenhalde
Schneckenhalde 12, 7880 Bad Säckingen, tél. (07761) 30 07

• **Bingen**

Hôtel Rheingau
Rheinkai 8, 6530 Bingen, tél. (06721) 17 496
Germaniablick
Mainzer Strasse 142, 6530 Bingen, tél. (06721) 14 773

• **Bonn**

Kaiser Karl Hotel
Vorgebirgsstrasse 56, 5300 Bonn, tél. (0228) 650 933
Residenz Hotel
Kaiserplatz, 5300 Bonn, tél. (0228) 26 970
Scandic Crown Hotel
Berliner Freiheit 11, 5300 Bonn, tél. (0228) 65 31 51
Schlossparkhotel
Venusbergweg 27-31, 5300 Bonn, tél. (0228) 21 70 36
Steigenberger Hotel
Bundeskanzlerplatz 1, 5300 Bonn, tél. (0228) 20 191
Hôtel Beethoven
Rheingasse 26, 5300 Bonn, tél. (0228) 63 14 11
Rheinland
Berliner Freiheit 11, 5300 Bonn, tél. (0228) 65 80 96

• **Boppard**

Bellevue-Rheinhotel
Rheinallee 41, 5407 Boppard, tél : (06742) 10 20
Hôtel Rheinvilla
Rheinallee 51, 5407 Boppard, tél. (06742) 25 82
Sport- und Kurhotel Klostergut Jakobsberg
5407 Boppard, tél. (06742) 30 61

• **Brühl**

Hôtel Brühler Hof
Uhlstrasse 30, 5040 Brühl, tél. (02232) 42 711
Rheinischer Hof
Euskirchener Strasse 123, 5040 Brühl, tél. (02232) 33 21

• **Clèves**

Hôtel Braam
Emmericher Strasse 159, Kellen, 4190 Kleve, tél. (02821) 90 90

• **Coblence**

Hôtel Brenner
Rizzastrasse 32, 5400 Koblenz, tél. (0261) 32 060
Cityhotel Metropol
Schützenstrasse 32, 5400 Koblenz, tél. (06261) 37 702
Hôtel Hohenstaufen
Emil-Schüller-Strasse 41-43, 5400 Koblenz, tél. (0261) 37 081
Scandic Crown Hotel
Julius-Wegeler-Strasse 2, 5400 Koblenz, tél. (0261) 13 60
Weinhaus Merkelbach
Emser Strasse 87, Pfaffendorf, tél. (09261) 73 234

• **Cologne**

Altstadt-Hotel
Salzgasse 7, 5000 Köln, tél. (0221) 23 41 24 ou 23 41 87
Dom-Hotel

Domkloster 2 a, 5000 Köln, tél. (0221) 20 240
Excelsior Hotel Ernst
Trankgasse 1-5, 5000 Köln, tél. (0221) 27 01
Holiday Inn Crown Plaza
Habsburger-Ring 9-13, 5000 Köln, tél. (0221) 20 950
Inter-Continental
Helenenstrasse 14, 5000 Köln, tél. (0221) 22 80
Hyatt Regency Köln
Kennedyufer 2 a, 5000 Köln, tél. (0221) 82 81 234
Maritim Hotel Köln
Heumarkt 20, 5000 Köln, tél. (0221) 20 270
Ramada Renaissance Hotel
Magnusstrasse 20, 5000 Köln, tél. (0221) 20 340

• Constance

Barbarossa
Obermarkt 8, 7750 Konstanz, tél. (07531) 22 021
Parkhotel am See
Seestrasse 25, 7750 Konstanz, tél. (07531) 51 077
Hôtel Seeblick
Neuhauser Strasse 14, 7750 Konstanz, tél. (07531) 54 018
Steigenberger Inselhotel
Auf der Insel 1, 7750 Konstanz, tél. (07531) 25 011

• Dinslaken

Hôtel Garni
Bahnhofsplatz 9, 4220 Dinslaken, tél. (02134) 52 309

• Dormagen

Romantik Hôtel
Krefelder Strasse 14-18, 4047 Dormagen, tél. (02106) 41 041
Zum Feldtor
Schlossstrasse 40, Zons, tél. (02106) 54 41

• Duisbourg

Duisburger Hof
König-Heinrich-Platz 1, 4100 Duisburg, tél. (0203) 33 10 21
Novotel
Landfernmannstrasse 20, 4100 Duisburg, tél. (0203) 30 00 30
Plaza Hotel
Dellplatz 1, 4100 Duisburg, tél. (0203) 21 975

• Düsseldorf

Hôtel Arcade
Ludwig-Erhard-Allee 2, 4000 Düsseldorf, tél. (0211) 77 010
Hôtel Holiday Inn
Graf-Adolf-Platz 10, 4000 Düsseldorf, tél. (0211) 38 730
Esplanade Hôtel
Fürstenplatz 17, 4000 Düsseldorf, tél. (0211) 37 50 10
Hilton
Georg-Glock-Strasse 20, Golzheim, tél. (0211) 43 770
Hôtel Inter-Continental
Karl-Arnold-Platz 5, Golzheim, tél. (0211) 45 530
Rheinstern Penta-Hôtel
Emanuel-Leutze-Strasse 17, 4000 Düsseldorf, tél. (0211) 59 97-0

• Eltville

Hôtel Tilmanns Erben
Hauptstrasse 2, 6228 Eltville, tél. (06123) 40 14

• Emmerich

Hôtel Stadt Emmerich
Bahnhofstrasse 26-28, 4240 Emmerich, tél. (02822) 40 04

• Fribourg-en-Brisgau

Colombi-Hotel
Rotteckring 16, 7800 Freiburg im Breisgau, tél. (0761) 31 415 ou 31 419
Rappen
Münsterplatz 13, 7800 Freiburg im Breisgau, tél. (0761) 31 353
Schwarzwälder Hof
Herrenstrasse 43, 7800 Freiburg im Breisgau, tél. (0761) 32 386
Zum Roten Bären
Oberlinden 12, 7800 Freiburg im Breisgau, tél. (0761) 36 913
La plus ancienne auberge d'Allemagne.

• Geisenheim

Waldhotel
Marienthaler Strasse 20, 6222 Geisenheim, tél. (06722) 60 77

• Heidelberg

Holiday Inn
Kurfürstenanlage, 6900 Heidelberg, tél. (06221) 16 10 41

Parkhotel Atlantic
Schlosswolfsbrunnerweg 23, 6900 Heidelberg, tél. (06221) 10 856
Penta Hotel
Vangerowstrasse 16, 6900 Heidelberg, tél. (06221) 90 80
Romantik Hotel Zum Ritter Sankt Georg
Hauptstrasse 178, 6900 Heidelberg, tél. (06221) 20 203

• **Kamp-Bornhofen**

Hôtel Rheinpracht
Rheinuferstrasse 105, 5424 Kamp-Bornhofen, tél. (06773) 265

• **Kaub**

Hôtel Burg Gutenfels
5425 Kaub, tél. (06774) 220

• **Königswinter**

Hôtel Rheingold
Drachenfelsstrasse 36, 5330 Königswinter, tél. (02223) 23 048

• **Krefeld**

City-Hotel
Philadelphiastrasse 63-65, 4150 Krefeld, tél. (02151) 60 951
Parkhotel Krefelder Hof
Ördinger Strasse 245, 4150 Krefeld, tél. (02151) 58 40

• **Lahnstein**

Dorint-Hôtel Rhein-Lahn
Im Kurzentrum, 5420 Lahnstein, tél. (02621) 151
Hôtel Kaiserhof
Hochstrasse 9, 5420 Lahnstein, tél. (02621) 24 13

• **Leverkusen**

City Hotel
Wiesdorfer Platz 8, 5090 Leverkusen, tél. (0214) 42 046
Ramada Hôtel
Am Büchelter Hof 11, Wiesdorf, tél. (0214) 38 30

• **Lindau**

Bayerischer Hof-Reutemann-Seegarten
Seepromenade, 8990 Lindau, tél. (08382) 50 55
Hôtel Bad Schachen
Bad Schachen, tél. (08382) 50 11
Hôtel Gasthof Stift
Stiftsplatz, 8990 Lindau, tél. (08382) 40 38/9
Dans l'île.
Strandhotel Tannhof-Silence Hôtel
Oeschländer Weg 24, Bad Schachen, tél. (08382) 60 44

• **Linz**

Hôtel Berg Ockenfels
5460 Linz, tél. (02644) 20 71
Hôtel Gut Frühscheid
Roniger Weg, 5460 Linz, tél. (02644) 14 41

• **Ludwigshafen**

Best Western Hôtel Excelsior
Lorientallee 16, 6700 Ludwigshafen, tél. (0621) 51 92 01
Ramada Hôtel
Pasadena-Allee 4, 6700 Ludwigshafen, tél. (0621) 51 93 01
Regina Hôtel
Bismarckstrasse 40, 6700 Ludwigshafen, tél. (0621) 90 26

• **Mayence**

Am Römerwall
Römerwall 53, 6500 Mainz, tél. (06131) 23 21 35
Europahotel
Kaiserstrasse 7, 6500 Mainz, tél. (06131) 63 50
Favorite Parkhotel
Karl-Weise-Strasse 1, 6500 Mainz, tél. (06131) 82 091
Hilton
Rheinstrasse 68, 6500 Mainz, tél. (06131) 24 50

• **Mannheim**

Augusta Hôtel
Augusta-Anlage 43, 6800 Mannheim, tél. (0621) 41 80 01
Gasthaus Goldene Gans
Tattersallstrasse 19, 6800 Mannheim, tél. (0621) 22 353
Holiday Inn
Kurfürstenarkade, 6800 Mannheim, tél. (0621) 10 71 180
Mannheimer Hof
Augusta-Anlage 4-8, 6800 Mannheim, tél. (0621) 45 021
Maritim Parkhotel
Friedrichsplatz 2, 6800 Mannheim, tél. (0621) 45 071

• Neuwied

Am Carmen
Sylvia-Garten 6, 5450 Neuwied, tél. (02631) 25 334

• Nierstein

Rhein-Hotel
Mainzer Strasse 16, 6505 Nierstein, tél. (06133) 51 61

• Oberwesel

Hôtel Auf Schönburg
6532 Oberwesel, tél. (06744) 70 27
Hôtel Römerkrug
Marktplatz 1, 6532 Oberwesel, tél. (06744) 81 76

• Oestrich-Winkel

Romantik Hotel Schwan
Rheinallee 5, 6227 Oestrich-Winkel, tél. (06723) 30 01

• Radolfzell

Gasthof Adler
Seestrasse 34, 7760 Radolfzell, tél. (07732) 34 73
Zur Schmiede
Friedrich-Werber-Strasse 22, 7760 Radolfzell, tél. (07732) 4051

• Remagen

Hôtel Waldheide
Rheinhöhenweg 101, Oberwinter, 5480 Remagen, tél. (02228) 72 92

• Rheinbrohl

Hôtel Zum Stern
Am Marktplatz, 5456 Rheinbrohl, tél. (02635) 26 20

• Rhens

Hôtel Königstuhl
Am Rhein 1, 5401 Rhens, tél. (02628) 22 44

• Rüdesheim-Assmannshausen

Hôtel Aumüller-Traube
Rheinstrasse 6-9, 6220 Rüdesheim-Assmannshausen, tél. (06722) 30 38
Hôtel Weingut-Krone
Rheinuferstrasse 10, 6220 Rüdesheim-Assmannshausen, tél. (06722) 20 36
Hôtel Jagdschloss Niederwald
Auf dem Niederwald 1, 6220 Rüdesheim-Assmannshausen, tél. (06722) 10 04

• Sankt Goar

Hôtel Rheinfels
Heerstrasse 69, 5401 Sankt Goar, tél. (06741) 312
Hôtel Zur Post
Bahnhofstrasse 3, 5401 Sankt Goar, tél. (06741) 339
Schloss-Hotel auf Burg Rheinfels
Schlossstrasse 47, 5401 Sankt Goar, tél. (06741) 20 71

• Sankt Goarshausen

Pohl's Rheinhotel Adler
5422 Sankt Goarshausen, tél. (06771) 26 13

• Sinzig-Bodendorf

Kurhaus Spitznagel
Weinbergstrasse 29, 5485 Sinzig-Bodendorf, tél. (02642) 42 492

• Spire

Goldener Engel
Mühlturmstrasse 1 a, 6720 Speyer, tél. (06232) 76 732
Graf's Hôtel Löwengarten
Schwerdstrasse 14, 6720 Speyer, tél. (6232) 71 051
Trutzpfaff
Webergasse 5, 6720 Speyer, tél. (06232) 78 399

• Trechtingshausen

Hôtel Burg Reichenstein
6531 Trechtingshausen, tél. (06721) 61 01

• Unkel

Rheinhotel Schulz
Vogtgasse 4-7, 5463 Unkel, tél. (02224) 23 02

• Waldshut-Tiengen

Hôtel Kaiser
Bismarckstrasse 24, 7890 Waldshut, tél. (07751) 22 17
Hôtel Bercher
Bahnhofstrasse 1, 7890 Tiengen, tél. (07741) 61 066

• **Wesel**

Hôtel Rheinterrassen
An der Rheinpromenade 9, 4230 Wesel, tél. (0281) 21 198
Zur Aue
Reeser Landstrasse 14, 4230 Wesel, tél. (0281) 21 000

• **Wiesbaden**

Aukamm-Hotel
Aukammallee 31, 6200 Wiesbaden, tél. (06134) 57 60
Holiday Inn
Bahnhofstrasse 10-12, 6200 Wiesbaden, tél. (06134) 16 20
Hôtel Im Park
Dantziger Strasse 104, Sonnenberg, tél. (06134) 54 11 96
Penta-Hotel
Auguste-Victoria-Strasse 15, 6200 Wiesbaden, tél. (06134) 37 70 41

• **Worms**

Hôtel Boos
Mainzer Strasse 5, 6520 Worms, tél. (06241) 47 63
Nibelungen Hotel
Martinsgasse 16, 6520 Worms, tél. (06241) 69 77

PAYS-BAS

Centrale de réservation des chambres
Postbus 404, 2260 AK Leidschendam, tél. (070) 20 25 00

• **Amsterdam**

A.C.C.A. Hotel
Van de Veldestraat 39, 1071 CW Amsterdam, tél. (020) 66 25 262
Amstel Inter-Continental *****
Professor Tulpplein 1, 1018 GX Amsterdam, tél. (020) 22 60 60
Établissement de luxe du XIXe siècle qui accueille parfois des vedettes. A 20 min à pied du centre de la ville.
Ascot
Damrak 95-98, 1012 LP Amsterdam, tél. (020) 26 00 66
Hilton
Apollolaan 138-140, 1077 BG Amsterdam, tél. (020) 78 07 80

• **Arnhem**

Golden Tulip Rijn Hotel
Ouderlangs 10, 6812 CG Arnhem, tél. (085) 43 46 42

• **Nimègue**

Atea Hotel
Stationsplein 19, 6512 AB Nimjegen, tél. (080) 23 88 88
A.M.S. Hotel Belvoir
Gr. v. Roggenstraat 101, 6522 AX Nimjegen, tél. (080) 23 23 44

• **Rotterdam**

Hilton *****
Weena 10, 3012 CM Rotterdam, tél. (010) 41 44 044
Novotel Schiedam
Hargalaan, 3118 JA Shiedam, tél. (010) 47 13 322
Hôtel Savoy
Hoogstraat 81, 3011 PJ Rotterdam, tél. (010) 41 39 280
Hôtel Traverse
'sGravendijkwal 70-72, 3014 EG Rotterdam, tél. (010) 43 64 040

• **Schiphol**

Hilton International
Herbergierstraat 1, 1118 ZK Schiphol, tél. (020) 60 34 567

• **Tiel**

Hôtel Tiel
Ln v. West Royen 10, 4003 AZ Tiel, tél. (03440) 22 020

• **Utrecht**

Holiday Inn ****
Jaarbeursplein 24, 3521 HR Utrecht, tél. (030) 91 05 55
Scandic Crown Hotel
Westplein 50, 3531 BC Utrecht, tél. (030) 92 52 00
Hôtel Mondragon
Havenplein 21, 4301 JG Zierikzee, tél. (01110) 13 051

Camping

SUISSE

Fédération suisse du camping-caravaning
6000 Luzern, tél. (041) 23 48 22

• **Altenrhein**

Idyll
6499 Altenrhein, tél. (071) 42 42 13

• **Sankt Margrethen**

Bruggerhorn
9430 Sankt Margrethen, tél. (071) 71 22 01

• **Schaffhouse**

Strandbad Rheinwiesen
8246 Schaffhausen, tél. (053) 29 33 00

Stein am Rhein
Grenstein
8260 Stein am Rhein, tél. (054) 41 23 79

LIECHTENSTEIN

Camping Bendern
9487 Bendern, tél. (075) 31 465

Mittagspitze
9495 Triesen, tél. (075) 22 105

AUTRICHE

Camping Lamm
Mehrerau, 6900 Bregenz, tél. (05574) 31 301
Camping Weiss (Nouvelle-Amérique)
6900 Bregenz, tél. (05574) 35 771
Seecamping
Bodangasse, 6900 Bregenz, tél. (05574) 31 395
Freizeitcamp Mexico
Hechtweg 4, 6900 Bregenz, tél. (05574) 33 260

FRANCE

Touring Camping Caravaning de France
8, rue Lucien Sampaix, 75010 Paris,
tél. (1) 42 40 76 09

ALLEMAGNE

Camping Club d'Allemagne
Mandlstrasse 28, 8000 Münich 40,
tél. (089) 33 40 21

• **Bacharach**

Camping am Rheinufer
Strandbadweg, 6533 Bacharach,
tél. (06743) 17 52, 13 90

• **Bad Breisig**

Camping Rheintalstrasse
Rheintalstrasse 75, 5484 Bad Breisig,
tél. (02633) 96 349

Camping Rheineck
Vinxtbachtal, 5484 Bad Breisig,
tél. (02633) 95 645

• **Bad Hönningen**

Camping beim Thermalbad
5462 Bad Hönningen, tél. (02635) 23 22

• **Bingen**

Camping Hindenburgbrücke
Mainzer Strasse, 6530 Bingen,
tél. (06721) 17 160

• **Bonn**

Camping Siebengebirgsblick
Rolandswerth, 5300 Bonn, tél. (0228) 78 26

• **Boppard-Bad Salzig**

Camping Sonneneck
Am Bundesstrasse 9, 5407 Boppard-Bad Salzig,
tél. (06742) 21 21

• **Brey**

Die Kleine Rheinperle
Am Bundesstrasse 9, 5401 Brey,
tél. (02628) 88 60

• **Coblence**

Camping Rhein-Mosel
Schartwiesenweg, 5400 Koblenz,
tél. (0261) 80 24 89
Camping Fliesshorn
Dingelsdorf, 7750 Koblenz, tél. (07533) 52 62
Camping Klausenhorn
Dingelsdorf, 7750 Koblenz, tél. (07533) 63 72
Camping Am Wasserwerk
Staad, 7750 Koblenz, tél. (07531) 31 388
Camping Mainau-Litzelstetten
7750 Koblenz, tél. (07531) 44 321

• **Cologne**

Camping Berger
Uferstrasse 53 a, Rodenkirchen,
tél. (0221) 39 24 21
Camping Waldbad
Peter-Baum-Weg, Dünnwald,
tél. (0221) 60 33 15
Jugendzeltplatz
Alfred-Schütte-Allee, Poll, tél. (0221) 83 59 89
Städtischer Familienzeltplatz
Weidenweg, Poll, tél. (0221) 83 19 66

• **Dormagen**

Camping Pitt-Jupp
Stürzelberg, 4047 Dormagen, tél. (2106) 42 210
Camping Strandterrasse
Stürzelberg, 4047 Dormagen, tél. (02106) 71 717

• **Düsseldorf**

Camping Lütticher Strasse
Lütticher Strasse, 4000 Düsseldorf, tél. (0211) 59 14 01
Camping Unterbacher See
4000 Düsseldorf, tél. (0211) 899-20 38
Camping Meerbusch-Langst
Kaiserswerth, 4000 Düsseldorf, tél. (02150) 25 02

• **Duisbourg**

Camping Entenfang
4100 Duisburg, té. (0203) 76 01 11

• **Eltville**

Camping An der Brückenschenke
Hattenheim, 6228 Eltville, tél. (06723) 28 27

• **Emmerich**

Camping Wildweg
Wildweg 2-8, 4240 Emmerich, tél. (02828) 25 24

• **Fribourg-en-Brisgau**

Camping Hirzberg
Kartäuserstrasse 99, 7800 Freiburg im Breisgau, tél. (0761) 35 054
Camping Möslepark
Möslepark, 7800 Freiburg im Breisgau, tél. (0761) 72 938
Camping Sankt Georg
Basler Landstrasse 62, 7800 Freiburg im Breisgau, tél. (0761) 43 183

• **Geisenheim**

Camping Am Rheinufer
6222 Geisenheim, tél. (06722) 85 15

• **Heidelberg**

Camping Heide
6900 Heidelberg, tél. (06223) 21 11
Camping Neckartal
Schlierbach, 6900 Heidelberg, tél. (06221) 80 25 06

• **Kamp-Lintfort**

Camping Altfeld
Altfelder Strasse, 4132 Kamp-Lintfort, tél. (02842) 47 04

• **Kaub**

Camping Am Elsternband
Blücherstrasse, 5425 Kaub, tél. (06774) 560

• **Kehl**

Campingplatz der Freundschaft
7640 Kehl, tél. (07851) 26 03

• **Lahnstein**

Camping Burg Lahneck
Burg Lahneck, 5420 Lahnstein, tél. (02621) 27 65
Camping An der Lahnmüdung
Sandgasse 8, 5420 Lahnstein, tél. (02621) 83 90
Camping Wolfsmühle
Hohenrhein 77, 5420 Lahnstein, tél. (02621) 25 89
Jugendzeltplatz im Süssgrund
Friedrichssegen, 5420 Lahnstein, tél. (02621) 17 52 41/2

• **Leutesdorf**

Camping Marienberg
Haus 4, 5458 Leutesdorf, tél. (02633) 72 446

• **Lindau**

Camping Am See
Zech, tél. (08382) 72 236
Camping Gitzenweiler Hof
Oberretnau, tél. (08382) 54 75
Camping Hammergut
Reutin, tél. (08382) 74 688

• **Lorch-Bodental**

Camping Suleika
Rheinuferstrasse, 6223 Lorch-Bodental, tél. (06726) 94 64

• **Mannheim**

Camping Strandbad
6800 Mannheim, tél. (0621) 85 62 40

• **Neuss**

Camping Grimlinghausen
4040 Neuss, tél. (02101) 39 868

• **Neuwied**

Camping in der Au
Altwied, 5450 Neuwied

• **Oberwesel**

Camping Schönburg
6532 Oberwesel, tél. (06744) 245

• **Radolfzell**

Camping Böhringen
7760 Radolfzell, tél. (07732) 36 05, 38 53
Camping Markelfingen
7760 Radolfzell, tél. (07732) 10 611
Camping Mettnau
7760 Radolfzell, tél. (07732) 12 197
Camping Naturfreunde
Markelfingen

• **Remagen**

Camping Goldene Meile
5480 Remagen, tél. (02644) 22 222

• **Rüdesheim-Assmannshausen**

Camping Ebental
6220 Rüdesheim-Assmannshausen, tél. (06722) 25 18
Camping Rheinanlagen
6220 Rüdesheim, tél. (06722) 25 28

• **Trechtingshausen**

Camping Marienort
Am Morgenbach, 6531 Trechtingshausen, tél. (06721) 61 33

• **Waldshut-Tiengen**

Camping Schlüchttalterrassen
7890 Waldshut, tél. (07441) 33 66

• **Wesel**

Camping Grav-Insel
Bislicher Strasse, 4230 Wesel, tél. (0281) 79 21

• **Wiesbaden**

Camping Maarau
6200 Wiesbaden, tél. (06134) 43 83

• **Worms**

Camping Nibelungenbrücke
6520 Worms, tél. (06241) 24 355

• **Xanten**

Camping Bislicher Insel
Domaine de Dreeveld, 4432 Xanten, tél. (02802) 20 10

PAYS-BAS

Camping Club des Pays-Bas
Wolterstraat 99, 2871 ZM Schoonhoven, tél. (01823) 21 44

• **Amsterdam**

Camping Amsterdamse Bos
Kleine Noordijk, 1432 CC Amsterdam, tél. (020) 41 68 68
Gaaspercamping
Loosdrechtdreef 7, 1108 AZ Amsterdam, tél. (020) 96 73 26
Camping De Badhoeve
Uitdammerdijk 10, 1026 CP Durgerdam, tél. (02904) 294
Jeugdcamping Vliegenbos
Meeuwenlaan 138, 1022 AM Amsterdam, tél. (020) 36 88 55
Jeugdcamping Zeeburg
Zuider Ojdojk 44, 1095 KN Amsterdam, tél. (020) 94 44 30

• **Arnhem**

Camping Kemperbugerweg
Kemperbugerweg 77, 6816 RW Arnhem, tél. (085) 43 16 00

• **Nimègue**

Camping De Kwakkenberg
Luciaweg 10, 6523 Nijmegen, tél. (080) 23 24 43

• **Otterlo**

Camping Beek en hei
6731 Otterlo, tél. (08382) 14 83

• **Rotterdam**

Camping Kanaalweg
Kanaalweg 84, 3041 JE Rotterdam, tél. (010) 41 59 772

• **Utrecht**

Camping De Berekuil
Arienslaan 5, 3573 PT Utrecht, tél. (30) 71 38 70

• **Zierikzee**

Camping Grote
Zelkeweg 10, 4301 NJ Zierikzee,
tél. (01110) 13 716

Auberges de jeunesse

Suisse

Auberges de jeunesse du nord-ouest
Sankt-Alban-Rheinweg 170, 4006 Basel,
tél. (061) 42 77 37
Auberges de jeunesse de l'est et du Liechtenstein
Postfach 116, 8887 Mels, tél. (085) 25 020

• **Bâle**

Jugendherberge
Sankt-Alban-Kirchrain 10, 4052 Basel,
tél. (061) 23 05 72

• **Dachsen**

Jugendherberge
Schloss Laufen, 8447 Dachsen,
tél. (053) 29 61 52

• **Schaffhouse**

Jugendherberge Belair
Randenstrasse 65, 8200 Schaffhausen,
tél. (053) 25 88 00

• **Stein am Rhein**

Jugendherberge
8260 Stein am Rhein, tél. (054) 41 12 55

Liechtenstein

Jugendherberge Schaan-Vaduz
Untere Rüttigasse 6, 9494 Schaan,
tél. (075) 25 022

Autriche

Jugendherberge
Belruptstrasse 16 a, 6900 Bregenz,
tél. (05574) 22 867

France

Fédération des auberges de jeunesse
27, rue Pajol, 75018 Paris, tél. (1) 42 41 59 00

Allemagne

Association des auberges de jeunesse
Bismarckstrasse 8, 4930 Detmold,
tél. (05231) 74 010

• **Bacharach**

Jugendburg Stahleck
Schlossberg, 6533 Bacharach, tél. (06743) 12 66

• **Bad Honnef-Selhof**

Jugendherberge
Selhofer Strasse 106, 5340 Bad Honnef-Selhof,
tél. (02224) 71 300

• **Coblence**

Jugendherberge
Auf der Festung Ehrenbreitstein, 5400 Koblenz,
tél. (0261) 73 737

• **Cologne**

Jugendgästehaus
An der Schanz 14, Riehl, tél. (0221) 76 70 81
Jugendherberge
Siegesstrasse, Deutz, tél. (0221) 81 47 11

• **Constance**

Jugendherberge im Otto-Moericke-Turm
Zur Allmannshöhe 18, 7750 Konstanz,
tél. (07531) 32 360

• **Duisbourg**

Jugendherberge
Kalkwerk 148 e, Wiedau, tél. (0203) 72 41 64

• **Düsseldorf**

Jugenherberge
Düsseldorfer Strasse 1, 4000 Düsseldorf,
tél. (0211) 57 40 41

• **Fribourg-en-Brisgau**

Jugendherberge
Kartäuserstrasse 151, 7800 Freiburg im Breisgau, tél. (0761) 67 656

• **Heidelberg**

Jugendherberge
Tiergartenstrasse, 6900 Heidelberg,
tél. (06221) 41 20 66

• **Lindau**

Jugendherberge
Herbergsweg 11, 8990 Lindau,
tél. (08382) 58 13

• **Mannheim**

Jugendherberge
Rheinpromenade 21, 6800 Mannheim,
tél. (0621) 82 27 18

• **Rüdesheim**

Jugendherberge
Am Kreuzberg, 6220 Rüdesheim,
tél. (06722) 27 11

• **Sankt Goar**

Jugenherberge
Bismarckweg 17, 5401 Sankt Goar,
tél. (06741) 388

• **Wiesbaden**

Jugendherberge
Blücherstrasse 66, 6200 Wiesbaden,
tél. (06121) 48 657

Pays-Bas

Niederländische Jeugdherbergs Centrale
(Centre néerlandais des auberges de jeunesse)
Professor Tulpplein 4, 1018 GX Amsterdam,
tél. (020) 55 13 155

• **Arnhem**

Jeugdherberg Alteveer
Diepnbrocklaan 27, 6815 AH Arnhem,
tél. (085) 42 01 14

• **Amsterdam**

Jeugdherberg Stadsdoelen
Klovenierburgwal 97, 1011 Amsterdam,
tél. (020) 24 68 32
Jeugdherberg Vondelpark
Zandpas 5, 1054 GA Amsterdam,
tél. (020) 83 17 44

• **Dordrecht**

Jeugdherberg De Hollandse Biesbosch
Baankroekweg 25, 3313 LP Dordrecht,
tél. (078) 21 13 11

• **Rhijnauwen**

Jeugdherberg
Rhijnauwenselaan 14, 3891 HH Rhijnauwen,
tél. (03405) 61277

• **Rotterdam**

City Hostel
Rochussenstraat 107-109, 3015 EH Rotterdam,
tél. (010) 43 65 763

POUR LES GOURMETS

Restaurants

Pour établir la liste ci-après des restaurants et auberges, nous avons essayé de trouver des établissements typiques. Tous les grands hôtels possèdent également d'excellents restaurants. Il est recommandé de réserver sa table, dans la mesure du possible.

Suisse

La Suisse n'a pas seulement à offrir une grande variété de fromages (émmental, *Appenzeller*, gruyère...) qui conviennent particulièrement aux vins et aux bières suisses, mais aussi de nombreuses sortes de saucisses et saucissons délicieux : *Klöpfer* (Bâle), *Schüblinge* (Saint-Gall), *Panti* et *Knackerli* (Appenzell). Vous trouverez presque partout du *Geschnetzeltes* (ragoût de veau coupés en petits morceaux à la crème fraîche) et du *Rösti* (pommes de terre coupées en lamelles et frites à la poêle) sur les menus. Schaffhouse a une spécialité bien à elle : le *Bölletüne* (tarte aux oignons).

Les nombreux lacs et torrents aux eaux limpides enrichissent la cuisine locale d'une grande variété de plats de poisson.

Les deux grandes spécialités de la Suisse, la fondue au fromage et la raclette, sont connues bien au-delà des frontières suisses. La fondue au fromage est également connue en France sous le nom de fondue savoyarde. Fondue et raclette sont en réalité des spécialités alpines qui sont familières à tous les Français.

Les amateurs de sucreries ne seront pas privés en Suisse, ce n'est pas le choix qui manque. Qui ne connaît le chocolat suisse, ou plutôt les nombreuses sortes de chocolat suisse ? Il est difficile aussi de résister aux *Leckerli* de Bâle (petits pains d'épices durs) et aux *Zungen* (langues) de Schaffhouse, ainsi qu'aux gâteaux fourrés de fruits frais.

En outre, les Suisses sont passés maîtres dans l'art de fabriquer des jus de fruits à base de cerises, de poires et de prunes. Parmi les boissons alcoolisées, l'*Enzian* est fabriquée avec les racines de la gentiane jaune et la *Grappa* avec la peau des raisins qui reste dans le pressoir.

Nous voilà de nouveau dans le domaine du vin. Dans le bassin du Rhin alpin, on boit surtout du vin rouge et du rosé. Les crus les plus connus sont : le *Fläscher*, le *Jeninser*, le *Malanser* et le *Maienfelder*. Quant aux vins du Rhin supérieur, leur réputation n'est plus à faire : le *Hallauer*, l'*Osterfinger*, le *Rheinhalder* (en provenance de la région de Schaffhouse), les vins d'Argau et de Bâle.

Brauerei und Restaurant Fischerstube
Rheingasse 45, 4000 Basel, tél. (061) 69 26 635
Gifthüttli
Schneidergasse 11, 4000 Basel,
tél. (061) 25 16 56
Restaurant historique.
Les Quatre Saisons
Clarastrasse 43, 4000 Basel, tél. (061) 69 18 044
Rôtisserie des Rois
Hotel Drei Könige, Blumenrain 8, 4000 Basel,
tél. (061) 25 52 52
Safran-Zunft
Gerbergasse 11, 4000 Basel, tél. (061) 25 19 59
Am Alten Stückli
Barfüsserplatz 1, 4000 Basel, tél. (061) 25 15 92
Taverne historique.

Gerberstube
Bachstrasse 8, Schaffhausen, tél. (053) 25 21 55
Schaefli
Embarcadère, Schaffhausen, tél. (053) 25 11 44
Siège de corporation datant du XVIe siècle.
Zum Sittich
Vordergasse 43, Schaffhausen,
tél. (053) 25 13 72

Liechtenstein

Wirtschaft zum Löwen
9488 Schellenberg, tél. (075) 31 162

Gasthof Löwen
9490 Vaduz, tél. (075) 21 408
Restaurant historique avec vue sur le château.
Restaurant Torkel
Tél. (075) 24 410
Sur le versant de la montagne, au milieu des vignobles de la cave princière.

Autriche

En Autriche, vous découvrirez les entremets et les desserts les plus savoureux dont vous pouvez rêver : *Käsespätzle* (dumplings au fromage), *Krautspätzle* (dumplings à la choucroute), Kaiserschmarr'n (sorte de crêpe épaisse coupée en morceaux et servie avec de la confiture), *Topfenstrudel* et *Apfelstrudel*, les fameux *Strudel* au fromage blanc ou aux pommes. Les *Nockerl* (sortes de pâtes faites maison) et les pommes de terre sont les accompagnements idéaux d'une bonne goulache bien en sauce; ajoutez-y un petit verre de *Heuriger* (vin nouveau) ou un *Grüner Veltliner* blanc, ou l'une des nombreuses bières nationales.

Gasthof Adler
Vorklostergasse 66, 6900 Bregenz,
tél. (05574) 31 788
Café restaurant Montfort
Bahnhofstrasse 15, 6900 Bregenz,
tél. (05574) 22 186

Kronen-Stuben
Lindauer Strasse 48, 6912 Hörbranz,
tél. (05573) 23 41
Cuisine nationale autrichienne.

Landgasthof Haggen
Haggen 1, 6911 Lochau, tél. (05574) 22 926

Alsace

Est-il besoin de vanter la cuisine française? Quand on entre dans un restaurant en France, il faut avoir un bon appétit et disposer de beaucoup de temps — on peut facilement consacrer deux ou trois heures à cette importante opération : un amuse-gueule par-ci, un potage par-là, une salade, un morceau de viande dorée comme une brioche, des légumes fins, le tout accompagné de vin rouge; puis vient le fromage, ou plus précisément le plateau de fromages et de nouveau un verre de vin, un dessert léger arrosé d'un doigt de champagne et couronné d'un bon café suivi d'un petit cognac...

Les vins d'Alsace ont une solide réputation : le sol calcaire favorise de bons vins blancs au bouquet bien affirmé et très diversifié : riesling, silvaner, muscat, pinot blanc, tokay d'Alsace, gewurztraminer et pinot noir, pour ne nommer que les plus célèbres.

Salades et légumes du terroir sont préparés... comme seuls les Français savent le faire, avec de la crème fraîche, des herbes et des épices, des huiles savoureuses. En France, une viande d'excellente qualité «pousse» sur les prés à l'herbe grasse et touffue. Volaille, poisson de mer ou d'eau douce ne manquent jamais sur une carte digne de ce nom. Quant à la cuisine alsacienne, elle se distingue par quelques plats réservés aux gourmets : pâté de foie gras, escargots, salade de charcuterie à la strasbourgeoise, tartes aux oignons, sans oublier bien sûr la choucroute, le coq au riesling, le ragoût (*Eintopf*) composé de plusieurs sortes de viande, de pommes de terre et d'oignons, arrosé de vin blanc et cuit au four. Le fameux munster, bien connu pour son odeur pénétrante, ne sera pas du goût de tout le monde sans doute, mais le plateau de fromages est si bien garni que chacun peut y trouver son compte. Le kouglof est aussi un des symboles de l'Alsace. Et que dire de la bière d'Alsace? Elle a autant de supporters que les alcools de fruits blancs, la framboise, la prune, la mirabelle, la poire...

A la Petite Alsace
23, rue du Bain-aux-Plantes, 67000 Strasbourg, tél. 88 35 03 69
L'Ami Schulz
1, pont Convests, 67000 Strasbourg, tél. 88 32 76 98
Arsenal
11, rue de l'Abreuvoir, 67000 Strasbourg, tél. 88 35 03 69
Maison des Tanneurs
42, rue du Bain-aux-Plantes, 67000 Strasbourg, tél. 88 32 79 70
Terminus Gruber
10, place de la Gare, 67000 Strasbourg, tél. 88 32 87 00

Allemagne

En Allemagne, le repas le plus important est le déjeuner, qui se prend à midi précis. Il se compose en général de viande accompagnée de sauce, de légumes, de pommes de terre et, évidemment d'un verre de bière.

La bière allemande a une proportion d'alcool allant jusqu'à 5,5°, la bière forte (*Starkbier*) peut en contenir jusqu'à 16°. Il y a plusieurs sortes de bière, suivant le mode de fermentation. Tout d'abord l'*Altbier* (telle que la *Kölsch* de Cologne) et l'*Export-Bier*. La fermentation de la première se fait «par le haut», autrement dit à la surface du liquide et à une chaleur de 15 à 20°C. La seconde (telle la *Pils*) a été brassée pour la première fois vers 1900 dans la région de Dortmund; pour celle-là, la fermentation se fait dans le fond à une température de 4 à 9°C.

En Allemagne, la bière ne doit contenir que du houblon, du malt, de la levure et de l'eau. Sa température idéale, au moment où on la déguste, se situe entre 10 et 12°C. Il existe aussi une *Kinderbier* (bière pour enfants) fabriquée à base de malt uniquement; elle est très sucrée et ne contient pas plus de 1° d'alcool.

Quels sont les plats préférés des Allemands de la région rhénane?

Les habitants du Palatinat ont une prédilection pour la *Kesselfleisch*, la viande bouillie. Dans la Hesse Rhénane, on aime tout particulièrement le *Handkäs mit Musik* (fromage maigre mariné et des oignons coupés en lamelles, le tout mariné dans de l'huile, du vinaigre, du sel et du poivre) et le *Spundekäs zu Woi* (*Spund* : bonde, *Woi* : vin). On l'appelle ainsi parce qu'on lui donne la forme d'une bonde qui sert à boucher les tonneaux de vin. C'est un plat à base de fromage frais mélangé avec un jaune d'oeuf, des oignons, du sel et du poivre, du paprika en poudre et des cornichons hachés menu. On y mange aussi très souvent des côtelettes de porc avec de la choucroute.

La grande spécialité de Rüdesheim est une boisson revigorante, le café; il est servi avec un doigt de *Weinbrand* (cognac allemand), du sucre, de la crème fraîche et un peu de chocolat rapé.

A Cologne, on aime tout spécialement le *Halven Hahn*, pain de seigle avec du gouda, le *Kölsch Kaviar*, pain de seigle avec du boudin, le *Soorbrode* ou *Sauerbraten*, bœuf mariné dans une sauce douce-amère.

Sur le Rhin inférieur, les voyageurs se verront offrir des spécialités telles que crêpes au blé noir et crêpes de pommes de terre, un vrai délice!

Quant au lac de Constance, il présente un grand choix de plats à base de poisson, tous plus savoureux les uns que les autres. C'est également le pays des jus de fruits. Autour de Meersbourg et de Constance, vous pourrez déguster les *Seeweine*, les vins du lac, rouges et blancs. Cette région badoise est bien connue pour son excellent raisin, particulièrement gâté par les caresses du soleil. Tout le long du Rhin d'ailleurs, les crus se suivent... et se ressemblent, du moins par la couleur; on y trouve surtout du vin blanc. En octobre et novembre, après les vendanges, on déguste le *Federweisse* (littéralement : le blanc léger comme une plume), un vin nouveau légèrement fermenté et qui monte directement à la tête; il accompagne parfaitement une tarte à l'oignon ou des noisettes fraîches.

Il n'est pas inutile de connaître les qualificatifs du vin allemand. Ils sont divisés en trois catégories : le *Tafelwein*, vin de table, le

Qualitätswein, qui présente un numéro de contrôle, et les *Qualitätswein mit Prädikat*. Parmi ces derniers, on trouve les vins dits *Kabinett*, *Auslese*, et les vins produits avec les raisins qui ont moisi sur pieds (*Beerenausle* et *Trockenbeerenauslese*) ou qui ont subi les premières gelées (*Eiswein*).

Les vins rouges rhénans sont surtout la spécialité de la région d'Assmannshausen. Ce vin corsé et riche est l'accompagnement idéal d'un gâteau appelé *Assmannshäuser Rotweinkuchen*, dont voici la recette :

Ingrédients : 6 œufs, 300 g de beurre, 150 g de sucre, 100 g de miel, un peu de vanille en poudre, 150 g de chocolat noir rapé, 300 g de farine, un sachet de levure chimique, 1/8e de litre d'*Assmannshäuser Spätburgunder* (bourgogne tardif), 1,5 cuillerée à café de poudre de cannelle, 1,5 cuillerée à café de cacao en poudre.

Préparation : mettre ensemble dans un grand saladier les œufs, le beurre, le sucre, le miel, la vanille; remuer le tout jusqu'à ce que la pâte devienne mousseuse; ajouter le vin, la cannelle, le cacao et le chocolat, et pour terminer la farine et la levure; bien mélanger le tout. Bien huiler un moule allant au four, y verser la pâte et laisser cuire à four moyen pendant 40 à 50 min. Ne pas saupoudrer le gâteau de sucre glace ou de chocolat rapé. Et bon appétit!

Nous vous donnons ci-après quelques adresses de restaurants et d'auberges. On trouve dans toutes les localités arrosées par le Rhin des petits restaurants sympathiques, agréables, gemütlich et excellents. Dans les grandes villes, il règne une animation exceptionnelle autour de ces établissements, que vous trouverez rarement ailleurs, et en particulier dans les «vieilles villes» :

• Bacharach

Kurpfälzische Münze
Oberstrasse 72-74, 6533 Bacharach, tél. (06743) 13 75
Restaurant et taverne historiques.
Gutausschank Zur Traube
Blücherstrasse 59, 6533 Bacharach, tél. (06743) 14 39, 17 17
Weinhaus Altes Haus
Oberstrasse 61, 6533 Bacharach, tél. (06533) 12 09

• Bad Breisig

Ab Acht im Schwan
Vogelsangstrasse 6, 5484 Bad Breisig, tél. (02633) 92 44

• Bonn

Am Tulpenfeld
Heussallee 2-10, 5300 Bonn, tél. (0228) 21 90 81
Bonner Esszimmer
Wachsbleiche 2, 5300 Bonn, tél. (0228) 63 86 68
Em Höttche
Markt 4, 5300 Bonn, tél. (0228) 65 85 96
Taverne historique.
Rheinhotel Dreesen
Rheinstrasse 45-49, 5300 Bonn, tél. (0228) 82 020
Restaurant Natürlich
Rosenstrasse 34, 5300 Bonn, tél. (0228) 69 10 00
Union-Säle
Konrad-Adenauer-Haus, Friedrich-Ebert-Allee 73-75, 5300 Bonn, tél. (0228) 54 44 01
Weinhäuschen
Fährstrasse 26, Mehlem, tél. (0228) 34 22 35
Zur Kerze
Königstrasse 25, 5300 Bonn, tél. (0228) 21 07 69
Restaurant de nuit.
5301 Bonn-Bad-Godesberg
Taverne Zum Aennchen
Aennchenplatz 2, 5301 Bonn-Bad-Godesberg, tél. (0228) 31 20 51

• Boppard

Rheinlust
Le Gourmet, Kanne, Rheinallee 27-30, 5407 Boppard, tél. (06742) 30 01
Weingut Felsenkeller
Domaine de Felsen, Mühltal 21, tél. (06742) 21 54

• Brey

Zum Alten Fritz
Am Rathaus, 5401 Brey, tél. (02628) 23 32

• Brühl

Kaiserbahnhof
Alter Bahnhof 1, 5040 Brühl, tél. (2232) 25 581
Cave taverne, vin et *Altbier*.
Kupferkanne
Kölner Strasse 50-51, 5040 Brühl, tél. (02232) 42 675
Nouvelle cuisine allemande.
Zum Seinfass
Steingasse 2, Brühl-Badorf, tél. (02232) 34 177

• Clèves

Altes Landhaus Zur Mühle
Tiergartenstrasse 68, 4190 Kleve, tél. (02821) 17 147

Petersilchen
Opschlag 10, 4190 Kleve, tél. (02821) 18 939
Historischer Weinkeller (Weinkontor)
Mehlgasse 16, 4190 Kleve, tél. (0261) 46 26

• Coblence

Im Stüffje
Hohenzollernstrasse 5, 5400 Koblenz, tél. (0261) 32 486
Weindorf Koblenz
Julius-Wegeler-Strasse (Rheinpromenade), 5400 Koblenz, tél. (0261) 31 680, 44 257
Westerwälder Bauernstube
Clemensstrasse 16, 5400 Koblenz, tél. (0261) 34 210

• Cologne

Altstadt-Päffgen
Heumarkt 62, 5000 Köln, tél. (0221) 21 97 20
Deutsches Bierhaus
Roonstrasse 33, 5000 Köln, tél. (0221) 24 01 881
Früh am Dom
Am Hof 12-14, 5000 Köln, tél. (0221) 23 66 16, 21 26 21
Haus Töller
Weyerstrasse 9, 5000 Köln, tél. (0221) 21 40 86
Très vieille taverne à bière.
Zum Treppchen
Kirchstrasse 15, Rodenkirchen, tél. (0221) 39 21 79
Zur Tant
Rheinbergstrasse 49, Porz, tél. (02203) 81 883
Maison à colombage classée monument historique.

• Constance

Restaurant Staader Fährhaus
Fischerstrasse 30, 7750 Konstanz
Taverne Zum Küfer Fritz
Sallmannsweilergasse, 7750 Konstanz, tél. (07531) 22 198
Zum Pfannkuchen
Kreuzlingerstrasse, 7750 Konstanz, tél. (07531) 33 118

• Dinslaken

Dinslaker Köpi-Haus
4220 Dinslaken
Taverne à bière dans le centre de la ville.
Kartoffelkiste
Rathaus, 4220 Dinslaken, tél. (02134) 13 523
Auberge historique.

• Dormagen-Zons

Gasthof Stadt Zons
Feste Zons, Rheinstrasse 14, 4047 Zons, tél. (02106) 46 608

• Düsseldorf

Haus Deichgraf
In den grossen Banden, 4000 Düsseldorf, tél. (0211) 72 40 31
Restaurant Hofkonditorei Bierhoff
Oststrasse 128, 4000 Düsseldorf, tél. (0211) 36 03 36
Im Füchschen
Ratinger Strasse 28, 4000 Düsseldorf, tél. (0221) 84 062
Schlossturm
Mühlenstrasse 2, 4000 Düsseldorf, tél. (0211) 32 03 36
Schneider-Wibbel-Stuben
Schneider-Wibbel-Gasse 5-7, 4000 Düsseldorf, tél. (0211) 80 000
Zum Schiffchen
Hafenstrasse 5, 4000 Düsseldorf, tél. (0211) 13 24 21
Brasserie et restaurant Zum Uerige
Bergerstrasse 1, 4000 Düsseldorf, tél. (0211) 84 455

• Emmerich

Altes Gasthaus Christ
An der Kirche, 4240 Emmerich, tél. (02822) 70 303

• Fribourg-en-Brisgau

Alte Weinstube Zur Traube
Schusterstrasse 7, 7800 Freiburg im Breisgau, tél. (761) 32 190
Greffenegg-Schlössle
Schlossbergring 3, 7800 Freiburg im Breisgau, tél. (0761) 32 728
Oberbich's Weinstruben
Münsterplatz, 7800 Freiburg im Breisgau, tél. (761) 37 530
Vins badois et gibier.
Schlossbergrestaurant
Schlossbergbahn, 7800 Freiburg im Breisgau, tél. (0761) 31 729
Au haut du téléphérique.

• Heidelberg

Altdeutsche Weinstube
Hauptstrasse 224, 6900 Heidelberg, tél. (06221) 21 138

Alter Kohlhof
Kohlhof 5, 6900 Heidelberg, tél. (06221) 21 915
Spécialités régionales
Destille
Untere Strasse 6, 6900 Heidelberg, tél. (06221) 22 808
Rendez-vous dans la vieille ville.
Goldener Hecht
Steingasse 2, tél. (06221) 26 984
Auberge traditionnelle.
Kupferkanne
Hauptstrasse 127, 6900 Heidelberg, tél. (06221) 21 790
Traube
Rathausstrasse 75, 6900 Heidelberg, tél. (06221) 37 37 92
Taverne de vins vieux.

• Kamp-Bornhofen

Restaurant Auf Burg Sterenberg
Burg Sterenberg, 5424 Kamp-Bornhofen, tél. (06773) 323
Restaurant-Café Auf Burg Liebenstein
Burg Liebenstein, 5424 Kamp-Bornhofen, tél.(06773) 308

• Königswinter

Weinhaus Zur Mühle
Lindenstrasse 7, Oberdollendorf, tél. (02223) 21 313

• Krefeld

Dachsbau (Maison des Bières)
Hubertusstrasse 70, 4150 Krefeld, tél. (02151) 77 44 44
Herbst Pitt
Marktstrasse 10, 4150 Krefeld, tél. (02151) 77 36 93
Restaurant typique de Krefeld.

• Lahnstein

Gasthaus Zum Schwanen
Johannesstrasse 9, 5420 Lahnstein, tél. (02621) 78 49
Wirtshaus An der Lahn
Lahnstrasse 8, 5420 Lahnstein, tél. (02621) 72 70
Zum Anker
Schwarzgasse 4, 5420 Lahnstein, tél. (02621) 28 79

• Lindau

Brauereigasthof Steig
Steigstrasse 31, 8990 Lindau-Reutin, tél. (08382) 78 066
Gasthaus Zum Sünfzen (Sieben-Schwaben-Restaurant)
Maximilianstrasse 1, 8990 Lindau, tél. (08382) 58 65

• Linz

Kurfürstliche Burggastronomie
Burgplatz, 5460 Linz, tél. (02644) 70 21

• Ludwigshafen

Biermuseum
Berliner Strasse 21, 6700 Ludwigshafen, tél. (0621) 51 56 76
Restaurant de spécialités.
Goldener Weinberg
Lorient-Allee, 6700 Ludwigshafen, tél. (0621) 51 92 51
Restaurant historique.
Sonnenschein Weinstuben
Ludwigsplatz 10, 6700 Ludwigshafen, tél. (0621) 51 86 77

• Mannheim

Alte Münz
Fussgängerzone Planken, 6800 Mannheim, tél. (0621) 28 262
Spécialités du Palatinat.
Bierbrezn-Weinstadl
Collinistrasse 3, 6800 Mannheim, tél. (0621) 10 11 36
Heller's Vollwert-Restaurant
Kaiserring, 6800 Mannheim, tél. (0621) 15 35 25
Bar Evening Star
Augusta-Anlagen 43-45, 6800 Mannheim, tél. (0621) 41 80 03
Zum Ochsen
Hauptstrasse 70, Feudenheim, tél. (0621) 79 20 65
Le plus vieux restaurant de Mannheim.

• Nierstein

Gutsschänke im Obersdorf
Obersdorferstrasse 28, 6505 Nierstein, tél. (06133) 58 541

• Oestrich-Winkel

Hallgarten
Hallgartener Zange, 6227 Oestrich-Winkel, tél. (06723) 20 74
Au haut d'une tour panoramique de 600 m.
Oestrich Hotel Schwan
Rheinallee 5, 6227 Oestrich-Winkel, tél. (06723) 30 01
Spécialités rhénanes.

Winkel Graues Haus
Graugasse 10, 6227 Oestrich-Winkel, tél. (06723) 26 19
Cuisine régionale, grande cave à vin.
Haus am Strom
Gänsgasse 13, 6227 Oestrich-Winkel, tél. (06723) 22 50

• Radolfzell

Basilikum
Löwengasse 30, 7760 Radolfzell, tél. (07732) 56 776
Restaurant pour gourmets.
Mettnau-Stube
Strandbadstrasse 23, 7760 Radolfzell, tél. (07732) 13 644
Spécialités de poissons.
Restaurant Strandcafé
Strandbadstrasse 102, 7760 Radolfzell, tél. (07732) 16 50

• Remagen

Weinhaus Restaurant Sankt Urban
Alte Strasse 15, 5480 Remagen, tél. (02642) 31 11
Restaurant du Maître
Hotel Walsheide, Rheinhöhenweg 101, Oberwinter, tél. (2228) 72 92
Zum Rolandsbogen
Rolandswereth, 5480 Remagen, tél. (02228) 372
Rosalkas Restaurant
Rolandseck, Künstlerbahnhof, 5480 Remagen, tél. (02642) 77 39

• Rüdesheim

Taverne Historisches Altes Rathaus
Assmannshausen, Lorcherstrasse 8, 6220 Rüdesheim, tél. (06722) 20 51
Weinlokal Alte Dorfschänke
Niederwaldstrasse 7, 6220 Rüdesheim, tél. (06722) 23 83
On trouve aussi d'innombrables cafés et tavernes dans la Drosselgasse.

• Spire

Rhein-Restaurant Hammer
Rheinallee 2, 6720 Speyer, tél. (06232) 24 333
Zum Domnapf
Domplatz 1, 6720 Speyer, tél. (06232) 75 454
Monument historique.
Taverne Zur Alten Münze
Korngasse 1 a, 6720 Speyer, tél. (06232) 79 703

• Wesel

Weinstube-Berliner-Tor
Berliner-Tor-Platz, 4230 Wesel, tél. (0281) 24 822
Zur Aue
Reeser Landstrasse 14, 4230 Wesel, tél. (0281) 26 11
Spécialités du Rhin inférieur.

• Wiesbaden

Bebop
Saalgasse 9, 6200 Wiesbaden, tél. (06121) 52 87 24
Café avec musique de jazz.
Die Ente vom Lehel
Kaiser-Friedrich-Platz 3, 6200 Wiesbaden, tél. (06121) 13 36 66
Restaurant pour gourmets.
Mövenpick
Sonnenbergstrasse 2, 6200 Wiesbaden, tél. (06121) 52 40 05
Taverne Quatre Saisons
Wilhelmstrasse 53, 6200 Wiesbaden, tél. (06121) 37 32 25
Wiesbadener Ratsbräu
Schlossplatz 6, 6200 Wiesbaden, tél. (06121) 30 00 23
Cave rustique, taverne de bière.

• Worms

Bacchus
Obermarkt 10, 6520 Worms, tél. (06241) 69 13
Spécialités de poissons.
Giessenbrücke
Rheinstrasse 43, 6520 Worms, tél. (06241) 24 891
Cuisine allemande traditionnelle.
La Madrague
Kämmerstrasse 71, 6520 Worms, tél. (06141) 27 620
Nouvelle cuisine allemande.
Sudpfanne
Hagenstrasse 18, 6520 Worms, tél. (06141) 21 144
Spécialités du Palatinat.
Rôtisserie Dubs
Kirchstrasse 6, Rheindürckheim, tél. (06242) 20 23
Restaurant pour gourmets.

PAYS-BAS

Ces latitudes plus septentrionales au climat plus rigoureux ne conviennent plus à la vigne, ce qui n'empêche pas les Néerlandais de produire un

excellent genièvre. Pour la majorité des habitants de ce pays, la journée commence par un *Kopje Koffie*. Les repas sont généralement accompagnés de bière, et l'on boit encore volontiers une tasse de thé dans le courant de l'après-midi. Le soir, bien des Néerlandais s'accordent un *Advocaat*, liqueur aux œufs, pour clôturer le dîner. La mer du Nord est une grande pourvoyeuse d'excellents poissons, parmi lesquels le hareng que l'on consomme partout, à toute heure de la journée et sous toutes ses formes aux Pays-Bas, surtout au mois de mai. La saison des crustacés et des coquillages s'étend d'avril à septembre, on en trouve dans tous les restaurants et les snacks. La viande se consomme généralement rôtie et bleue. Il faut également accorder une mention aux fromages de Hollande dont la réputation déborde largement les frontières.
Cinq cents restaurants environ portent une marque bleue qui indique qu'ils servent des menus touristiques à des prix très abordables. Les prix sont les mêmes dans tous ces restaurants, bien que les menus soient établis par chaque chef cuisinier.

• Amsterdam

Schep
Linaeusstraat 210, tél. (020) 93 81 04
Le Saumon
Rokin 115, tél. (020) 27 52 83
Restaurant Excelsior
Niuwe Doelenstraat 2-8, tél. (020) 23 48 36

• Nimègue

In de Boterwaag
Grote Markt 26, tél. (080) 23 07 57

• Rotterdam

Beluga an de Maas
Haringvliet 92 b, tél. (010) 41 36 717
Captain's Cabin
Calandstraat 8 a, tél. (010) 43 66 849
Engels
Stationsplein 45, tél. (010) 41 19 550
La Vilette
Westblaak 160, tél. (010) 14 86 92
Parkheuvel
Heuve Ilaan, tél. (010) 36 05 30

• Utrecht

C.R. Ons Eiland
Marco Polo Laan 2, tél. (030) 88 02 15
Het Glazen Huis
Marienplaatz 24, tél. (030) 31 84 85

• Woudrichem

Concordia
Appelmarkt 29, tél. (01110) 15 122

VIE NOCTURNE

Toutes les villes d'une certaine importance ont un théâtre et parfois un opéra, un quartier où la vie nocturne se déroule dans les bars, les cabarets, les théâtres de variétés et les boîtes de nuit. Vous trouverez tous les renseignements utiles à la réception des hôtels.

SUISSE

• Bâle

Théâtre Goethe
Dornach, tél. (061) 72 40 41
Théâtre et Comédie
Theaterstrasse 7, tél. (061) 22 11 33

AUTRICHE

• Bregenz

Festival et scène sur le lac
Platz der Wiener Symphoniker, tél. (05574) 25 969
Théâtre du Vorarlberg
Kornmarktplatz, tél. (05574) 22 870

ALLEMAGNE

• Bonn

Bonnaoptikum
Graurheindorferstrasse 23, tél. (0228) 35 33 35
Cabaret de chansonniers.
Théâtre de l'Opéra
Am Boeselagerhof 1, tél. (0228) 72 83 87
Théâtre
Am Michaelshof 9, tél. (0228) 82 080

• Coblence

Philharmonie du Rhin
Elsterhofstrasse, tél. (0261) 39 00 50
Théâtre de la Ville
Reinhardplatz, tél. (0261) 34 629

• Cologne

Opéra
Offenbachplatz, tél. (0221) 22 18 400
Théâtre
Offenbachplatz, tél. (0221) 22 18 400
Théâtre Millovitch
Aachener Strasse 5, tél. (0221) 25 17 47

• Constance

Théâtre de la Ville
Konzilstrasse 11, tél. (07531) 20 07 50
Philharmonie de l'Allemagne du Sud-Ouest
Oberer Konzilsaal, tél. (07531) 63 031

• Dienslaken

Théâtre du Château
Althoffstrasse, tél. (02134) 66 406
Halle Civique
Althoffstrasse 2, tél. (02134) 59 44

• Düsseldorf

Cabaret Das Kom(m)ödchen
Kunsthalle, Hunsrückenstrasse, tél. (0211) 32 54 28
Opéra allemand du Rhin
Heinrich-Heine-Allee 16 a, tél. (0211) 13 39 49
Théâtre de Düsseldorf
Gustav-Gründgens-Platz 1, tél. (0211) 36 30 11
Philipshalle
Siegburger Strasse 15, tél. (0211) 89 92 679

• Duisbourg

Théâtre de la Ville
Tél. (0203) 39 041
Mercator-Halle
Königs-Heinrich-Platz, tél. (0203) 33 90 26
Rheinhausen-Halle
Beethovenstrasse 20, Rheinhausen, tél. (02135) 71 58
Rhein-Ruhr-Halle
Walter-Rathenau-Strasse 1 a, tél. (0203) 54 337

• Emmerich

Théâtre de la Ville
Grollscher Weg, tél. (02822) 70 978

• Fribourg-en-Brisgau

Théâtre de Fribourg
Bertoldstrasse 46, tél. (0761) 34 874

• Heidelberg

Théâtre
Tél. (06221) 20 519

• Karlsruhe

Théâtre du Land de Bade
Baumeisterstrasse 11, tél. (0721) 60 202

• Krefeld

Théâtre de la Ville
Theaterplatz 3, tél. (02151) 16 87

• Ludwigshafen

Pfalzbau
Berliner Strasse 30, tél (0621) 69 40 01

• Mannheim

Théâtre national
Tél. (06121) 24 844

• Mayence

Théâtre de la Capitale de l'État
Gutenbergplatz, tél. (06131) 12 33 65/6
Théâtre et cabaret du Forum
Münsterstrasse 5, tél. (06131) 23 21 21

• Neuwied

Théâtre du Land de Rhénanie-Palatinat
Tél. (02631) 22 288
Théâtre du Château
Schlossstrasse 1, tél. (02631) 78 63 85

• Wiesbaden

Théâtre du Land de Hesse
Wilhelmstrasse, tél. (06121) 13 23 25
Cabaret
Karlstrasse 15, tél. (06121) 30 99 91
Rhein-Main-Halle
Friedrich-Ebert-Allee, Rheinstrasse, tél. (6-06121) 14 40

PAYS-BAS

• Amsterdam

Stopera, théâtre de la Musique, Waterlooplein - Programmes et billets au guichet de location, *Stationsplein 10*

ADRESSES UTILES

Office national allemand du tourisme
4, place de l'Opéra, 75002 Paris,
tél. (01) 40 20 01 88

Ambassades et consulats

Suisse

Ambassade d'Autriche
Kirchenfeldstrasse 28, 3006 Berne,
tél. (031) 43 01 11
Consulat général d'Autriche
Munchensteiner Strasse 38, 4002 Basel,
tél. (061) 50 44 04
Consulat général d'Autriche
Minervastrasse 116, 8032 Zurich,
tél. (01) 25 27 200
Ambassade d'Allemagne
Willadingweg 83, 3006 Berne,
tél. (031) 44 08 31/36
Consulat général d'Allemagne
Kirchgasse 48, 8001 Zürich,
tél. (01) 25 16 936/38
Consulat général des Pays-Bas
Mainaustrasse 8, 8008 Zürich,
tél.(01) 25 18 818

Autriche

Ambassade et consulat des Pays-Bas
Untere Donaustrasse 13-15, 2400 Wien,
tél. (0222) 24 85 87

France

Ambassade de Suisse
142, rue de Grenelle, 75007 Paris,
tél. (1) 42 22 92 15
Consulat suisse
Boulevard du Président-Edwards, 67083 Strasbourg, tél. 88 35 00 70
Ambassade d'Autriche
6, rue Fabert, 75007 Paris,
tél. (1) 45 55 95 66
Consulat autrichien
20, avenue de la Paix, 67000 Strasbourg,
tél. 88 35 13 94
Ambassade d'Allemagne
13-15, avenue Franklin D. Roosevelt, 75008 Paris, tél. (1) 43 59 33 51
Consulat général d'Allemagne
15, rue des Francs-Bourgeois, 67000 Strasbourg, tél. 88 32 61 86
Ambassade et consulat des Pays-Bas
7-9, Rue Ebel, 75007 Paris,
tél. (1) 43 06 61 88

Allemagne

Ambassade de Suisse
Gotenstrasse 156, 5300 Bonn,
tél. (0228) 37 66 55
Consulat général de Suisse
Cecilienstrasse 17, 4000 Düsseldorf 30,
tél. (0211) 43 46 01/02
Consulat général de Suisse
Zurich-Haus am Opernplatz, 6000 Frankfurt am Main 1, tél. (069) 72 59 41/42
Ambassade d'Autriche
Johanniterstrasse 2, 5300 Bonn 1,
tél. (0228) 23 00 51
Consulat général d'Autriche
Cecilienallee 43 a, 4000 Düsseldorf 30,
tél. (0211) 43 41 41
Consulat autrichien
Glockengasse 1, 5000 Köln,
tél. (0211) 24 74 75
Consulat général des Pays-Bas
Oststrasse 1, 4000 Düsseldorf,
tél. (0211) 36 13 055

Pays-Bas

Ambassade de Suisse
Lange Voorhout 42, 1071 DR Amsterdam,
tél. (020) 64 42 31
Consulat général de Suisse
Weene 723, 3013 Rotterdam,
tél. (010) 13 95 35
Ambassade d'Autriche
Van Alkemadelaan 342, 2597 AS Den Haag,
tél. (070) 24 54 70
Consulat général d'Autriche
Weteringschans 25, 1017 XJ Amsterdam C,
tél. (020) 26 80 33
Ambassade d'Allemagne
Groot Hertoginnelaan 18-20, 2517 Den Haag,
tél. (070) 46 92 06
Consulat général d'Allemagne
De Lairesestraat 172, 1007 AM Amsterdam,
tél. (020) 73 62 45
Consulat général d'Allemagne
Parklaan 36, 3016 BC Rotterdam,
tél. (010) 36 51 33

BIBLIOGRAPHIE

Littérature et voyages

Apollinaire (Guillaume)
Alcools, Gallimard, Paris, 1913
Aragon (Louis)
Les Cloches de Bâle, Gallimard, Paris, 1978
Chamson (André)
La Tour de Constance, Plon, Paris, 1970
Dumas (Alexandre)
Excursion sur les bords du Rhin, Flammarion, Paris, 1991
Genevoix (Maurice)
Lorelei, Le Seuil, Paris, 1978
Godefroy (Ph.)
Wagner, l'Opéra de la fin du monde, Gallimard (coll. Découvertes Gallimard), Paris, 1988
Handke (Peter)
La Chevauchée sur le lac de Constance, L'Arche, 1980
Heine (Henri)
Le Rabbin de Bacharach, Balland, Paris, 1992
Hugo (Victor)
Le Rhin, Bueb & Reumaux, Strasbourg, 1984
Nerval (Gérard de)
Lorely, 1838
Rolland (Romain)
D'une rive à l'autre (correspondance avec Herman Hesse), Albin Michel, Paris, 1972
Shelley (Mary)
Frankenstein
Wagner (Richard)
L'Or du Rhin, Aubier-Flammarion, Paris, 1968

Le Rhin superbe, revue *Vagabondages*, n° 70, mars 1988

Histoire

Aycoberry (Pierre)
Cologne entre Napoléon et Bismarck, la croissance d'une ville rhénane, Aubier-Montaigne, Paris, 1982
Capot-Rey (Robert)
Quand la Sarre était française, Les Belles-Lettres, Paris
Favez (Jean-Claude)
Le Reich et l'occupation franco-belge de la Ruhr en 1923, Droz, 1969
Ferro (Marc) et **Aycoberry** (Pierre)
Une histoire du Rhin, Ramsay, Paris, 1981
Gachot (Édouard)
La Dispute du Rhin de l'antiquité à nos jours, Payot (Bibliothèque historique), Paris, 1952
Ryan (Cornelius)
Un pont trop loin, Laffont (coll. Ce Jour-là), Paris, 1974

Essais et biographies

Ancelet-Eustache (Jeanne)
Maître Eckhart et la mystique rhénane, Le Seuil (coll. Les Maîtres spirituels), Paris
Barrès (Maurice)
La Pensée allemande et le problème du Rhin, Champion (Bibliothèque de la revue de littérature comparée), Paris, 1933
Dolliger (Philippe)
La Mystique rhénane, Presses universitaires de France, Paris, 1963
Godefroid (Philippe)
Wagner, l'opéra de la fin du monde, Gallimard (coll. Découvertes Gallimard), Paris, 1988
Lefort (Bernard)
Le Rhin, mémoire d'Europe, Mercure de France, Paris, 1992
Libéra (Alain de)
Introduction à la mystique rhénane, Œil (coll. Sagesse chrétienne), Paris, 1984
Mistler (Jean)
Hugo et Wagner face à leur destin, Grasset, Paris
Pourtalès (Guy de)
Wagner, histoire d'un artiste, Gallimard, Paris, 1980
Radu (Gabrea)
Werner Herzog et la mystique rhénane, L'Age d'Homme, Paris
Reau (Louis)
L'Art français sur le Rhin au XVIIIe siècle, Champion, Paris, 1922
Saintine (Xavier)
La Mythologie du Rhin (ill. de Gustave Doré), éditions du Trident, 1989

Monographies

Eichenlaub (Jean-Luc et Anne)
L'Ill, rivière oubliée, éditions du Rhin, Strasbourg, 1991
Glotz (Samuel)
Tradition carnavalesque de Bâle, Hainaut-Tourisme
Weckermann (Gabriel)
Belfort, Colmar, Mulhouse, Bâle, Fribourg-en-Brisgau : un espace économique frontalier, la Documentation française, Paris, 1987

CRÉDITS PHOTOGRAPHIQUES

Couverture	Gérard Siorem, © Agence C.E.D.R.I.
48-49, 75, 76	Archiv für Kunst und Geschichte
168	Archives de la société B.A.S.F., Ludwigshafen am Rhein
91, 155d	Agence Anne Hamann
268	J. Albrecht Cropp
9, 22, 36, 39, 53, 80-81, 82-83, 92, 94, 100-101, 110, 144, 152g, 159, 177, 184, 185, 190, 195, 198, 204g, 208, 209, 219, 229, 230, 237, 238, 239d, 272	Wolfgang Fritz
16-17, 27, 32, 62, 78-79, 84, 86, 96g, 115, 124-125, 145, 148, 164-165, 187, 193, 196-197, 203, 216, 223d, 239g, 240, 255, 262-263, 264, 266	Rainer Kiedrowski
72	Barbara Klemm
28	Compagnie Köln-Düsseldorfer
77	Luchterhand Bildarchiv
3, 14-15, 18-19, 20-21, 25, 26, 30-31, 35, 40-41, 42, 45, 50, 64-65, 68, 88, 89, 90, 95, 96d, 98-99, 102, 106-107, 122, 114, 117, 118-119, 120-121, 122-123, 128-129, 130, 131, 132, 133, 134-135, 136, 138, 143, 146-147, 150, 152d, 153, 154, 155g, 156-157, 160, 162, 163, 166, 167, 169, 170-171, 172, 175, 176, 178, 179, 180, 182, 183, 186, 188-189, 192, 194, 202, 204d, 205, 206, 210-211, 214d, 215, 217, 218, 219, 220, 221, 222, 223g, 224, 225, 226, 227, 232g, 243, 244, 246-247, 249, 250, 251, 252-253, 256, 257, 258-259, 265, 269, 271	Erhard Pansegrau
233	Rheinisches Bildarchiv
103, 151	Stief Pictures
46, 47, 52, 56-57, 58, 61, 63, 66, 69, 71, 74, 108-109, 139	T.S. Tear
207, 260	Dieter Vogel
Cartes	Berndtson & Berndtson
Conseiller iconographique	V. Barr

INDEX